Diktaturen

Zeitgeschichte
im Gespräch
Band 29

Herausgegeben vom
Institut für Zeitgeschichte

Redaktion:
Michael Schwartz und Sebastian Voigt

Diktaturen

Perspektiven der zeithistorischen
Forschung

Herausgegeben von
Johannes Hürter und Hermann Wentker

DE GRUYTER
OLDENBOURG

ISBN 978-3-11-056554-6
e-ISBN (PDF) 978-3-11-056829-5
e-ISBN (EPUB) 978-3-11-056565-2
ISSN 2190-2054

Library of Congress Control Number: 2019932015

Bibliografische Information der Deutschen Nationalbibliothek
Die Deutsche Nationalbibliothek verzeichnet diese Publikation in der Deutschen
Nationalbibliografie; detaillierte bibliografische Daten sind im Internet über
http://dnb.dnb.de abrufbar.

© 2019 Walter de Gruyter GmbH, Berlin/Boston
Titelbild: Titelbild: Bundesarchiv, Bild 183-11500-0994: III. Weltfestspiele der
Jugend und Studenten in Berlin, FDJlerinnen am „Tag der jungen Mädchen",
9.8.1951
Einbandgestaltung: hauser lacour
Satz: Dr. Rainer Ostermann, München
Druck und Bindung: CPI books GmbH, Leck

Inhalt

Johannes Hürter und Hermann Wentker

Diktaturen im 20. Jahrhundert

Überlegungen zu einem zeithistorischen Forschungsfeld

Der Gegensatz zwischen Diktatur und Demokratie, der seit dem Ersten Weltkrieg nicht nur die europäische Geschichte für viele Jahrzehnte bestimmte, ist seit langem ein zentraler Gegenstand historischer Forschung, insbesondere am Institut für Zeitgeschichte (IfZ). Glaubten nach 1990 viele, dass dieser Gegensatz durch den Zusammenbruch des Warschauer Pakts weitgehend überwunden, eben nur noch „Geschichte" sei, zeigt das Wiedererstarken autoritärer Ordnungsmodelle in den letzten Jahren, wie fragil unsere liberal-demokratischen Gewissheiten sind und wie aktuell sowohl die politik- als auch die geschichtswissenschaftliche Beschäftigung mit Diktaturen ist. Die Analyse vergangener autoritärer Regime und ihrer Entwicklungen im Verhältnis zu anderen politischen Systemen ist dabei eine Voraussetzung für das Nachdenken über Phänomene unserer eigenen Gegenwart. Doch von welchem Stand kann die zeithistorische Diktaturforschung ausgehen? Und vor allem: Welche neuen Fragen soll sie heute stellen? Welche neuen Wege soll sie zu deren Beantwortung methodisch und thematisch einschlagen, um für uns relevante Erkenntnisfortschritte auf diesem bereits intensiv bearbeiteten Forschungsfeld zu erzielen?

Diesen Fragen widmete sich ein Workshop, zu dem das IfZ-Forschungscluster „Diktaturen im 20. Jahrhundert"[1] am 14. und 15. November 2016 nach München eingeladen hatte. Auf der Veranstaltung diskutierten deutsche und britische Historikerinnen und Historiker intensiv über „Perspektiven moderner Diktaturforschung", gegliedert in acht Sektionen zu den Themenschwerpunkten und Zugängen Politik, Gesellschaft, Wirtschaft, Institutionen, Kultur, Gender, Vergleich/Verflechtung und Gewalt.[2] In jedem Panel wurde die Diskussion durch ein Impulsreferat und einen Kommentar eingeleitet. Die Auswahl der Teilnehmenden gewährleistete ein möglichst breites Spektrum an Ex-

---

[1] Vgl. https://www.ifz-muenchen.de/forschung/diktaturen-im-20-jahrhundert/ [17.12.2018].

[2] Ergänzt wurde die Veranstaltung durch ein Einführungsreferat von Andreas Wirsching (München) sowie einen Abendvortrag von Ulf Engel (Leipzig) über „Diktaturen des 20. Jahrhunderts in globaler Perspektive".

pertise für möglichst viele Diktaturformen; gleichwohl standen die „klassischen" Untersuchungsgegenstände Deutschland (NS-Diktatur und DDR), Italien (Faschismus) und Sowjetunion (insbesondere Stalinismus) im Mittelpunkt der Diskussion. Das ist symptomatisch für den Stand der zeithistorischen Diktaturforschung, besonders in Deutschland, und markiert eine eurozentrische Beschränkung, die – so ein ständiger Appell auf dem Workshop und auch in diesem Sammelband – überwunden werden muss.

Trotz oder gerade wegen seines diskursiven Werkstattcharakters war der Workshop so anregend, dass es nahelag, dessen Ergebnisse in einem thesenorientierten Sammelband zu veröffentlichen. Die meisten Teilnehmenden fanden sich bereit, ihre Impulsreferate, ergänzt um Anstöße aus der Diskussion, zu verschriftlichen oder die daraus entwickelten essayhaften Beiträge zu kommentieren. So bleibt die Dialogform, die den Workshop belebte, auch in der schriftlichen Fassung weitgehend bewahrt. Bevor der Reigen knapper und miteinander kommunizierender Beiträge eröffnet wird, möchten wir als Herausgeber einleitend einige Anregungen der Autorinnen und Autoren aufgreifen und Perspektiven der Diktaturforschung formulieren, die aus unserer, natürlich subjektiven (und durch unsere Expertise für die NS-Diktatur und die DDR geleiteten) Sicht besonders weiterführend sind.

1. Der Begriff der Diktatur

Wer Perspektiven zeithistorischer Diktaturforschung aufzeigen will, muss sich zunächst über seinen Gegenstand klar werden. Zwar sind Definitionsfragen, die lange Zeit einen wesentlichen Teil der Diktaturforschung darstellten, in den heutigen Debatten in den Hintergrund getreten; wir benötigen jedoch eine eindeutige Begrifflichkeit, insbesondere wenn wir vergleichen wollen.[3] Dabei gilt es, die Diktatur von anderen Ein-Mann-Herrschaften in der Geschichte zu unterscheiden: von der griechischen Tyrannis, der römischen Diktatur, der absolutistischen Monarchie und anderen historischen Herrschaftstypen. Diese haben mit den Diktaturen des 20. Jahrhunderts wenig gemein, da sie den Spielregeln vormoderner Staatlichkeit folgten. Anders verhält es sich mit dem Bonapartismus in der zweiten Hälfte des 19. Jahr-

---

[3] So zutreffend auch Kiran Klaus Patel in diesem Band.

hunderts, der in seiner Kombination von Alleinherrschaft und plebiszitären Elementen in einem modernen Anstaltsstaat als Vorläufer
dieser Diktaturen gelten kann.

Mit den Diktaturen im 20. Jahrhundert begann auch die Auseinandersetzung um deren Bezeichnung. Der Begriff des Totalitarismus
konkurrierte, bezogen auf Benito Mussolinis Italien, schon bald mit
dem des Faschismus. Während ersterer ein Kampfbegriff derjenigen
war, die das Regime Mussolinis als Widerpart von Liberalismus und
Demokratie mit der kommunistischen Sowjetunion weitgehend gleich-
setzten, handelte es sich bei letzterem um eine Selbstbezeichnung. Mit
der Zeit wurde der Totalitarismusbegriff von der Politikwissenschaft
übernommen, und Carl J. Friedrich formulierte 1945 erstmals dessen
klassische Merkmale, die Zbigniew Brzeziński 1956 erweiterte.[4] Gleichwohl verlor er angesichts des Kalten Krieges nicht seinen instrumen-
tellen Charakter. Doch nicht nur diese Instrumentalisierung spricht
gegen seine unreflektierte Verwendung. Der Begriff ist normativ so auf-
geladen und so statisch, dass Wandlungsprozesse von Diktaturen mit
ihm nicht adäquat erfasst werden können. Legt man überdies das Tota-
litarismusverständnis von Hannah Arendt zugrunde, für das Ideologie
und Terror konstitutiv sind,[5] umfasst er mit Nationalsozialismus und
Stalinismus nur die beiden radikalsten Spielarten der Diktatur. Als weniger radikal gelten autoritäre Regime, die sehr viel mehr als totalitäre
Systeme „auf geistigen und materiellen, privaten und sozialen Wertun-
gen auf[bauten], die in der Gesellschaft maßgeblich" waren.[6] Solche
Regime waren daher weitaus konservativer, konnten einen begrenzten
Pluralismus aufweisen und tangierten die Privatsphäre der meisten
Menschen weniger als jene mit totalitärem Anspruch.[7] Auf autoritäre

---

[4] Vgl. Carl J. Friedrich, The Unique Character of Totalitarian Society, in: ders.
(Hrsg.), Totalitarianism, Cambridge (MA) 1945, S. 47–60; Carl J. Friedrich/Zbig-
niew Brzeziński, Totalitarian Dictatorship and Autocracy, Cambridge (MA)
1956. Zum Wandel des Totalitarismusbegriffs seit den 1920er Jahren vgl. Cle-
mens Vollnhals, Der Totalitarismusbegriff im Wandel des 20. Jahrhunderts, in:
Bohemia 49 (2009), S. 385–398.
[5] Vgl. Hannah Arendt, Elemente und Ursprünge totaler Herrschaft, München
⁵1986.
[6] So Martin Drath, Totalitarismus in der Volksdemokratie, in: Ernst Richert
(Hrsg.), Macht ohne Mandat. Der Staatsapparat in der Sowjetischen Besat-
zungszone Deutschlands, Köln ²1963, S. XI–XLII, hier S. XXIV f.
[7] Vgl. Juan Linz, Typen politischer Regime und die Achtung der Menschenrechte. Historische und länderübergreifende Perspektiven, in: Eckhard Jesse

Herrschaften erweitert, ist der Diktaturbegriff sehr viel breiter und auf weitaus mehr Diktaturen des 20. Jahrhunderts anwendbar. Er bezieht sich zwar vor allem auf europäische Regime der Zwischenkriegszeit, im Hinblick auf Spanien und Portugal sowie auf außereuropäische Diktaturen etwa in Südamerika aber auch auf die Zeit nach 1945.

Stärker auf die Zwischenkriegszeit begrenzt waren die faschistischen Diktaturen. Der Faschismusbegriff trat im Kalten Krieg in Konkurrenz zu dem des Totalitarismus, da er zwar den Nationalsozialismus, nicht aber den Kommunismus mit einschloss. Nach langen Debatten scheint die Konkurrenz zwischen den beiden Interpretationsmodellen Faschismus und Totalitarismus inzwischen überwunden zu sein.[8] Einen wichtigen neuen Impuls gab Roger Griffin mit seiner These, „der Faschismus sei eine Art politischer Ideologie, deren mythischer Kern die Wiedergeburt im Zeichen eines populistischen Ultranationalismus gewesen sei".[9] Daran anknüpfend prägte er den Begriff der „parafaschistischen Diktatur", die vom Faschismus vor allem dadurch zu unterscheiden sei, dass sie zwar äußerliche Ähnlichkeiten übernommen habe, nicht aber dessen Ziel einer revolutionären neuen Gesellschaft.[10] Die parafaschistische Diktatur war demnach in ihrer Ablehnung radikaler Änderungen weitaus konservativer als der Faschismus. Damit ergaben sich allerdings Überschneidungen mit den als autoritär bezeichneten Diktaturen, so dass die beiden relativ „weichen" Begriffe „parafaschistisch" und „autoritär" für zahlreiche Regime der Zwischenkriegszeit und zum Teil auch der Nachkriegszeit verwendet werden können.

Ein Problem der diskutierten Begriffe besteht darin, dass sie – bis auf den Totalitarismus – die kommunistischen Diktaturen nicht einbeziehen, obwohl an deren Diktaturcharakter kein Zweifel besteht.

(Hrsg.), Totalitarismus im 20. Jahrhundert. Eine Bilanz der internationalen Forschung, Bonn 1996, S. 485–537, hier S. 503, 506.

[8] Vgl. Thomas Schlemmer/Hans Woller, Politischer Deutungskampf und wissenschaftliche Deutungsmacht. Konjunkturen der Faschismusforschung, in: dies. (Hrsg.), Der Faschismus in Europa. Wege der Forschung, München 2014, S. 7–15.

[9] Ebenda, S. 10; vgl. auch Roger Griffin, Palingenetischer Ultranationalismus. Die Geburtswehen einer neuen Faschismusdeutung, in: Schlemmer/Woller (Hrsg.), Faschismus, S. 17–33.

[10] Vgl. Roger Griffin, Foreword. Il ventennio parafascista? The Past and Future of a Neologism in Comparative Fascist Studies, in: António Costa Pinto/Aristotle Kallis (Hrsg.), Rethinking Fascism and Dictatorship in Europe, Basingstoke 2014, S. VIII–XIX, hier S. X.

Als „autoritär" im Sinne des für die Zwischenkriegszeit verwendeten Begriffs lassen sie sich nicht bezeichnen, weil sie kaum auf Bestehendem aufbauten, sondern eine sozioökonomische Transformation der jeweiligen Gesellschaften planten und umsetzten. Eine begriffliche Brücke hat Jürgen Kocka zu schlagen versucht. Für ihn waren sowohl das nationalsozialistische Deutschland als auch die realsozialistische DDR „moderne Diktaturen", die Merkmale aufwiesen, „deren Begriffsbestimmung sich – oft nur ex negativo – aus dem kontrastierenden Vergleich mit den Prinzipien des liberal-demokratischen Rechts- und Verfassungsstaats ergibt".[11] Wenngleich sich Kocka auf diese Weise mit Blick auf die DDR begrifflich sowohl vom Totalitarismus als auch vom Stalinismus distanzierte, räumte er ein, dass diese Begriffe „als qualifizierende Attribute mit dem Diktaturbegriff nicht unvereinbar" seien.[12]

Während Kocka noch an der Abgrenzung von Demokratie und Diktatur festhielt, wird eine solche starre Trennlinie zwischen beiden politischen Systemen seit einiger Zeit in Frage gestellt. Auf der Tagung „Diktaturen als Alternative Ordnungen" wurde jüngst sogar betont, dass eine Auflösung dieser Grenze und die Ablehnung der normativen Betrachtungsebene „Alleinstellungsmerkmale des neuen Forschungsverbunds" für vergleichende Diktaturforschung an der Humboldt-Universität zu Berlin seien.[13] Mit einer gewissen Berechtigung wurde in diesem Zusammenhang darauf verwiesen, dass sich Diktaturen nicht nur auf repressive Herrschaftsmethoden, sondern auch auf die Integration der Bevölkerung stützten und demokratische Herrschaft auch repressive Elemente enthalte. Das ist zweifellos bedenkenswert. Gleichwohl sollte nach wie vor berücksichtigt werden, dass Demokratien und Diktaturen gegensätzliche Handlungsrahmen darstellen, in denen eine solche Integration unterschiedlich verläuft – wie auch die Reichweite, Eindringtiefe und Radikalität repressiver Maßnahmen höchst unterschiedlich sind.

[11] Jürgen Kocka, Die Geschichte der DDR als Forschungsproblem. Einleitung, in: ders. (Hrsg.), Historische DDR-Forschung. Aufsätze und Studien, Berlin 1993, S. 9–26, hier S. 23 f.
[12] Ebenda, S. 24 und Anm. 38.
[13] Zitiert nach Julian Sandhagen, Tagungsbericht: Diktaturen als Alternative Ordnungen (5.2.2018), https://www.hsozkult.de/searching/id/tagungsberichte-7540?title=diktaturen-als-alternative-ordnungen&q=Diktaturen%20als%20Alternative%20Ordnungen&sort=&fq=&total=15&recno=2&subType=fdkn [16.12.2018].

Stärker mit Blick auf die Gegenwart bezeichnen seit Ende der 1990er Jahre Politikwissenschaftler Systeme in der Grauzone zwischen Demokratie und Diktatur als „hybride Regime". Diese firmieren teils als „defekte Demokratien", teils als „Wahl- und Wettbewerbsautokratien", je nachdem ob in ihnen die demokratische oder die autokratische Regimelogik überwiegt. Entscheidend in den bisherigen Untersuchungen ist die Frage, inwieweit Wahlen Änderungen der jeweiligen Regime bewirken können. Die politikwissenschaftliche Diskussion ist dabei noch im Fluss.[14] Im Zusammenhang mit der Analyse vergangener Regime kann sie dazu beitragen, den Blick für die Koexistenz diktatorischer und demokratischer Elemente innerhalb eines Staates zu schärfen.

Diese knappen Überlegungen verdeutlichen, dass es einfacher ist, eine klare und allgemeingültige Begrifflichkeit zu fordern, als diese sinnvoll für die Diktaturforschung zu operationalisieren. Es gilt, so präzise wie nötig, aber so flexibel wie möglich zu sein. Begriffe wie faschistische oder autoritäre Diktatur sollten in der Forschung nicht als normative Festlegungen, sondern ausschließlich als heuristische Hilfsmittel benutzt werden. Außerdem ist nach wie vor an der idealtypischen Unterscheidung von Demokratie und Diktatur festzuhalten.

2. Vergleich, Transfer, Verflechtung

Der Vergleich wird beim Sprechen von verschiedenen Diktaturen fast immer mitgedacht, seine konkrete Umsetzung ist allerdings mit erheblichen Schwierigkeiten verbunden. Deutlich wurde dies etwa an dem in den 1990er Jahren immer wieder versuchten Vergleich von NS- und SED-Diktatur, bei dem der sektorale Vergleich am erfolgversprechendsten erschien.[15] Ein wesentlicher Einwand war, dass die DDR eine von der Sowjetunion abgeleitete Diktatur gewesen und daher mit dem „Dritten Reich" kaum zu vergleichen sei. Tatsächlich muss die Auswahl der zu vergleichenden Staaten plausibel sein und genügend Ansätze für eine erkenntnisfördernde Identifizierung von Gemeinsamkeiten und Unterschieden bieten. Günstigere Vergleichsobjekte sind

---

[14] Vgl. zusammenfassend Alexander Schmotz, Hybride Regime, in: Raj Kollmorgen/Wolfgang Merkel/Hans-Jürgen Wagener (Hrsg.), Handbuch Transformationsforschung, Wiesbaden 2015, S. 562–566.

[15] Vgl. u. a. Günther Heydemann/Christopher Beckmann, Zwei Diktaturen in Deutschland. Möglichkeiten und Grenzen des historischen Diktaturenvergleichs, in: Deutschland Archiv 30 (1997), S. 12–40.

etwa die faschistischen, parafaschistischen und autoritären Diktaturen der Zwischenkriegszeit.[16] Eine solche Vergleichsperspektive erfasst nicht nur Deutschland und Italien, sondern auch Spanien, Griechenland, Portugal, Österreich sowie zahlreiche Staaten Ost- und Südosteuropas.[17] Vereinzelt reicht sie auch über Europa hinaus und bezieht die kemalistische Türkei sowie Japan mit ein.[18] Diese Vergleiche analysieren meist den Faschismus als Epochenphänomen. Hier zeigt sich erneut der Vorteil eines flexiblen Faschismusbegriffs, der parafaschistische und autoritäre Regime einschließt. Dabei kann im Einzelfall auch die Mischung mehrerer Modelle und Elemente konstatiert werden. So beschreibt etwa Gerhard Botz das Dollfuß-Schuschnigg-Regime in Österreich „as a hybrid comprising different elements and theoretical models in an ever shifting mixture".[19]

Bei der wissenschaftlichen Beschäftigung mit Diktaturen der Zwischenkriegszeit sollte nicht nur verglichen, sondern auch nach deren Beziehungen untereinander und mit anderen Staatsformen gefragt werden. Arnd Bauerkämper hat zu Recht gefordert, den Vergleich durch transfer- und verflechtungsgeschichtliche Untersuchungsansätze zu ergänzen.[20] Dass die transnationale Perspektive bei der Analyse des Faschismus seit einigen Jahren en vogue ist, entspricht der gegenwärtigen Tendenz zur Internationalisierung, die auch den Fokus der historischen Forschung erweitert hat. Bauerkämper etwa interessiert sich für die „processes of fascistization" in Europa und nimmt dabei nicht nur die faschistischen Diktaturen, sondern auch die faschistischen Bewegungen in den Blick, auch jene, die niemals an die Macht kamen. Für

---

[16] Vgl. etwa den Beitrag von Arnd Bauerkämper in diesem Band und Rüdiger Hachtmann, Wie einzigartig war das NS-Regime? Autoritäre Herrschaftssysteme der ersten Hälfte des 20. Jahrhunderts im Vergleich – ein Forschungsbericht, in: Neue Politische Literatur 62 (2017), S. 229–280.

[17] Vgl. etwa Pinto/Kallis (Hrsg.), Rethinking Fascism.

[18] Zur Türkei vgl. Stefan Plaggenborg, Ordnung und Gewalt. Kemalismus – Faschismus – Sozialismus, München 2012; Stefan Ihrig, Atatürk in the Nazi Imagination, Cambridge (Mass.) 2014; zu Japan vgl. Hachtmann, Wie einzigartig war das NS-Regime?, S. 246 f.

[19] Gerhard Botz, The Coming of the Dollfuss-Schuschnigg Regime and the Stages of its Development, in: Pinto/Kallis (Hrsg.), Rethinking Fascism, S. 121–153, hier S. 122.

[20] Vgl. den Beitrag von Arnd Bauerkämper in diesem Band; vgl. auch ders./ Grzegorz Rossoliński-Liebe (Hrsg.), Fascism without Borders. Transnational Connections and Cooperation between Movements and Regimes in Europe from 1918 to 1945, New York 2017.

ihn liegt die Zukunft der Faschismus-Forschung in transnationalen Studien.[21] Dagegen ist zu Recht angemahnt worden, dass die Grundlagenforschung zum Faschismus in den einzelnen europäischen Staaten teilweise noch erheblichen Nachholbedarf habe und insgesamt nicht zu kurz kommen dürfe, da sie letztlich die Voraussetzung auch für transnationale Ansätze sei.[22]

Eine andere Möglichkeit, zu vergleichen und Transfers, Verflechtungen und Adaptionen zu untersuchen, besteht darin, einen einzelnen Staat in den Mittelpunkt zu stellen und dessen grenzüberschreitende Bezüge zu betrachten. Diesen Weg hat beispielsweise Kiran Klaus Patel eingeschlagen, der das nationalsozialistische Deutschland in seine transnationalen Zusammenhänge einordnet. Er fragt, wie die deutsche Gesellschaft damals mit anderen, insbesondere benachbarten Gesellschaften verbunden gewesen sei. Das lenkt das Interesse auf die Transfers und Verflechtungen nicht nur mit faschistischen oder autoritären Regimen wie Italien, Österreich oder Polen, sondern auch mit den benachbarten Demokratien und der kommunistischen Sowjetunion. Es geht dabei um persönliche und politische Verbindungen, aber auch um wechselseitige Perzeptionen, die Zirkulation von Ideen und Wissen sowie die transnationale Kontextualisierung von bestimmten Phänomenen, etwa der NS-Verbrechen. So schärft diese Perspektive den Blick auf die gewaltsame Rekrutierung von Millionen Zwangsarbeitern aus Osteuropa, die ein bis dahin unbekanntes Ausmaß ethnischer Diversität in Deutschland zur Folge hatte.[23] Ein anderes Beispiel, das über die engeren Nachbarn und Europa hinausgeht, ist die Sozialpolitik des NS-Staates, die sowohl Anleihen aus dem faschistischen Italien machte als auch sozialpolitische Praktiken in den demokratischen Vereinigten Staaten inspirierte.[24] Überdies waren die faschistischen

[21] Vgl. Arnd Bauerkämper, Afterword: Between Cooperation and Conflict. Perspectives of Historical Research on Transnational Fascism, in: Bauerkämper/Rossoliński-Liebe (Hrsg.), Fascism without Borders, S. 355–363.

[22] Vgl. Tobias Hof, Rezension von: Bauerkämper/Rossoliński-Liebe (Hrsg.), Fascism without Borders, in: sehepunkte 18 (2018), Nr. 3, http://www.sehepunkte.de/2018/03/30582.html [16.12.2018].

[23] Vgl. Kiran Klaus Patel, In Search of a Transnational Historicization. National Socialism and its Place in History, in: Konrad H. Jarausch/Thomas Lindenberger (Hrsg.), Conflicted Memories. Europeanizing Contemporary Histories, New York 2007, S. 96–116.

[24] Vgl. Kiran Klaus Patel, „Soldaten der Arbeit". Arbeitsdienste in Deutschland und den USA 1933–1945, Göttingen 2003; ders., Welfare in the Warfare State.

Netzwerke keineswegs nur auf Europa beschränkt, sondern griffen bis nach Lateinamerika aus.[25] Neben der synchronen erscheint hier eine diachrone Perspektivenerweiterung sinnvoll, um Traditionen und Brüchen etwa im Hinblick auf Erfahrungen der Nachbarn mit Deutschland vor und nach 1945 nachgehen zu können.

Forderungen nach vergleichenden, transfer- und verflechtungsgeschichtlichen Ansätzen sind für die DDR schon vor vielen Jahren erhoben worden, vor allem im Rahmen einer lebhaften Kontroverse über die unterschiedlichen Zugänge zur DDR-Geschichte.[26] Auch hier bieten sich eine synchrone Sichtweise, die etwa die DDR in einen engeren Zusammenhang mit den anderen ost- und ostmitteleuropäischen Staaten stellt, sowie eine diachrone Perspektive an, die diese in die großen Linien der deutschen Geschichte im 20. Jahrhundert einordnet. So hat etwa ein abgeschlossenes Projekt des Instituts für Zeitgeschichte anhand der Lebenswelten in Mecklenburg und Vorpommern nach Kontinuitätslinien von der Zwischenkriegszeit bis zur Nachkriegszeit gefragt.[27] Eine solche diachrone, sinnvollerweise um die Bundesrepublik erweiterte Perspektive beherrscht auch einen von Hans Günter Hockerts herausgegebenen Band zu den „Drei Wege[n] deutscher Sozialstaatlichkeit".[28]

Überdies sollte mehr als bisher der Vergleich zwischen realsozialistischen Diktaturen unternommen werden, auch wenn es sich bei ihnen in der Regel nicht um autochthone Einheiten, sondern um Satellitenstaaten der Sowjetunion handelte. Gleichwohl gab es aufgrund der

Nazi Social Policy on the International Stage, in: German Historical Institute London, Bulletin 37 (2015), H. 2, S. 3–37.

[25] Vgl. den Beitrag von Kiran Klaus Patel in diesem Band.

[26] Die Kontroverse wurde zwischen Jürgen Kocka, Thomas Lindenberger und Martin Sabrow auf der einen und Henrik Bispinck, Dierk Hoffmann, Michael Schwartz, Peter Skyba, Matthias Uhl und Hermann Wentker auf der anderen Seite geführt. Die Beiträge aus den Jahren 2003 bis 2005 sind alle nachgedruckt in: Frank Möller/Ulrich Mählert (Hrsg.), Abgrenzung und Verflechtung. Das geteilte Deutschland in der zeithistorischen Debatte, Berlin 2008, S. 142–201.

[27] Vgl. Detlev Brunner, Stralsund. Eine Stadt im Systemwechsel vom Ende des Kaiserreichs bis in die 1960er Jahre, München 2010; Henrik Bispinck, Bildungsbürger in Demokratie und Diktatur. Lehrer an höheren Schulen in Mecklenburg 1918 bis 1961, München 2011; Susanne Raillard, Die See- und Küstenfischerei Mecklenburgs und Vorpommerns 1918 bis 1960. Traditionelles Gewerbe unter ökonomischem und politischem Wandlungsdruck, München 2012.

[28] Hans Günter Hockerts (Hrsg.), Drei Wege deutscher Sozialstaatlichkeit. NS-Diktatur, Bundesrepublik und DDR im Vergleich, München 1998.

unterschiedlichen Ausgangsbedingungen und anderer Faktoren neben zahlreichen Gemeinsamkeiten doch auch erhebliche Unterschiede, etwa bei den Wirtschaftsreformen oder der Steuerung durch die Parteiapparate.[29] Wie bei den Diktaturen der Zwischenkriegszeit müssen dabei über den Vergleich hinaus die Transfers und Verflechtungen der Ostblockstaaten untersucht werden, sei es auf multilateraler Ebene, sei es im bilateralen Rahmen. Ein wesentlicher Teil dieser Transfers betraf die Zirkulation von Informationen und Wissensbeständen, sowohl innerhalb der östlichen Staatenwelt als auch im Austausch mit dem Westen und in Interaktion mit der „Dritten Welt".[30] Trotz der eindeutigen Dominanz der Sowjetunion und der nach außen proklamierten „brüderlichen Verbundenheit" der realsozialistischen Diktaturen waren deren Beziehungen untereinander oftmals von Misstrauen und Gegensätzen geprägt. Im Unterschied zu den faschistischen Staaten, bei denen die Etablierung einer institutionellen Kooperation im Rahmen der Comitati d'Azione per l'Universalità di Roma letztlich scheiterte, verfügten die realsozialistischen Diktaturen zwar über ein Zentrum; monolithisch war der Ostblock aber deswegen nicht.

Ist ein Vergleich zwischen „rechten" und „linken" Diktaturen möglich und erkenntnisfördernd? Jenseits des Totalitarismusparadigmas und jenseits der erwähnten Versuche zu NS-Deutschland und der DDR ist er vor allem für den Nationalsozialismus und den Stalinismus im engeren Sinne unternommen worden. Jörg Baberowski hat einen solchen Vergleich vor allem mit dem Fokus auf die in beiden politischen Systemen ausgeübte exzessive Gewalt angestellt und eine überraschende Parallele konstatiert: In beiden Systemen sei diese Gewalt vor allem an der Peripherie, ja im „staatsfernen Raum" und nicht im Zentrum der Macht ausgeübt worden.[31] Demgegenüber muss ein-

---

[29] Vgl. Christoph Boyer (Hrsg.), Zur Physiognomie sozialistischer Wirtschaftsreformen. Die Sowjetunion, Polen, die Tschechoslowakei, Ungarn, die DDR und Jugoslawien im Vergleich, Frankfurt a. M. 2007; ders., Communist Party Apparatuses as Steering Organizations. Paths of Development in East Central Europe, in: Rüdiger Bergien/Jens Gieseke (Hrsg.), Communist Parties Revisited. Sociocultural Approaches to Party Rule in the Soviet Bloc, 1956–1991, New York 2018, S. 143–167.

[30] Vgl. dazu den Beitrag von Malte Rolf in diesem Band.

[31] Vgl. Jörg Baberowski, Totale Herrschaft im staatsfernen Raum. Stalinismus und Nationalsozialismus im Vergleich, in: Zeitschrift für Geschichtswissenschaft 57 (2009), S. 1013–1028; ders./Kiran Klaus Patel, Jenseits der Totalitarismustheorie. Nationalsozialismus und Stalinismus im Vergleich, in: ebenda,

gewandt werden, dass die „Zentralen des Terrors" in beiden Fällen in den jeweiligen Hauptstädten angesiedelt waren und dass sowohl der sowjetische als auch der nationalsozialistische Staat überall dort, wo seine jeweiligen Schergen auftraten, auch seine staatliche, exekutive Präsenz zeigte. Ulrich Herbert hat beide Regime als radikale Gegenentwürfe der bürgerlichen, parlamentarisch-industriellen Gesellschaften gesehen, die auf dem Weg zur Realisierung ihrer jeweiligen Ziele ein ungewöhnliches Maß an terroristischer Zerstörungskraft entfalteten. Trotz dieser generellen Übereinstimmungen hätten aber im Hinblick auf Voraussetzungen, Strukturen und Herrschaftsformen die Unterschiede bei Weitem überwogen.[32] So war etwa die soziale Zerstörungskraft des Stalinismus, des maoistischen China und der Roten Khmer in Kambodscha weitaus größer als die des Nationalsozialismus. Alles in allem scheint die Zeit der Großvergleiche vorbei zu sein. An ihre Stelle tritt ein verstärktes Interesse für sektorale Vergleiche, die wechselseitige Perzeptionen und Transfers mit einschließen.[33]

Vergleichende sowie transfer- und verflechtungsgeschichtliche Ansätze bereichern die Diktaturforschung und durchbrechen die isolierte Betrachtung einzelner Staaten. Eine Grundvoraussetzung bleibt selbstverständlich, dass der Rahmen, in dem verglichen oder nach Verflechtungen geforscht wird, klar definiert ist und, einfach ausgedrückt, stimmt. In dieser Hinsicht bieten sich vor allem Staaten mit demselben oder einem ähnlichen politischen System als Untersuchungsgegenstände an: faschistische bzw. autoritäre Diktaturen sowie realsozialistische Diktaturen. Schwieriger, aber schon erprobt und vielversprechend, ist die synchrone Einbeziehung von Demokratien. Am meisten Probleme birgt die vergleichende Perspektive auf faschistische/autoritäre und gleichzeitig auf kommunistische Diktaturen, da man hier in der Regel mit völlig unterschiedlichen politischen und sozioökonomischen Voraussetzungen konfrontiert wird. Hier ist der „Königsweg" komparatistischer und verflechtungsgeschichtlicher Zugänge noch nicht gefunden. Dessen ungeachtet könnte der Vergleich

S. 965–972, hier S. 971.

[32] Vgl. Ulrich Herbert, National Socialist and Stalinist Rule. The Possibilities and Limits of Comparison, in: Manfred Hildermeier (Hrsg.), Historical Concepts between Eastern and Western Europe, New York 2007, S. 5–22.

[33] Vgl. die vergleichend angelegten Beiträge von jeweils zwei Autoren bzw. Autorinnen in: Michael Geyer/Sheila Fitzpatrick (Hrsg.), Beyond Totalitarianism. Stalinism and Nazism Compared, New York 2009.

faschistischer und autoritärer Diktaturen untereinander auf den Vergleich realsozialistischer Diktaturen untereinander durchaus befruchtend wirken – und umgekehrt.

3. Staat, Gewalt, Kommunikation

Man kann Diktaturen miteinander oder systemübergreifend vergleichen, ihre Beziehungen und Verflechtungen untersuchen oder auf ein nationalstaatliches Beispiel und seine besonderen Eigenarten und Entwicklungen fokussiert bleiben: In jedem Fall stellt sich die Frage nach dem thematischen Kern und dem methodischen Ansatz der Analyse. Auch die Diktaturforschung scheint in dieser Hinsicht aktuell von einer Auflösung, zumindest Aufweichung der lange festen Grenzen zwischen der Politikgeschichte, Sozialgeschichte, Alltagsgeschichte, Kulturgeschichte und anderen historiografischen Feldern geprägt zu sein. Das zeigt sich auch im Design des vorliegenden Bandes: Ein Beitrag über Diktaturgeschichte als „klassische" Politikgeschichte fehlt – auch aus Mangel an Interessenten, die einen solchen Beitrag übernehmen wollten. Wer mag schon gerne als unzeitgemäß gelten? Zeitgemäß ist vielmehr das Bekenntnis zum *state of the art* neuer kulturgeschichtlicher Zugänge. Überspitzt formuliert: Heute ist nahezu die gesamte Geschichtswissenschaft „kulturgeschichtlich erweitert" und jede Historikerin und jeder Historiker irgendwie auch Verfechter/in einer Kulturgeschichte des Politischen, Sozialen et cetera oder schlicht von allem zusammen. Der neue Methodenmix bietet neue Chancen, zumal der *cultural turn* gerade durch seine Verschmelzung mit älteren Ansätzen inzwischen an Dogmatismus verloren und an Plausibilität gewonnen hat.[34] Eine Voraussetzung für Erkenntnisfortschritt durch vielfältige thematische und methodische Verknüpfungen ist allerdings, dass – um die bekannte Formulierung von Ute Daniel zu variieren[35] – die Blickrichtung gleichermaßen auf dem „Was" wie auf dem „Wie" bleibt. Das gilt besonders für die Diktaturforschung, in der

---

[34] Vgl. die Beiträge von Malte Rolf und Neil Gregor in diesem Band sowie Podium Zeitgeschichte. Cultural Turn und NS-Forschung, in: Vierteljahrshefte für Zeitgeschichte 65 (2017), S. 219–271, mit Beiträgen von Frank Bajohr, Neil Gregor, Johann Chapoutot und Stefan Hördler.
[35] Vgl. Ute Daniel, Geschichte schreiben nach der kulturalistischen Wende, in: Archiv für Sozialgeschichte 43 (2003), S. 576–599, hier S. 577: „Dieser Wandel ist eng mit einem Wechsel der Blickrichtung vom Was auf das Wie als Basis des Erklärungs- ebenso wie des Verständnisvermögens verbunden."

sich die *hard facts* von Repression, Ungleichheit und Gewalt schwerlich zur Gänze „dekonstruieren" lassen.

Welch innovatives Potenzial nach wie vor auch in herkömmlichen politikgeschichtlichen Themen stecken kann, hat sich zumindest teilweise in der jüngsten Konjunktur der Institutionenforschung in Deutschland gezeigt. Ausgehend von einem öffentlichen Interesse und dem daraus resultierenden Legitimationsdruck auf Bundes- und Landesministerien, die Kontinuitäten ihrer Behörden zur NS-Diktatur „aufarbeiten" zu lassen, floss viel Geld in eine gewiss nicht nur positiv zu bewertende staatliche „Auftragsforschung".[36] Eine resümierende Bewertung des wissenschaftlichen Ertrags dieses Aufarbeitungsbooms steht noch aus, doch schon jetzt lässt sich konstatieren, dass sich die zahlreichen darin involvierten Projekte immer mehr von einer schematischen „Nazi-Zählerei" gelöst und neue Perspektiven auf die deutsche Institutionen- und Elitengeschichte im 20. Jahrhundert geöffnet haben. Mit der NS-Belastung deutscher Nachkriegsbehörden gerieten auch ihre Vorgänger vor 1945 in den Fokus; einige Teilprojekte legten sogar ihren Schwerpunkt auf das „Dritte Reich". Ein wichtiger Nebeneffekt der staatlichen Aufträge war somit, dass die lange stiefmütterlich behandelte Institutionengeschichte der NS-Diktatur und neuerdings auch der SED-Diktatur angekurbelt wurde, wenn auch nicht systematisch. In einem klassischen Teilbereich der Politikgeschichte werden neue relevante Ergebnisse erzielt, auch weil die „Aufarbeitungsprojekte" immer häufiger über ihren engeren Untersuchungsgegenstand hinaus nach Kontinuitäten, Brüchen und Transformationen von Verwaltungskulturen fragen.[37]

Die Analyse bestimmter Traditionen und Kulturen von Regierungs- und Verwaltungspraxis über die Zäsuren von Systemwechseln hinweg – etwa in Deutschland einer vom Kaiserreich bis in die Bundesrepublik konstant funktionierenden, hierarchisch organisierten Bürokratie mit verschriftlichten Geschäftsgängen und auf den Staat

---

[36] Vgl. Frank Bajohr/Johannes Hürter, Auftragsforschung „NS-Belastung". Bemerkungen zu einer Konjunktur, in: Frank Bajohr u. a. (Hrsg.), Mehr als *eine* Erzählung. Zeitgeschichtliche Perspektiven auf die Bundesrepublik, Göttingen 2016, S. 221–233. Überblick über den Forschungsstand bis etwa Ende 2015: Christian Mentel/Niels Weise, Die zentralen deutschen Behörden und der Nationalsozialismus. Stand und Perspektiven der Forschung, München 2016.
[37] Vgl. etwa Frieder Günther u. a., Kommunikation und Hierarchie. Die Verwaltungskulturen im BMI und MdI, in: Frank Bösch/Andreas Wirsching (Hrsg.), Hüter der Ordnung. Die Innenministerien in Bonn und Ost-Berlin nach dem Nationalsozialismus, Göttingen 2018, S. 307–354.

eingeschworenen Lebenszeitbeamten – macht die Grenzen zwischen Demokratie und Diktatur durchlässig, wirft aber zugleich stärker denn je die Frage auf, was das Spezifische am Regieren und Verwalten in einer Diktatur (gewesen) sei. Rüdiger Hachtmann verweist für die NS-Diktatur auf die Herausbildung einer „Neuen Staatlichkeit": auf die Ergänzung, Durchdringung und teilweise Verdrängung der etablierten Behörden durch Sonderbevollmächtigte, Sonderstäbe und NS-Organisationen.[38] Auch als Ergebnis der jüngsten institutionengeschichtlichen Forschungen zeichnet sich ab, dass weniger die Konkurrenz und Verdrängungsprozesse als vielmehr die Kooperation und Verschmelzung alter und neuer Steuerungsorgane für das NS-Herrschaftssystem und seine Dynamik charakteristisch waren. Es entstand eine „kämpfende Verwaltung",[39] an der die unterschiedlichsten „alten" und „neuen" Akteure mitwirkten. Sie war deutlich aggressiver und (selbst)mobilisierter als die herkömmliche Verwaltung. Inwieweit diese Mischung aus tradierten und „neustaatlichen", formellen und informellen Herrschaftsstrukturen ein Spezifikum faschistischer Regime und vielleicht sogar ein Unterscheidungsmerkmal gegenüber anderen rechts- und linksautoritären Staaten ist, bleibt noch genauer zu untersuchen, zumal die Institutionenforschung über andere Diktaturen teilweise erheblichen Nachholbedarf aufweist. Dierk Hoffmanns Überlegungen zu einer neuen realsozialistischen Staatlichkeit, die von einem variablen Mischungsverhältnis von Parteiherrschaft und Zentralismus nach sowjetischem Vorbild, informellen Machtzirkeln und älteren deutschen Traditionslinien geprägt gewesen sei,[40] legen nahe, dass solche noch zu schreibenden Länderstudien über ihren Eigenwert hinaus lohnende Anknüpfungspunkte für systemübergreifende Vergleiche bieten.

Eng verbunden mit dem dynamischen, ja explosiven Zusammenwirken von alten und neuen Staats- und Parteiorganen ist die Gewaltgeschichte der Diktaturen. Repression und Gewalt gegen alle

---

[38] Vgl. den Beitrag von Rüdiger Hachtmann in diesem Band sowie ders., Elastisch, dynamisch und von katastrophaler Effizienz – Anmerkungen zur Neuen Staatlichkeit des Nationalsozialismus, in: Sven Reichardt/Wolfgang Seibel (Hrsg.), Der prekäre Staat. Herrschen und Verwalten im Nationalsozialismus, Frankfurt a. M. 2011, S. 29–73.
[39] Christiane Kuller, „Kämpfende Verwaltung". Bürokratie im NS-Staat, in: Dietmar Süß/Winfried Süß (Hrsg.), Das „Dritte Reich". Eine Einführung, München 2008, S. 227–245.
[40] Vgl. den Beitrag von Dierk Hoffmann in diesem Band.

möglichen als innere oder äußere Gegner definierten Individuen und Gruppen sind schon seit jeher ein Kernthema der Diktaturforschung. Die radikale Unterscheidung zwischen Freund und Feind mit all ihren schrecklichen Folgen beschäftigt nicht nur die Erforschung der NS-Volksgemeinschaft, die auf der brutalen Ausgrenzung von „Gemeinschaftsfremden" gründete.[41] Für die Sowjetunion unter Lenin und Stalin hat zuletzt vor allem Jörg Baberowski auf die extreme Gewaltanwendung als Ordnungsprinzip der Diktatur hingewiesen.[42] Außerdem wird – wie bereits erwähnt – diskutiert, inwieweit die Realitäten und Konstruktionen bestimmter „Gewalträume", fern von staatlicher Ordnung und weitgehend unabhängig von bestimmten politischen Intentionen, zur Entfesselung von Gewalt beitrugen.[43] Die Ursachenforschung betont dabei wieder stärker die Bedeutung funktionaler und situativer Dynamiken, hinter denen die Ideologie als Triebfeder zurücktritt.[44] Die kritischen Einwände dagegen, auch in diesem Band,[45] zeigen die Offenheit der Debatte über die Antriebskräfte von Gewalt in Diktaturen. Künftig müsste noch gründlicher und breiter – und wiederum häufiger auch für andere Regime als das nationalsozialistische und stalinistische – untersucht werden, in welchem Misch- und Wechselverhältnis das politisch-ideologische Programm des Regimes, Eigeninitiative und Radikalisierung von Institutionen sowie situative Selbstmobilisierungen von Akteuren die Gewaltspirale zum Drehen brachten. Ebenso wäre zu fragen, wie und wann Diktaturen ihren Terror wieder deeskalierten und gewissermaßen zu „weicheren" Methoden der Herrschaft und Repression wechselten.

---

[41] Klassisch und richtungweisend: Detlev J.K. Peukert, Volksgenossen und Gemeinschaftsfremde. Anpassung, Ausmerze und Aufbegehren unter dem Nationalsozialismus, Köln 1982.

[42] Vgl. etwa Jörg Baberowski, Verbrannte Erde. Stalins Herrschaft der Gewalt, München 2012; ders./Anselm Doering-Manteuffel, Ordnung durch Terror. Gewaltexzesse und Vernichtung im nationalsozialistischen und im stalinistischen Imperium, Bonn 2006. Vgl. auch den Beitrag von Jörg Baberowski in diesem Band.

[43] Vgl. Timothy Snyder, Bloodlands. Europa zwischen Hitler und Stalin, München 2011; Jörg Baberowski/Gabriele Metzler (Hrsg.), Gewalträume. Soziale Ordnungen im Ausnahmezustand, Frankfurt a. M. 2012.

[44] So etwa für das Verhalten deutscher Soldaten im Zweiten Weltkrieg Sönke Neitzel/Harald Welzer, Soldaten. Protokolle vom Kämpfen, Töten und Sterben, Frankfurt a. M. 2011.

[45] Vgl. den Beitrag von Jürgen Zarusky in diesem Band.

Bisher wird außerdem zu wenig beachtet, dass faschistische und rechtsautoritäre Diktaturen in der Regel extrem auf das Militär sowie auf den Krieg und seine Vorbereitung bezogen, also „militaristisch" und „bellizistisch" waren. Die Beschwörung militanter Kampfgemeinschaften, häufig auch die Selbstlegitimation durch militärische Ausnahmezustände, Kriege und Konflikte in Permanenz zählten zu den konstituierenden Prinzipien dieser diktatorischen Regime. Auch für das SED-Regime war das Militär sowohl Mittel zur Landesverteidigung als auch dauerhafte Sozialisationsinstanz, durch die der Soldat „auch nach Moralkriterien zu einem besseren, sozialistischen Menschen veredelt werden" sollte – wenngleich dieses Ziel nicht erreicht wurde.[46] Daher könnte die Frage nach national- und diktaturspezifischen Militärkulturen, auch in realsozialistischen Staaten, eine besonders relevante und innovative Herausforderung der Diktaturforschung sein. Die Analyse von Militärkulturen (und von Gewaltkulturen) verspricht insbesondere dann hohen Erkenntnisgewinn, wenn sie, wie im Fall der Verwaltungskulturen, regime- und systemübergreifend ausgerichtet ist. Die Militarisierung von Politik und Gesellschaft ist, wie gerade die deutsche Geschichte zeigt, keineswegs ein auf Diktaturen beschränktes Phänomen. Bezeichnend für die Vernachlässigung dieses Themas ist, dass die zugespitzten Thesen von Isabel Hull über eine deutsche Militärkultur, die vom Kaiserreich in den NS-Vernichtungskrieg geführt habe, von der Forschung bisher noch nicht angemessen aufgegriffen, diskutiert und verifiziert wurden.[47] An diesem Beispiel bestätigt sich, dass die Militärgeschichte selbst in ihrer erneuerten, „modernen" Ausprägung von der Zeitgeschichtsforschung noch immer zu stark als Sonderdisziplin wahrgenommen wird.

Symptomatisch für das Militärische und die Militanz von Diktaturen war auch die Performanz des Diktators als Soldat und militärischer Führer. Viele Diktatoren stilisierten sich als Soldaten und versuchten sich als Generalissimus, obwohl sie keine professionellen Militärs waren; andere waren „echte" Militärdiktatoren, die besonders in Lateinamerika häufig von der Armee und nicht von einer Partei an die Macht gebracht wurden. Einige wie Hitler und auch Stalin hatten tatsächlich

---

[46] Vgl. Matthias Rogg, Armee des Volkes? Militär und Gesellschaft in der DDR, Berlin 2008, Zitat S. 401.
[47] Vgl. Isabel V. Hull, Absolute Destruction. Military Culture and the Practices of War in Imperial Germany, Ithaca (NY) 2006.

eine sehr große Bedeutung als militärische Führer, die noch immer unterbelichtet ist. Ohnehin ist evident, dass alle Versuche, eine Diktaturgeschichte ohne die Diktatoren zu schreiben, im Wortsinn am Kern dieser Regime vorbeigehen müssen – trotz aller berechtigten Kritik an der übertriebenen Fixierung der älteren Forschung auf die „starken Männer". Jüngst hat sogar die von vielen als ausgereizt angesehene Hitler-Forschung gezeigt, dass sich mit neuen Ansätzen und Perspektiven relevante Erkenntnisfortschritte über die Person des Diktators erzielen lassen.[48] Das Interesse verlagert sich dabei auf die Selbstkonstruktionen einer bestimmten Rolle (als „Künstler", als „Führer", als „Feldherr"), auf die Kommunikationstechniken, performativen Akte und Legitimationsressourcen. Zugleich wird Hitler als Ideologe, militärischer Führer und Privatmann von der Forschung (wieder) ernst genommen. Solche Erkenntnispotenziale sollten auch für andere Diktatoren genutzt werden. Die zentrale Frage, inwieweit Politiksteuerung von einem obersten Entscheider ausging, ist für die meisten diktatorischen Regime unbeantwortet, bleibt aber hoch relevant. Neuland sind vor allem die kommunikative Vermittlung von Herrschaft und die Herausbildung von voluntaristischen Entscheidungskulturen. Hierfür könnten Ansätze der historischen Semantik und von Netzwerkanalysen genutzt werden.

Damit geraten über den Diktator hinaus die Funktions- und Parteieliten, ja die gesamte Bevölkerung in den Blick. Entscheidungen und Prinzipien des Regimes wurden vertikal und horizontal vermittelt, mit Hilfe ganz unterschiedlicher Kommunikationsformen und Kommunikationsforen. Dabei hatten nicht nur die Herrschenden und Hauptakteure, basiert auf vernetzten Informationen, Entscheidungen zu treffen, zu empfangen und zu kommunizieren. Auf der Grundlage von Kommunikation und Wissensaneignung musste sich in einer Diktatur jeder entscheiden, wie er sich zum Regime und seinen Ansprüchen verhielt. Es scheint für Diktaturen charakteristisch zu sein, dass die staatlich gelenkten, öffentlichen und formellen Informationskanäle viel mehr als in liberalen Systemen durch informelle Kommunikationswege ergänzt, unterstützt und teilweise auch konterkariert wurden. In-

---

[48] Vgl. etwa Wolfram Pyta, Hitler. Der Künstler als Politiker und Feldherr. Eine Herrschaftsanalyse, München 2015; Elizabeth Harvey/Johannes Hürter (Hrsg.), Hitler – New Research, Berlin/Boston 2018 (German Yearbook of Contemporary History 3).

formelle Informationsflüsse und Gerüchte konnten Regime stabilisieren oder destabilisieren, zu systemkonformem Verhalten mobilisieren
oder Kritik, Distanz und Widerstand hervorrufen.[49] Kommunikation ist
ein zentraler, noch intensiv zu erforschender Aspekt der Diktaturgeschichte – zentral nicht nur für die Herrschaftspraktiken des Regimes,
sondern auch für das individuelle Verhalten und die soziale Praxis in
der Gesellschaft.

4. Gesellschaft, Individuum, zwischenmenschliche Beziehungen

Die Gesellschaftsgeschichte der Diktaturen hat den sozialhistorischen
Forschungen über das „Dritte Reich" und die DDR entscheidende neue
Impulse zu verdanken. Herrschaft und Gesellschaft werden inzwischen, anders als noch im mittlerweile klassischen Projekt „Bayern in
der NS-Zeit" des Instituts für Zeitgeschichte,[50] nicht mehr als Gegensatz oder einseitig als Herrschaft über die Gesellschaft gesehen, sondern als Interaktionsraum, in dem deutlich mehr Akteure mit weitaus
größeren Handlungsmöglichkeiten an der Diktatur mitwirken konnten als von der älteren Forschung angenommen. Die Thesen von der
„Herrschaft als sozialer Praxis" und vom alltäglichen „Eigen-Sinn" (Alf
Lüdtke) „ganz normaler" Menschen, die sich die Prinzipien und Möglichkeiten innerhalb des diktatorischen Systems aneigneten, zunutze
machten und sich gegebenenfalls selbst mobilisierten, wurden zuerst
von der DDR-Forschung formuliert,[51] dann von der NS-Forschung aufgegriffen und in der intensiven Erforschung der „NS-Volksgemeinschaft" weiterentwickelt.[52] Frank Bajohr und Mary Fulbrook gehen in

[49] Vgl. dazu ab Juni 2019 das Forschungsprojekt „,Man hört, man spricht': In-
formal Communication and Information ‚From Below' in Nazi Europe" (INFO-
COM) am Institut für Zeitgeschichte München – Berlin.
[50] Vgl. Bayern in der NS-Zeit. Studien und Dokumentationen in sechs Bänden,
München 1977–1983, vor allem Bd. 2-4: Martin Broszat u. a. (Hrsg.), Herrschaft
und Gesellschaft im Konflikt, München 1979–1981.
[51] Vgl. Alf Lüdtke (Hrsg.), Herrschaft als soziale Praxis. Historische und sozial-
anthropologische Studien, Göttingen 1991; ders., Eigen-Sinn, in: Berliner
Geschichtswerkstatt (Hrsg.), Alltagkultur, Subjektivität und Geschichte. Zur
Theorie und Praxis von Alltagsgeschichte, Münster 1994, S. 139–153; Thomas
Lindenberger (Hrsg.), Herrschaft und Eigen-Sinn in der Diktatur. Studien zur
Gesellschaftsgeschichte der DDR, Köln 1999.
[52] Vgl. als Bilanzen dieser Forschung und Debatte Martina Steber/Bernhard
Gotto (Hrsg.), Visions of Community in Nazi Germany. Social Engineering and

ihren Beiträgen im vorliegenden Band von diesem Forschungsstand aus, mahnen aber mit Recht an, die staatlich-diktatorische Gewalt „von oben" nicht zu unterschätzen (Bajohr) und die Beziehungen der Menschen untereinander nicht nur unter dem Diktum der gesellschaftlichen Vergemeinschaftung zu begreifen (Fulbrook). Komplementär zu letzterem Einwand sind die Hinweise von Moritz Föllmer und Neil Gregor auf die Konstanten und Transformationen von Individualität und Subjektivität über die Systembrüche hinweg, in Deutschland etwa „from Weimar to the Wall".[53]

An diesen Punkten kann die künftige Forschung ansetzen, muss aber zugleich für viele faschistische, autoritäre und kommunistische Staaten noch das nachholen, was eine kulturgeschichtlich erweiterte Gesellschafts- und Alltagsgeschichte an Erkenntnissen über die NS-Diktatur, die DDR und teilweise auch die Sowjetunion bereits geliefert hat. Inwieweit Diktaturen nicht nur repressiv oder „totalitär" waren, sondern auch vom Konsens und der Partizipation der Mehrheitsgesellschaft getragen wurden, sollte noch an weiteren Beispielen und Diktaturtypen diskutiert werden, auch vergleichend. Die aktive Beteiligung von Teilen der Bevölkerung an einer „partizipativen Diktatur", wie Mary Fulbrook die DDR nannte,[54] darf aber ebenso wenig wie die von Malte Rolf am sowjetischen Beispiel der Breschnew-Ära konstatierte „Normalität" in stabilen Phasen einer Diktatur[55] zu allzu glatten und homogenen Gesellschaftsbildern führen – das hieße, eben jenen propagandistischen Gemeinschaftsidealen aufzusitzen, die charakteristisch für diktatorische Regime und ihre Selbstlegitimierungen waren.

Erstens wäre wieder mehr zu beachten, dass tradierte soziale Ordnungen in verschiedenen Diktaturen einem unterschiedlich starken Druck von Seiten des Regimes ausgesetzt waren. Realsozialistische Regime griffen mit sozioökonomischen Steuerungsmaßnahmen viel

---

Private Lives, Oxford 2014; Detlef Schmiechen-Ackermann u. a. (Hrsg.), Der Ort der „Volksgemeinschaft" in der deutschen Gesellschaftsgeschichte, Paderborn 2018.

[53] Vgl. den Beitrag von Neil Gregor in diesem Band sowie Moritz Föllmer, Individuality and Modernity in Berlin. Self and Society from Weimar to the Wall, Cambridge 2013.

[54] Vgl. Mary Fulbrook, The People's State. East German Society from Hitler to Honecker, New Haven (CT) 2005.

[55] Vgl. den Beitrag von Malte Rolf in diesem Band.

„revolutionärer" in die Gesellschaft und ihre Schichtung ein als rechtsautoritäre Regime. Die Gesellschaftsordnung und ihr Wandel waren
jeweils eng mit der gewollten und tatsächlichen Wirtschaftsordnung
verbunden. Alexander Nützenadel und Albrecht Ritschl machen im
vorliegenden Band sehr deutlich, dass eine Differenzierung der unterschiedlichen ökonomischen Systeme über die groben Raster „Kapitalismus" und „Sozialismus" hinaus dringend notwendig ist – und dass
Wirtschaftsgeschichte nicht abseits von den übrigen Aspekten der Diktaturgeschichte betrieben werden darf.

Zweitens sollte bei aller berechtigten Beachtung von Vergemeinschaftung und Partizipation in Diktaturen nicht marginalisiert werden, dass Entrechtung, Repression und Gewalt zentrale Herrschafts-
mittel der Regime waren, die stets auch die Mehrheitsgesellschaft
bedrohten – ganz zu schweigen von der Diskriminierung und Verfolgung jener Gruppen, die nach der herrschenden Staatsdoktrin von
vornherein der Exklusion anheimfielen. Der Zwangscharakter von (häufig ohnehin nur imaginierten) sozialen und nationalen Gemeinschaften bleibt ebenso zu beachten wie die Tatsache, dass namentlich in
rechtsautoritären Systemen die Gesellschaft unverändert oder sogar
verschärft von sozialer Ungleichheit sowie von Gegensätzen der Klassen und Schichten geprägt war. Neben dem Konsens darf der Konflikt
nicht übersehen werden. Mit welcher Brutalität jenseits von Recht und
Moral diese Konflikte oft ausgetragen wurden, belegt einmal mehr den
Unterschied zwischen Diktatur und liberaler Demokratie, der ebenfalls nicht nivelliert werden sollte.

Zur notwendigen Differenzierung der Alltags- und Gesellschaftsgeschichte von Diktaturen tragen auch die Forschungen über die zwischenmenschlichen Beziehungen im sozialen Nahbereich bei: Partnerschaft, Familie, enge Bekanntschaft im privaten und beruflichen
Umfeld. Aus genderhistorischer Perspektive sind vor allem die Ge-
schlechterkonstellationen, etwa in der Ehe, sowie der Stellenwert der
Familie interessant. Das Entwicklungs- und Diskussionspotential dieses Ansatzes zeigen die beiden Beiträge zur Geschlechtergeschichte in
diesem Band. Gunilla Budde diskutiert am Beispiel von verschiedenen
Ehetypen, wie unterschiedlich „Geschlechter-Arrangements" in Diktaturen sein konnten und inwieweit die Ausgestaltung von Partnerschaft
sogar teilweise offener war als bisher angenommen. Für Elizabeth Harvey waren solche Paarkonstellationen häufiger von Machtasymmetrie
als von Selbstbestimmung geprägt – wie sie überhaupt dafür plädiert,

hinter dem neuen Interesse an den Spielräumen und Chancen, die sich vielen Frauen boten, nicht das hohe Maß an Zwang und Gewalt in der Geschlechterpolitik von Diktaturen aus den Augen zu verlieren. Das Verhältnis zwischen Emanzipation und Repression müsste noch genau vermessen werden. Dabei ist die Frage, inwiefern Antifeminismus generell ein Signum von Diktaturen war, allerdings für die faschistischen und die sozialistischen Regime differenziert zu beantworten.[56] Wichtige Themen wären darüber hinaus die Duldung oder Verfolgung von Homosexualität sowie die Vorstellungen von „Männlichkeit" und ihre soziokulturellen Auswirkungen. Beide Autorinnen weisen außerdem zu Recht auf die Bedeutung der Familie für eine Gendergeschichte der Diktaturen hin. Dabei sind die familiären Binnenstrukturen ebenso wichtig wie die Familie als Privatsphäre, die ein diktatorisches Regime anerkennen oder zerstören konnte.

Eng verbunden mit der Thematisierung von Geschlecht und Familie sowie überhaupt mit modernen sozial- und alltagsgeschichtlichen Fragestellungen ist die Geschichte der Privatheit in Diktaturen. Nach der Pionierarbeit von Paul Betts für die DDR[57] hat zuletzt das Forschungsprojekt des Instituts für Zeitgeschichte über „Das Private im Nationalsozialismus" die Privatheitsforschung als innovatives zeithistorisches Forschungsfeld konzeptionell und analytisch etabliert.[58] Die soziale Praxis des Aufeinandertreffens von „privat" und „öffentlich" war für die Herrschafts- und Gesellschaftsgeschichte nicht nur des Nationalsozialismus, sondern generell diktatorischer Staaten von fundamentaler Bedeutung. In der Regel trafen tradierte, im Westen vornehmlich bürgerliche Modelle von Privatheit auf die Intention des jeweiligen

---

[56] Vgl. dazu die unterschiedlichen Positionen von Gunilla Budde und Elizabeth Harvey in diesem Band.

[57] Vgl. Paul Betts, Within Walls. Private Life in the German Democratic Republic, New York 2010.

[58] Vgl. https://www.ifz-muenchen.de/aktuelles/themen/das-private-im-nationalsozialismus/ [17.12.2018]. Die wesentlichen Projektergebnisse erscheinen voraussichtlich 2019: Annemone Christians, Das Private vor Gericht. Verhandlungen des Eigenen im Zivil- und Strafrecht 1933–1945; Christian Packheiser, Heimaturlaub. Soldaten zwischen Front, Familie und NS-Regime; Carlos A. Haas, Das Private im Getto. Transformationen jüdischen privaten Lebens in den Gettos von Warschau, Litzmannstadt, Tomaschow und Pretrikau 1939 bis 1944; sowie demnächst der Sammelband: Elizabeth Harvey/Johannes Hürter/Maiken Umbach/Andreas Wirsching (Hrsg.), Private Life and Privacy in Nazi Germany, Cambridge 2019.

Regimes, entsprechend seiner politisch-ideologischen Prinzipien einen privaten Bereich zu gewähren, einzuschränken, neu zu konfigurieren oder zu zerstören. Für die NS-Diktatur wurde das überkommene Bild einer Dichotomie zwischen Privatsphäre und Herrschaft durch das IfZ-Projekt erheblich modifiziert. „Privatheit" im Nationalsozialismus war zwar prekär und ständig von Zugriffen des Regimes bedroht, konnte jedoch ebenso als systemerhaltende Ressource, etwa durch die Befriedigung privater Wünsche, sowie als individuelle Strategie zum eigenen Vorteil und „Glück" eingesetzt werden. Interessen, Ansprüche und Erwartungen des Regimes einerseits, des einzelnen „Volksgenossen" andererseits ließen sich in den privaten Erfahrungs- und Handlungsräumen viel häufiger vereinbaren und miteinander verbinden als bisher vermutet. Dieses neue Verständnis für die Komplexität des Privaten und seiner (Selbst-)Konstruktionen kann Ausgangspunkt für entsprechende Forschungen über andere Diktaturen sein, aber auch für eine diachrone Analyse von Privatheit in Deutschland über die Systemwechsel von 1918/19, 1933, 1945/49 und 1989/90 hinweg.

Die bereits erwähnten Thematisierungen von Subjektivität (Neil Gregor) und Individualität (Moritz Föllmer) in diktatorischen Gesellschaften lassen sich ebenfalls vertiefen sowie in größere zeitliche Bögen und systemübergreifend einordnen. Relevante Untersuchungsgegenstände sind dabei etwa das alltägliche Konsumverhalten und die Rezeption sowohl von „hoher" als auch von populärer Kultur. Das Leitbild des „neuen Menschen" in den Diktaturen des 20. Jahrhunderts hat hingegen nur scheinbar die individuelle Entfaltung des Einzelnen im Blick, da es, wie Bauerkämper zutreffend ausführt, „auf eine weitgehende Steuerung und Konditionierung der Bevölkerung zielte".[59] Evident ist aber die Kontinuität und Beharrungskraft tradierter Kulturformen. So beginnt sich die NS-Forschung neuerdings für Bürgerlichkeit im Nationalsozialismus, für bürgerliche Lebenswelten, Semantiken und Nischen sowie für bürgerliche „Empfindsamkeit" und „Innerlichkeit" zu interessieren.[60] Ebenso erkenntnisfördernd wäre es, für die DDR und andere realsozialistische Diktaturen zu fragen, inwieweit sich trotz der antibürgerlichen Staatsdoktrin Relikte von Bürgertum

---

[59] So Arnd Bauerkämper in diesem Band, S. 139.
[60] Vgl. Norbert Frei (Hrsg.), Wie bürgerlich war der Nationalsozialismus?, Göttingen 2018; vgl. auch Nicholas Stargardt, Der deutsche Krieg 1939–1945, Frankfurt a. M. 2015.

und erst recht von habitueller Bürgerlichkeit hielten – oder gar neu konstituierten. Die Persistenz bürgerlicher Habitusformen, die man sich in der Diktatur subjektiv aneignete, könnte künftig ein wichtiges Forschungsthema sein. Auch hier gilt jedoch: Die Diktaturforschung bezieht als Subdisziplin der Zeitgeschichtsforschung ihre Berechtigung auch daraus, dass sie sich zwar verstärkt mit der Durchlässigkeit und Verflüssigung von Systemgrenzen beschäftigt, zugleich aber nach wie vor die Staats- und Gesellschaftsform der Diktatur, welcher Spielart auch immer, von freiheitlich-demokratischen Ordnungen unterscheiden kann.

***

Die Herausgeber danken allen Autorinnen und Autoren für die hervorragende (und geduldige) Zusammenarbeit, Manuela Rienks für ihre engagierte Hilfe bei der Vorbereitung des Manuskripts und für die Übersetzung von zwei englischen Beiträgen sowie der Redaktion von „Zeitgeschichte im Gespräch", vor allem Michael Schwartz, und Gabriele Jaroschka vom Verlag De Gruyter Oldenbourg für die Betreuung des Bandes.

Andreas Wirsching

Eldorado oder Dilemma? Diktaturforschung heute

Dafür, dass es sich lohnt, über die Perspektiven der Diktaturforschung neu nachzudenken, lassen sich viele Gründe anführen. Sie alle beruhen indes auf einer Erfahrung, die wohl jeder Einzelforscher macht: Sowohl für Politik- wie für Geschichtswissenschaftler hat sich das Spektrum der möglichen Untersuchungsgegenstände sprunghaft erweitert. Zugleich sind neue Quellen zugänglich geworden, die internationale Forschung blüht, und es vergeht kein Jahr, in dem nicht substanzielle Neuerscheinungen zu verzeichnen sind. Das bedeutet: Der empirisch abgesicherte Kenntnisstand wächst ebenso wie die Zahl der Variablen. Wer sich in dieses Eldorado der Forschung hineinstürzt, wird jedoch spätestens dann mit einem Dilemma konfrontiert, wenn er versucht, über den eigenen empirischen Gegenstand hinaus zu theoretisch informierten und allgemeineren Aussagen zur Geschichte und Praxis „der" Diktaturen vorzustoßen. Denn nach wie vor mangelt es an unumstrittenen, theoriegeleiteten Kategorien und Modellen „mittlerer Reichweite", die einen kohärenten vergleichenden Zugriff ermöglichen. Anders formuliert: Je mehr sich das empirische Dorado der Forschung ausbreitet, desto schmerzhafter machen sich die Probleme der Diktaturforschung bemerkbar, den historischen oder politischen Gegenstand über den individuellen Fall hinaus zu erforschen, zu begreifen und nachvollziehbar zu ordnen.

Dabei ist Diktaturforschung aktueller denn je, nicht nur weil die Zahl der nichtdemokratischen Regime gegenwärtig wieder ansteigt, sondern auch weil das 20. Jahrhundert wie kein anderes von der Wirkung, der Wucht und der Gewalt diktatorischer Regime geprägt war. Daher bleiben die klassischen Gegenstände der europäischen Diktaturgeschichte eine dauerhafte historiographische Herausforderung. Antriebskräfte und Voraussetzungen, Funktionsmechanismen, Folgen und Opfer von Kommunismus, Faschismus und Nationalsozialismus, aber auch der autoritären Regime in Spanien, Portugal und Griechenland ziehen regelmäßig das Interesse der Forschung auf sich. Neue Generationen stellen neue Fragen an bekannte Gegenstände. Zugleich werden neue Quellenbestände entdeckt oder überhaupt erst zugänglich.[1]

---

[1] Für die Holocaustforschung vgl. die auf 16 Bände angelegte Edition Die Verfolgung und Ermordung der europäischen Juden durch das nationalsozialistische Deutschland 1933–1945, hrsg. von Susanne Heim u. a., München/Berlin 2008–2020.

Verstärkt wird dieses Interesse durch einen anderen, aktuellen Faktor: Auch dreißig Jahre nach dem Ende des Kommunismus hat das neue Europa keinen gemeinsamen Modus der Erinnerung an „das Zeitalter der Extreme" und seine Diktaturen gefunden. Im Gegenteil: Wie sich das kollektive Gedächtnis Europas im Spannungsfeld von Kommunismus und Nationalsozialismus, Zweitem Weltkrieg und nationaler Identität, Massenverbrechen und Kollaboration jeweils konstituiert beziehungsweise konstituieren soll, ist zu einer Streitfrage ersten Ranges geworden. Die jüngsten Entwicklungen in Polen und Ungarn repräsentieren eine gefährliche und in dieser Form unerwartete nationalistische Engführung des Gedächtnisses. Wie immer zeichnen sich derartige Konstruktionen durch die ideologische Verknüpfung von Heroisierung und Selbstviktimisierung aus. Solche geschichtspolitischen Modelle entstehen vor allem in jenen ost-(mittel)europäischen Staaten, auf deren Territorium sich das durch die nationalsozialistische Diktatur entfesselte Inferno des Zweiten Weltkriegs hauptsächlich zutrug und wo sich im Rückschlag kommunistische Diktaturen etablierten. In der Ukraine etwa ist die Nation gespalten über der Frage, welches historische Gedenken Stepan Banderas nationalistisch-kollaborationistischer Partei Organisation Ukrainischer Nationalisten (OUN) gebührt. Ähnliche erinnerungskulturelle Probleme, nicht zuletzt im Hinblick auf die Frage der Kollaboration im Holocaust, stellen sich zum Beispiel auch in Litauen – und im Kern in fast jeder der betroffenen Gesellschaften.

Anders, wenngleich ebenfalls problematisch, verläuft der erinnerungskulturelle Diskurs in jenen postdiktatorialen Gesellschaften, die vom Zweiten Weltkrieg nicht direkt betroffen waren, wie etwa in Spanien. Der gesetzlich normierte „Pakt des Schweigens" mag den Übergang vom Franco-Regime zur Demokratie kurzfristig erleichtert haben; dies allerdings um den Preis des langfristigen Überdeckens der Spaltungen und des Ignorierens der Opfer von Bürgerkrieg und Diktatur.[2] Der historischen Diktaturforschung ist am Ende beides abträglich: die geschichtspolitische Ideologisierung der Geschichte ebenso wie die politisch motivierte Amnesie.

---

[2] Vgl. hierzu im befürwortenden Sinne Omar G. Encarnación, Reconciliation after Democratization. Coping with the Past in Spain, in: Political Science Quarterly 123 (2008), S. 435–459. Für eine interessante kritisch-vergleichende Analyse der Problematik vgl. Oxana Shevel, The Politics of Memory in a Divided Society. A Comparison of Post-Franco Spain and Post-Soviet Ukraine, in: Slavic Review 70 (2011), S. 137–164.

Hier wie im Allgemeinen gilt: Die Geschichtswissenschaft darf sich nicht dazu missbrauchen lassen, zur Lieferantin nationaler oder anderer Identitätskonstruktionen zu werden. Geschichte als Wissenschaft und das kulturelle Gedächtnis, *historia* und *memoria*, sind sachlich und methodisch strikt zu unterscheiden. Damit wird keinem naiv-szientistischen Objektivismus das Wort geredet; vielmehr müssen die unvermeidlichen Standort- und Zeitabhängigkeiten der Forschung stets reflektiert und kenntlich gemacht werden.

Ein weiterer Grund für das nachhaltige Interesse an der Diktaturforschung ergibt sich daraus, dass die Diktaturen außerhalb Europas zunehmend in das Blickfeld von Politikwissenschaft und Zeitgeschichtsforschung rücken. Die Zahl der im weltweiten Maßstab zumindest potenziell relevanten autoritären und diktaturartigen Regime war und ist immens. Der Bedeutungsgewinn des „globalen Südens" korrespondiert mit der Abkehr von eurozentrischen Sichtweisen. Die entsprechenden Erweiterungen einer sich internationalisierenden Wissenschaft haben die epistemologischen Grundlagen und kommunikativen Rahmenbedingungen für eine vergleichende Diktaturforschung seit 1991 massiv verändert.

Wir beobachten also eine dreifache Intensivierung der Diktaturforschung: Die Geschichte der europäischen Diktaturen, mit den nationalsozialistischen und kommunistischen Massenverbrechen an der Spitze, bleibt ein Stachel im Fleisch der menschlichen Zivilisation und wirft auf der Basis neu hinzukommender Quellen immer wieder neue Fragen auf. Zugleich wird diese Geschichte so stark in die erinnerungskulturellen Debatten hineingezogen wie selten zuvor. Hinzu tritt mit der Globalisierung und ihren disziplinären Rückwirkungen die schier unabsehbare Vervielfältigung der Gegenstände einer modernen Diktaturforschung.

Was nun auf den ersten Blick wie ein Dorado der modernen Forschung aussieht, wirft bei genauerem Hinsehen doch eher zusätzliche Probleme auf. Schon ein kurzer Blick in die Forschung zeigt, dass die bekannten konzeptionellen Herausforderungen der Diktaturforschung trotz der exponentiellen Steigerung ihres Outputs bestehen bleiben, ohne dass sich sogleich neue, geschweige denn bahnbrechende Erkenntnisse ergeben. Im Folgenden werden hierzu einige Überlegungen angestellt.

1. Bilanz

Die größten konzeptionellen Fortschritte dürften im Bereich der vergleichenden Faschismusforschung erzielt worden sein. Vor allem in den 1990er und 2000er Jahren rehabilitierte die internationale Forschung das Konzept eines generischen Faschismusbegriffs. Teilweise anknüpfend an die seinerzeit bahnbrechende Studie von Ernst Nolte über den „Faschismus in seiner Epoche" (1963), trugen zunächst vor allem angelsächsische Forscher zu einer Neubewertung bei.[3] Dem Trend folgten bald auch italienische und deutsche Autoren.[4] Und es ist kein Zufall, dass empirisch vergleichende Arbeiten in diesem Feld substanzielle Erkenntnisse erbracht haben.[5] Im Ergebnis hat sich ein differenzierter Forschungsstand etabliert. Während frühere „klassische" Autoren wie Renzo de Felice, Hannah Arendt oder Karl Dietrich Bracher die Unterschiede betonten, arbeiteten die neueren Forschungen das europäisch Übergreifende und Gemeinsame der in Rede stehenden Regime und Bewegungen heraus.

Das gilt auch für die Gretchenfrage, inwieweit der Rassenantisemitismus ein Spezifikum des deutschen Nationalsozialismus war. Insgesamt zeichnet sich heute ein Bild ab, das zum einen die rassis-

---

[3] Vgl. Roger Griffin, A Fascist Century, Basingstoke 2008; ders., Modernism and Fascism. The Sense of a Beginning under Mussolini and Hitler, New York 2007; Arnd Bauerkämper, Der Faschismus in Europa 1918–1945, Stuttgart 2006; Robert O. Paxton, Anatomie des Faschismus, München 2006; Michael Mann, Fascists, Cambridge 2004; Stanley Payne, Geschichte des Faschismus. Aufstieg und Fall einer europäischen Bewegung, München 2001 (englische Ersterscheinung 1995); Jerzy W. Borejsza, Schulen des Hasses. Faschistische Systeme in Europa, Frankfurt a. M. 1999; Arnd Bauerkämper, Die „radikale Rechte" in Großbritannien. Nationalistische, antisemitische und faschistische Bewegungen vom späten 19. Jahrhundert bis 1945, Göttingen 1991.

[4] Vgl. Thomas Schlemmer/Hans Woller (Hrsg.), Der Faschismus in Europa. Wege der Forschung, München 2014; Emilio Gentile, Fascismo di pietra, Rom 2007; Sven Reichardt, Faschistische Kampfbünde. Gewalt und Gemeinschaft im italienischen Squadrismus und in der deutschen SA, Köln 2002; Andreas Wirsching, Vom Weltkrieg zum Bürgerkrieg? Politischer Extremismus in Deutschland und Frankreich 1918–1933/39. Berlin und Paris im Vergleich, München 1999.

[5] Vgl. MacGregor Knox, Common Destiny. Dictatorship, Foreign Policy, and War in Fascist Italy and Nazi Germany, Cambridge 2000; Reichardt, Kampfbünde. Vgl. auch: Wolfgang Schieder, Faschistische Diktaturen. Studien zu Italien und Deutschland, Göttingen 2008; Wolfgang Schivelbusch, Entfernte Verwandtschaft. Faschismus, Nationalsozialismus, New Deal 1933–1939, Frankfurt a. M. 2008.

tischen und antisemitischen Elemente des italienischen Faschismus weitaus stärker hervorhebt, als dies früher üblich war. Der Exkulpationserzählung, wonach der italienische Faschismus mit dem rassistischen Entwurf des NS-Regimes im Kern nichts zu tun gehabt habe, wird damit der Boden entzogen.[6] Zum anderen rücken damit Rassismus und Antisemitismus auch als gemeineuropäische Phänomene in den Mittelpunkt.[7] So zeigt etwa die große Edition zur „Verfolgung und Vernichtung der europäischen Juden durch das nationalsozialistische Deutschland" gerade diese gesamteuropäische Dimension von Antisemitismus und Holocaust. Zugleich unterstreicht sie aber auch, dass die Vernichtung der Juden im Zweiten Weltkrieg zuallererst ein singulär deutsches Staatsverbrechen war. Jede ihrer einzelnen Etappen unterlag dem systematischen politischen Willen und der administrativen Steuerung durch die NS-Diktatur.[8] Dies bleibt letztendlich der konzeptionelle Stachel jeder Faschismusforschung: Der Holocaust und seine Ursachen sind ein Explanandum, das sich durch einen generischen Faschismusbegriff nicht einebnen und ohne die Berücksichtigung deutscher Spezifika nicht bearbeiten lässt.

Wenn also durchaus von einem konzeptionell-theoretischen Fortschritt der Faschismusforschung gesprochen werden kann, so gilt Gleiches nicht für den weiteren Maßstab der Diktaturforschung. Schon der genaue Inhalt des Begriffs „Diktatur" muss in dem Maße umstritten bleiben, in dem er politisch-weltanschauliche Kontroversen zuspitzt und als begrifflicher Container unterschiedliche Inhalte transportiert. Dabei war und ist ihm in seiner generischen Bedeutung, so wie

---

[6] Vgl. Paul Corner, Italian Fascism: Whatever Happened to Dictatorship?, in: The Journal of Modern History 74 (2002), S. 325–351. Vgl. insbesondere Michele Sarfatti, Die Juden im faschistischen Italien. Geschichte, Identität, Verfolgung, Berlin 2014 (italienische Ersterscheinung 2007); Schlemmer/Woller (Hrsg.), Faschismus; Thomas Schlemmer/Hans Woller, Der italienische Faschismus und die Juden 1922 bis 1945, in: Vierteljahrshefte für Zeitgeschichte 53 (2005), S. 165–201. Als eine wichtige regionalhistorische Untersuchung Enzo Collotti (Hrsg.), Razza e fascismo. La persecuzione contro gli ebrei in Toscana (1938–1943), 2 Bde., Rom 1999.

[7] Vgl. Götz Aly, Europa gegen die Juden 1880–1945, Frankfurt a. M. 2017; Thomas Schlemmer/Hans Woller, Essenz oder Konsequenz? Zur Bedeutung von Rassismus und Antisemitismus für den Faschismus, in: Schlemmer/Woller (Hrsg.), Faschismus, S. 123–144; Frank-Rutger Hausmann, Louis-Ferdinand Céline et Karl Epting, Brüssel 2008; Philipp Wascher, Louis-Ferdinand Céline und Deutschland. Rezeptionsgeschichte der Jahre 1932–1961, Berlin 2005.

[8] Vgl. Die Verfolgung und Ermordung der europäischen Juden.

er auch in den Beiträgen dieses Bandes verwendet wird, der Aspekt des Vergleichs zumindest implizit eingeschrieben. Lange Zeit allerdings blieb der damit verbundene Erkenntnisanspruch festgenagelt im Prokrustesbett der jeweiligen Zeiterfahrung. Paradigmatisch hierfür ist die deutsche Geschichts- und Politikwissenschaft, die nach 1945 ganz ihren berühmten Exilanten Hannah Arendt und Carl J. Friedrich folgte und im Banne der Totalitarismustheorie verharrte. Schon für den empirischen Vergleich zwischen Faschismus, Nationalsozialismus und Kommunismus war der Wert der Theorie begrenzt.[9] Insbesondere hatte die postulierte Wesensgleichheit zwischen den totalitären Regimen konkrete Folgen für die Verhältnisbestimmung von Tätern und Opfern. Für Hannah Arendt etwa ergab sich die Wesensgleichheit der totalitären Regime insbesondere daraus, dass ihnen ein gleichartiges ideologisches Axiom zugrunde lag: das Axiom nämlich, die Geschichte folge quasi natürlichen Gesetzen. Aus dieser Sicht gab es in der Regimewirklichkeit auf der einen Seite die „Vollstrecker der Ideologie" – gemäß vorgeblicher „Gesetze" – und auf der anderen Seite die Opfer dieser Vollstreckung, das heißt die Opfer des ideologisch begründeten Terrors.

Solche eindeutigen Täter-Opfer-Dichotomien tragen immer die Gefahr der politischen Instrumentalisierung in sich. Insbesondere den deutschen Konservativen und deren Vertretern einer antiliberalen Tradition erlaubte es die Totalitarismustheorie, sich relativ geräuschlos in die demokratische Realität der Bundesrepublik zu fügen. Die Auseinandersetzung mit der eigenen historischen Rolle im Nationalsozialismus wurde durch die Neu-Konstruktion des bereits etablierten antikommunistischen Feindbildes ersetzt.[10] Politisch diente daher die

---

[9] Hier ist nicht der Ort, ein ausführlicheres Resümee über Geschichte und Probleme der Totalitarismustheorie zu ziehen. Als knapper Überblick, der den Umbruch von 1989/1991 mitreflektiert, vgl. Bernd Faulenbach, Zum Umgang mit dem Totalitarismus-Begriff vor und nach 1989, in: Lucia Scherzberg (Hrsg.), „Doppelte Vergangenheitsbewältigung" und die Singularität des Holocaust, Saarbrücken 2012, S. 113–133.
[10] Vgl. Andreas Wirsching, Antikommunismus als Querschnittsphänomen politischer Kultur 1917–1945, in: Stefan Creuzberger/Dierk Hoffmann (Hrsg.), „Geistige Gefahr" und „Immunisierung der Gesellschaft". Antikommunismus und politische Kultur in der frühen Bundesrepublik, München 2014, S. 15–28; vgl. zudem Frank Bösch/Andreas Wirsching (Hrsg.), Hüter der Ordnung. Die Innenministerien in Bonn und Ost-Berlin nach dem Nationalsozialismus, Göttingen 2018.

Totalitarismustheorie in der frühen Bundesrepublik auch als Instrument zur Selbstviktimisierung der Deutschen. Die in jüngster Zeit zu beobachtende, vor allem in Ostmitteleuropa und durch geschichtspolitische Initiativen der Europäischen Union betriebene Renaissance einer vergröberten Totalitarismustheorie dient demselben Zweck: die Geschichte der eigenen Nation mit der Würde des (unschuldigen) Opfers aufzuwerten, sie damit zu entdifferenzieren und politisch-moralisch zu vereinheitlichen.[11]

Diese neuere geschichtspolitische Tendenz, wie sie etwa besonders plakativ im „Haus des Terrors" in Budapest zutage tritt,[12] ist umso irritierender, als die historische Forschung längst über die entsprechenden Problemfelder der Totalitarismustheorie hinweggeschritten ist. Mit der Kritik an ihr verband sich seit den 1970er Jahren die Aufwertung individualisierender Methoden. So wurde im Hinblick auf die kommunistischen Diktaturen darauf hingewiesen, dass die Totalitarismustheorie mit ihrem strukturanalytischen Verfahren zur methodischen Starrheit neige. Sie sei daher nicht in der Lage, den historischen Wandel zu erfassen, dem doch die kommunistischen Diktaturen im poststalinistischen Zeitalter ganz offenkundig unterlagen.[13] Umgekehrt implizierte die Aufwertung des Faschismusbegriffs als wissenschaftliches Analyseinstrument vergleichende Studien zu den „faschistischen" Diktaturen, die sich vom Totalitarismusparadigma dezidiert absetzten.[14] Insbesondere erlaubte dies die empirische Konzentration auf Prozesse und Voraussetzungen des einzelnen historischen Gegenstandes, das heißt: der deutschen und italienischen Diktaturen sowie der in einen erweiterten Faschismusbegriff aufgenommenen autori-

---

[11] Vgl. hierzu demnächst Andreas Wirsching, Totalitarismustheorie und europäische Erinnerungspolitik, in: Volkhard Knigge (Hrsg.), Verbrechen begreifen. Nationalsozialismus, institutionalisiertes Gedächtnis und historisches Lernen nach der Zeitgenossenschaft, Göttingen 2019 (im Druck).

[12] Kritisch hierzu vgl. z. B. Magdalena Marsovszky, Verfahren der Anamnesis. Das Haus des Terrors in Budapest, 4. 6. 2008, http://www.hagalil.com/archiv/2008/06/ungarn.htm [23. 7. 2018].

[13] Paradigmatisch vgl. Peter C. Ludz, Totalitarismus oder Totalität? Zur Erforschung bolschewistischer Gesellschafts- und Herrschaftssysteme, in: Soziale Welt 12 (1961), S. 129–145; Peter C. Ludz, Offene Fragen in der Totalitarismus-Forschung, in: Politische Vierteljahresschrift 2 (1961), S. 319–348.

[14] Vgl. insbesondere Ernst Nolte, Der Faschismus in seiner Epoche, München 1963; Payne, Geschichte. Wichtige vergleichende deutsch-italienische Studien vgl. Knox, Destiny; Reichardt, Kampfbünde.

tären Regime. Einzelstudien befassten sich mit der Rolle der traditionellen Eliten, den gesellschaftlichen Voraussetzungen und Wirkungen der Diktatur sowie der Analyse des jeweiligen Herrschaftsapparates.[15] Insofern lässt sich die Geschichtsschreibung der Diktaturen während der 1970er und 1980er Jahre als parallele Arbeit im Sinne einer individualisierenden Forschung begreifen. In dieser Phase wurden große empirische Fortschritte erzielt sowie unser Wissen und Verständnis von den politischen, sozialen und auch kulturellen Herrschaftsmechanismen der Diktaturen in Europa stark erweitert.[16]

Nach dem Fall der Mauer und dem Zusammenbruch des Kommunismus lautete das Thema der Stunde „Vergleichende Diktaturforschung". Verlockend schienen vor allem die neuen Möglichkeiten des Quellenzugangs. Die Geschichte der kommunistischen Diktaturen, insbesondere auch der DDR, ließ sich erst jetzt empirisch erforschen. Aber auch im Hinblick auf die Zeit des Zweiten Weltkriegs und die Geschichte der von Deutschland besetzten Gebiete in Osteuropa öffneten sich Archive, und die Forschung erfuhr einen ungeahnten Aufschwung. Die vorübergehend geäußerte Befürchtung, die Geschichte der NS-Diktatur könnte vor lauter „Begeisterung" über die Entdeckung der DDR in den Hintergrund treten, bestätigte sich nicht.

Wieweit dieser neue Anlauf zur Diktaturforschung, der insbesondere in Deutschland durch erhebliche Mittelzuweisungen ausgestattet war,[17] in theoretisch-konzeptioneller Hinsicht zu neuen Ergebnissen geführt hat, bleibt allerdings fraglich.[18] Seit 1990 ist ein enormer Out-

[15] Vgl. die damaligen Forschungsüberblicke Ian Kershaw, Der NS-Staat. Geschichtsinterpretationen und Kontroversen im Überblick, Reinbek 1988; Klaus Hildebrand, Das Dritte Reich, München ⁷2009 (erstmals 1979).

[16] Vgl. z. B. Martin Broszat, Der Staat Hitlers. Grundlegung und Entwicklung seiner inneren Verfassung, Wiesbaden 2007 (erstmals: München 1969); Hans Mommsen, Der Nationalsozialismus und die deutsche Gesellschaft. Ausgewählte Aufsätze zum 60. Geburtstag, hrsg. von Lutz Niethammer und Bernd Weisbrod, Reinbek 1991; Ian Kershaw, Der Hitler-Mythos. Volksmeinung und Propaganda im Dritten Reich, Stuttgart 1980. Zu Italien vgl. Emilio Gentile, Storia del partito fascista 1919–1922. Movimento e milizia, Rom 1989.

[17] Man denke etwa nur an das Sonderprogramm „Diktaturen im Europa des 20. Jahrhunderts" der Volkswagen-Stiftung oder an die Gründung ganzer Forschungsinstitute mit dieser Thematik in Dresden und Potsdam.

[18] Vgl. etwa: Klaus-Dietmar Henke, Diktaturen im Europa des 20. Jahrhunderts. Eine Bilanzkonferenz des Hannah-Arendt-Institutes mit der Volkswagen-Stiftung in Dresden 8. –10. 4. 1999, in: Politische Vierteljahresschrift 40 (1999), S. 473–478.

put an empirischen Studien zur Geschichte der Diktaturen zu verzeichnen, und es besteht kein Zweifel, dass die allermeisten von ihnen unseren Kenntnisstand substanziell erweitert haben. Dies gilt namentlich für die DDR sowie Ost- und Südosteuropa, wo nach 1989 viele Quellen erstmals zugänglich wurden. Und – um die Dinge gewissermaßen noch weiter zu verkomplizieren – es entstand im Windschatten des Umbruchs von 1989 und 1991 eine neue Forschungsrichtung, die sich der „Transformation", das heißt dem Übergang von der Diktatur zur Demokratie in den postkommunistischen Staaten widmete.

Mehr als zwei Jahrzehnte später tritt das Dilemma der Diktaturforschung indes deutlich zutage. Zwar steht der empirische Ertrag einer geradezu exponentiell angestiegenen internationalen Einzelforschung außer Frage, aber im Hinblick auf eine systematische Kategorien- und innovative Modellbildung haben diese Studien verhältnismäßig wenig Neues erbracht. So bemühte sich die zunächst als politikwissenschaftliche Subdisziplin firmierende Transformationsforschung unter Auswertung eines wachsenden empirischen Materials nachhaltig darum, neue Typologien zu erstellen, die über die klassischen Modelle von Juan J. Linz, Barrington Moore und anderen hinausgingen. Ein Referenzaufsatz aus dem Jahr 1999 unterschied etwa drei Typen von Diktaturen (oder autoritären Regimen): Im Typus des „persönlichen Regimes" liege die Macht demzufolge in der Hand einer Person, im Typus des „militärischen Regimes" dagegen in der Hand einer kleineren Gruppe von hohen Militärs (*Junta*). Davon zu unterscheiden seien die „Einparteien-Regime", in denen eine einzige Partei die Macht monopolisiere.[19]

Diese Klassifikation zeichnet sich nicht gerade durch besondere Originalität aus, und tatsächlich besteht das Ergebnis der verstärkten systematischen Bemühungen der Politikwissenschaft in ebendem, was Gustav Lidén festhielt:

„It is not always possible to fit regimes into theoretically based typologies. Therefore, mixed versions [...] are sometimes required. There could also be cases where especially the sub-types risk overlapping each other."[20]

[19] Barbara Geddes, What Do We Know About Democratization After Twenty Years? In: Annual Review of Political Science 2 (1999), S. 115–144, hier S. 121 und passim.
[20] Gustav Lidén, Theories of Dictatorship. Reviewing the Literature, https://pdfs.semanticscholar.org/6a2c/940331f9533e8958fe86b8becb5caa35be01.pdf [23.7.2018], S. 6.

Eine entsprechende Möglichkeit bietet die in der politikwissenschaftlichen Forschung entwickelte Kategorie der „hybriden" Systeme oder Regime. Damit sind neue Übergangs- und Mischformen zwischen Parteiherrschaft, Autoritarismus und demokratischen Elementen gemeint, die ein Spezifikum der neueren globalen Entwicklungen darstellen. Zu denken ist etwa an den „elektoralen Autoritarismus" afrikanischer Staaten oder an das chinesische Modell mit einer nach wie vor autoritären Parteiherrschaft bei weitgehender Liberalisierung des Marktes.[21] In jüngster Zeit lassen sich autokratische Tendenzen in einer Vielzahl von Staaten weltweit beobachten, in denen die demokratischen Institutionen und bürgerlichen Freiheiten schrittweise ausgeschaltet werden, um die personalisierte Macht einer zentralen, meist demokratisch legitimierten Führungsfigur und seines Gefolges auszubauen: Recep Tayyip Erdoğan, Wladimir Putin, Victor Orban und viele weitere „starke Männer" vereint, dass sie in Anbetracht der Komplexität einer globalisierten Welt und der Umständlichkeit demokratischer Abläufe klare Richtungsanweisungen und Ordnungsvisionen anzubieten scheinen. Auch auf Grund der permanenten Dynamik des Untersuchungsgegenstandes können die typologischen Anstrengungen in der Politikwissenschaft noch keinen Konsens für sich beanspruchen.

Gleiches muss indes für die vergleichende historische Diktaturforschung konstatiert werden, denn auch sie ist in den vergangenen drei Jahrzehnten merkwürdig blass geblieben. So untersuchte ein für sich genommen höchst verdienstvolles vergleichendes Forschungsprojekt breitflächig jene parlamentarisch-demokratischen Systeme, die sich zunächst in autoritäre Regime umformten, bevor sie ab 1939 dem totalitären Expansionismus Deutschlands oder der Sowjetunion zum Opfer fielen. Ziel dieser „Präsidial"- oder „Königs"-Diktaturen war es primär,

---

[21] Siehe etwa Gero Erdmann/Christian von Soest, Diktatur in Afrika, in: GIGA-Focus 8 (2008), S. 1–8, online verfügbar unter: https://www.giga-hamburg.de/de/system/files/publications/gf_afrika_0808.pdf [8.10.2018]. Ferner vgl. zu den in der Politikwissenschaft diskutierten „hybriden Regimen" Larry Jay Diamond, Thinking About Hybrid Regimes, in: Journal of Democracy 13 (2002), S. 21–35, online verfügbar unter http://www.asu.edu/courses/pos350/diamond--Thinking%20about%20Hybrid%20Regimes.pdf [8.10.2018]; Friedbert Rüb, Hybride Regime. Politikwissenschaftliches Chamäleon oder neuer Regimetypus? Begriffliche und konzeptionelle Überlegungen zum neuen Pessimismus in der Transitologie, in: Petra Bendel/Aurel Croissant/Friedbert Rüb (Hrsg.), Zwischen Demokratie und Diktatur. Zur Konzeption und Empirie demokratischer Grauzonen, Opladen 2002, S. 93–118.

in den betreffenden Ländern ihren erst am Ende des Ersten Weltkriegs erreichten staatlichen Rang zu sichern. Äußere Bedrohungen und innerer (Parteien-)Zwist rechtfertigten aus der Sicht von Diktatoren wie Józef Piłsudski in Polen, Antanas Smetona in Litauen oder Konstantin Päts in Estland auch den offenen Verfassungsbruch, um einen starken nationalen Staat und eine gesellschaftliche Geschlossenheit zu erreichen. „Durch weitgehende Ausschaltung der Parteien [...] und durch Bündelung der Kräfte unter einem charismatischen Führer sollte der Staat in die Lage versetzt werden, die inneren Krisen zu meistern und seine Selbständigkeit [...] zu verteidigen."[22]

Dieses Resümee charakterisiert treffend das Dilemma der neueren historischen Diktaturforschung. Denn die genannten Kriterien und Merkmale ließen sich ohne Weiteres auch für einen generischen Faschismusbegriff, am Ende vielleicht sogar für jede Diktatur verwenden.[23] Dass die ostmitteleuropäischen „Führer" aufgrund der fragilen Situation der dortigen Demokratiegründungen und der katastrophischen Erfahrungen im Zweiten Weltkrieg in der kollektiven Erinnerung ihrer Länder ein politisch-moralisch besseres Bild abgeben als Mussolini oder Hitler,[24] ist für sich genommen noch kein Beitrag zu einer theoriegeleiteten und zugleich historisch-empirisch fundierten Modellbildung. Was die Definition der Merkmale und die zugrunde gelegten Modelle betrifft, orientierte sich das genannte Projekt über Ostmittel- und Südosteuropa denn auch *expressis verbis* an den traditionellen Modellen von Juan J. Linz und Karl Dietrich Bracher.[25] Tatsächlich kann man fragen, welche im engeren Sinne „neuen" Kriterien und Aspekte für einen differenzierten Diktaturbegriff durch die neueste historische Forschung gewonnen wurden. Die meisten Studien blieben in Konzeptionalisierung und Durchführung bei der idiografischen Analyse und bei der Beschreibung von Einzelthemen und Einzelkonstellationen stehen. Einer stark wachsenden Anzahl von Einzelforschungen, die auch vom Spezialisten kaum mehr zu überblicken ist,

[22] Erwin Oberländer, Die Präsidialdiktaturen in Ostmitteleuropa – „Gelenkte Demokratie"?, in: ders. (Hrsg.), Autoritäre Regime in Ostmittel- und Südosteuropa 1919–1944, Paderborn 2001, S. 3–18, hier S. 6f.
[23] Zum Stand der Faschismusdebatte u. a. Schlemmer/Woller (Hrsg.), Faschismus.
[24] Vgl. Oberländer, Präsidialdiktaturen, S. 4.
[25] Vgl. Erwin Oberländer, Vorwort der Herausgeber, in: Oberländer (Hrsg.), Regime, S. VIII.

entsprechen also nur wenige nennenswerte Fortschritte in konzeptionell-theoretischer Hinsicht.

Ein anderer, in den letzten Jahren häufig gewählter Weg besteht in der Betonung der Gewalt als Spezifikum der Diktaturen des 20. Jahrhunderts. Überzeugende konzeptionelle Lösungen sind von einer entsprechend boomenden (weil auch publikumswirksamen) vergleichenden Gewaltgeschichte indes eher nicht zu erwarten. Allzu schnell zeichnet sich hier die Tendenz ab, politische Gewalt zu essentialisieren und damit gleichsam auf ein nicht weiter hintergeh- und hinterfragbares absolutes Böses zu reduzieren.[26] Am weitesten ist in diese Richtung wohl Timothy Snyder mit seinen „Bloodlands" gegangen. Sein Buch wurde ein Bestseller, zog aber auch zu Recht harte Kritik auf sich. Das Buch ist in Snyders eigenen Worten „eine Geschichte politischer Massenmorde". Zwischen 1933 und 1945 starben in den „Bloodlands", also vor allem in Ostpolen, in der Ukraine, Weißrussland und den baltischen Staaten rund 14 Millionen Menschen eines gewaltsamen Todes – meist ermordet von nationalsozialistischen oder sowjetischen Tätern. Allerdings begnügte sich Snyder weitestgehend mit der Beschreibung der Gewalt, teilweise bis in die Einzelheiten. Eine analytisch fundierte Erklärung, wie die Dynamik beider Tötungsmaschinerien entstand und was sie antrieb, bleibt er dem Leser schuldig. Anstatt genauer herauszuarbeiten, warum die Taten von der einen und der anderen Seite kamen und ob – und wenn ja wie – sie sich kausal bedingten, gab sich Snyder damit zufrieden, endlose Parallelen zu ziehen. Sowjet- und Naziterror, Kulakenvernichtung und Judenvernichtung stehen am Ende im Grunde unverbunden nebeneinander. Das einzige, was sie in Snyders Darstellung miteinander verbindet, ist die Tatsache, dass die Massenmorde in den „Bloodlands" stattfanden. Der Erklärungswert des Buches ist infolgedessen ziemlich begrenzt, passt aber hervorragend in den Zeitgeist, der die totalitarismustheoretisch untermauerte Identitätskonstruktion durch Opfergedenken in den Mittelpunkt stellt.[27] Hier drohen wissenschaftliche Rückfälle

---

[26] Diese Tendenz vgl. etwa auch bei Jörg Baberowski, Verbrannte Erde. Stalins Herrschaft der Gewalt, München 2012. Ähnlich auch Christoph Marx, Mugabe. Ein afrikanischer Tyrann, München 2018.
[27] Timothy Snyder, Bloodlands. Europa zwischen Hitler und Stalin, München 2011. Vgl. zur Kritik u. a. Jürgen Zarusky, Timothy Snyders „Bloodlands". Kritische Anmerkungen zur Konstruktion einer Geschichtslandschaft, in: Vierteljahrshefte für Zeitgeschichte 60 (2012), S. 1–31; Timothy Snyder, „Bloodlands".

hinter die differenzierteren konzeptionellen Angebote der 1970er und 1980er Jahre. Darüber etwa, dass Diktaturen „Ordnung durch Terror" herstellen, lässt sich im Zweifel bei Hannah Arendt Substanzielleres nachlesen.

2. Perspektiven

Dafür, dass die vergleichende Diktaturforschung in ihren systematischen Ergebnissen also etwas „hinkt", lassen sich mehrere Gründe anführen. Am wichtigsten ist vielleicht die fortbestehende idiografische Konzentration der Geschichtswissenschaft auf den Nationalsozialismus, den Faschismus oder den Kommunismus. Angesichts der historischen Monstrosität dieser Diktaturen mit ihren globalen, bis heute fortdauernden Auswirkungen ist dies natürlich nicht verwunderlich und eine Strecke weit sogar geboten. Trotzdem sind Politik- und Geschichtswissenschaften gehalten, neue vergleichende Fragen an die in Rede stehenden Regime zu stellen. Das gilt auch und ganz besonders für die Einbeziehung außereuropäischer Diktaturen im 20. Jahrhundert. Bei der Entwicklung von Fragen für eine vergleichende historische Diktaturforschung sind globale und diachrone Perspektiven nützlich und anregend. Das Erkenntnisinteresse liegt dabei zwischen der rein individualisierenden Erforschung von Einzelthemen einerseits und den hoch abstrahierten Idealtypen politikwissenschaftlicher Provenienz andererseits.

Solche Fragen mittlerer Reichweite könnten zum Beispiel darauf zielen, welche Bedeutung Religionen als per se übernational gedachte Ordnungssysteme ausübten. Damit ist nicht das eher abstrakte und empirisch anfechtbare Konzept der „politischen Religionen" gemeint.[28] Vielmehr sollte es darum gehen, welche Funktionen Religionen und ihre Vermittler in Diktaturen konkret übernehmen. Das im 20. Jahrhundert regelmäßig anzutreffende Motiv der gesellschaftlichen Regeneration und der daraus resultierenden religiös grundierten Moralisierung der Politik zu autoritären Herrschaftsmodellen weist vielfältige Berührungsflächen mit den christlichen Kirchen auf. Zum Beispiel

Eine Debatte über die Massenmorde der stalinistischen Sowjetunion und NS-Deutschland, in: Journal of Modern European History 11 (2013), S. 5–18.

[28] Vgl. Martin Baumeister, Faschismus als „politische Religion", in: Schlemmer/Woller (Hrsg.), Faschismus, S. 59–72; Hans Maier, Politische Religionen, München 2007; Eric Voegelin, Die politischen Religionen, Wien 1938.

wird die Rolle des Katholizismus für die Stabilisierung von Diktaturen und autoritären Regimen nach wie vor unterschätzt, dies gerade auch vor dem Hintergrund der zunehmend ins Blickfeld tretenden latein-amerikanischen Diktaturen in der zweiten Hälfte des 20. Jahrhunderts. Umgekehrt ist für die Militärdiktatur in Brasilien zwischen 1964 und 1985 gezeigt worden, dass sich nach anfänglicher Zustimmung beider christlicher Konfessionen das katholische Episkopat von der Diktatur abwandte, während die evangelische Kirche in Brasilien ihre Unter-stützung der *Junta* fortsetzte.[29] Aber auch in anderen Kontexten, insbe-sondere natürlich in der islamischen Welt, ist die Frage relevant.

Eine wesentliche und dauerhaft aktuelle, zugleich aber systema-tisch zu stellende Frage richtet sich auf das Vorhandensein und die Struktur einer Massenbasis von Diktaturen. Damit ist ein zentrales typologisches Unterscheidungsmerkmal benannt. Für Diktaturen mit einer Massenbasis stellt sich die Frage nach ihrer plebiszitären Zustim-mung. Gerade am Beispiel des Nationalsozialismus, weniger freilich des italienischen Faschismus,[30] ist diese Problematik ausführlich er-forscht worden, und Konzepte wie das der „Zustimmungsdiktatur" oder das der „Volksgemeinschaft" haben zum tieferen Verständnis des NS-Regimes zweifelsfrei beigetragen.[31] Gleiches gilt für die zahlreichen Anknüpfungspunkte, die das NS-Regime – trotz seiner totalitären Herrschaftsausübung – den Menschen in ihren privaten Lebenskreisen und Hoffnungen bot.[32] Zu unterscheiden sind hiervon Diktaturen ohne erkennbare Massenbasis, deren Funktions- und Legitimationsweise einer anderen Logik folgt. Das gilt namentlich für die kommunisti-

---

[29] Vgl. Richard Marin, Les Églises et le pouvoir dans le Brésil des militaires (1964–1985), in: Vingtième Siècle 105 (2010), S.127–144.
[30] Vgl. Paul Corner, Italian Fascism.
[31] Vgl. Martina Steber/Bernhard Gotto (Hrsg.), Visions of Community in Nazi Germany: Social Engineering and Private Lives, Oxford 2014; Michael Wildt, Volksgemeinschaft als Selbstermächtigung. Gewalt gegen Juden in der deutschen Provinz 1919 bis 1939, Hamburg 2007; Frank Bajohr, Die Zustimmungsdiktatur. Grundzüge nationalsozialistischer Herrschaft in Hamburg, in: Forschungsstelle für Zeitgeschichte in Hamburg (Hrsg.), Hamburg im „Dritten Reich", Göttingen 2005, S.69–121.
[32] Verwiesen sei auf das große Projekt des Instituts für Zeitgeschichte, ge-meinsam mit der Universität Nottingham, zu „Das Private im Nationalsozialis-mus". Siehe hierzu demnächst: Liz Harvey/Johannes Hürter/ Maiken Umbach/ Andreas Wirsching (Hrsg.), Private Life and Privacy in Nazi Germany, Cam-bridge 2019.

schen Diktaturen, in denen ideologische Konstruktionen regelmäßig eine imaginierte Massenbasis erschufen. Aber auch außereuropäische Diktaturen beruhten in den selteneren Fällen auf einer Massenbasis, sondern überwiegend auf institutionell gewonnenen Machtressourcen wie insbesondere der Militär- und Polizeigewalt.

Das Problem der Massenbasis führt unweigerlich zum Thema des Diktators (beziehungsweise des engsten Herrschaftszirkels), womit ein kardinales Untersuchungsfeld für jegliche Diktaturforschung benannt ist. Ein wichtiger und innovativer Ansatzpunkt für eine künftige vergleichende Diktaturforschung läge hier in der Frage, wieweit der Diktator beziehungsweise der Macht ausübende Herrschaftszirkel selbst getrieben ist von der eigenen Rhetorik, der sie begründenden Propaganda und dem durch sie erzeugten persönlichen „Charisma". Die vergleichende Diktaturforschung könnte in dieser Beziehung vieles lernen von der „funktionalistischen" Deutung Hitlers und des NS-Regimes.[33] Denn es ist ganz generell sehr zweifelhaft, ob historische Sondierungen, die die Absichten und den „Willen" eines Diktators erkunden wollen, zum Ziele führen. Überzeugender ist eine Ausgangshypothese, nach welcher Diktatoren in ihre Position kamen, indem sie – häufig zufällig – eine „Rolle" fanden und spielten: zunächst propagandistisch, sodann innerhalb des eroberten und ausgebauten Herrschaftsapparats. Systematisch ließe sich danach fragen, inwieweit sich Diktatoren gewissermaßen selbst „beim Wort" nehmen mussten, um vor ihren Anhängern glaubwürdig zu bleiben, um ihre einmal gewonnene Position zu behaupten und um das gewonnene „Charisma" nicht zu verlieren. Der Zwang zur stetigen Beglaubigung der eigenen Position und Rolle[34] kann dann als eine der wirkungsmächtigsten persönlichen Antriebskräfte des Diktators und damit des von ihm geformten Regimes gelten.

Forschungen über Hitler und den Nationalsozialismus haben diese Probleme eingehend diskutiert.[35] Aber ihre Relevanz geht weit darüber hinaus und ist wahrscheinlich in der Geschichte jeder Diktatur

---

[33] Vgl. klassisch Martin Broszat, Der Staat Hitlers.
[34] Vgl. M. Rainer Lepsius, Demokratie in Deutschland. Soziologisch-historische Konstellationsanalysen. Ausgewählte Aufsätze, Göttingen 1993, S. 95–118.
[35] Vgl. klassisch: Martin Broszat, Soziale Motivation und Führerbindung, in: Vierteljahrshefte für Zeitgeschichte 18 (1970), S. 392–409; vgl. zuletzt Andreas Wirsching, Hitlers Authentizität. Eine funktionalistische Deutung, in: Vierteljahrshefte für Zeitgeschichte 64 (2016), S. 387–417.

erkennbar. Der genannte Mechanismus lässt sich zum Beispiel sehr gut bei Slobodan Milošević beobachten. Inwieweit Milošević im postjugoslawischen Serbien eine persönliche Diktatur errichtete oder vielleicht eher ein sehr spezifisches „hybrides" Regime gestaltete, spielt in diesem Zusammenhang keine entscheidende Rolle. Selbst ein hoher kommunistischer Funktionär und seit 1989 Präsident der serbischen Teilrepublik, sah er sich mit dem unaufhaltsamen Zusammenbruch des Kommunismus konfrontiert. Als neue Machtressource bediente er sich des Potenzials eines großserbischen Nationalismus, den er mit fortbestehenden kommunistischen Parteistrukturen verband. Es gelang ihm vor allem dadurch Anhänger zu gewinnen, dass er eine klare nationalistische Propagandasprache verwendete und konkrete Ziele wie die serbische Kontrolle über den Kosovo avisierte. Das bedeutete aber auch, dass Milošević die kollektive Kraft des serbischen Nationalismus und das Ferment der Minderheitenfrage im zerfallenden Jugoslawien brauchte, um eine dominante persönliche Rolle zu spielen. Um in dieser Rolle glaubwürdig zu bleiben, musste er sich allerdings sehr bald „beim Wort" nehmen und Taten folgen lassen. Dies war der Mechanismus, der ihn auf die abschüssige Bahn der Gewalt sowie des Bürgerkriegs trieb und ihn schließlich vor den Internationalen Gerichtshof in Den Haag brachte.[36]

Solche Interpretationsmodelle führen ohne Zweifel weiter, als die Diktatoren in Geschichte und Gegenwart immer wieder nur als „skrupellose Techniker der Macht" zu apostrophieren.[37] Das waren sie selbstverständlich auch, aber nicht voraussetzungslos. Ähnliche Fragen lassen sich an den jahrzehntelangen Diktator Zimbabwes, Robert Mugabe, richten. Die neueste Biographie porträtiert ihn zwar als ursprünglich „schüchternen Bücherwurm", wobei nicht ganz klar wird, warum er dann zum gewaltbesessenen Tyrannen mutierte. So arbeitet der Autor eine Vielzahl von überindividuellen Elementen heraus, die diesen Wandel erklären könnten, nicht zuletzt die Imprägnierung des Landes durch eine lange Tradition kolonialer Gewalt oder Mugabes Rekurs auf die Gewalt, um den eigenen Anspruch durchzusetzen. Auch hier gibt es einen eher kontingenten *Point of no Return* in der

---

[36] Vgl. hierzu Andreas Wirsching, Der Preis der Freiheit. Geschichte Europas in unserer Zeit, München 2012, S. 121–152.
[37] So der Tenor eines Nachrufs auf Milošević in der NZZ: Skrupelloser Techniker der Macht, in: Neue Zürcher Zeitung, 12. 3. 2006, https://www.nzz.ch/articleD-NQWI-1.17699 [24. 7. 2018].

Biographie des Diktators. Nachdem er lange als Lehrer in Ghana tätig gewesen war, kehrte Mugabe gelegentlich nach Rhodesien zurück und stolperte dort eher zufällig in die Politik. Dort einmal angekommen, inszenierte er sich selbst rhetorisch und unterwarf sich damit der spezifischen Logik postkolonialer Politik. Vieles in der Biografie von Christoph Marx handelt von solchen Faktoren, die den Protagonisten unter einen selbst gewählten Druck setzten und ihn zum Gewaltherrscher werden ließen. Implizit sagen sie mehr aus über die Natur seiner Person und Herrschaft als das interpretative Leitmotiv, wonach Mugabe „von Anfang an jedes Mittel recht war, um seine alles überschattende Machtgier zu stillen".[38]

Solche Urteile, wie wir sie über Hitler und Stalin,[39] Milošević und eben Mugabe, aber auch über viele andere Diktatoren kennen, neigen zur Essentialisierung der Gewalt und des Bösen. Damit blockieren sie aber das tiefere Verständnis und die historische Dynamik der infrage stehenden Diktaturen. Die Macht – auch die der Diktatoren – ist eben nicht „einfach da",[40] sondern sie ist die Resultante komplexer Wechselwirkungen und Interaktionen zwischen kollektiven Faktoren und individuellen Akteuren, geistigen und materiellen Kräften, historischen Voraussetzungen und politischen Aktionen. Diese Wechselwirkungen müssen immer auch in einem individualisierenden Verfahren erforscht werden. Zugleich aber ist es eine bleibende Aufgabe der Diktaturforschung, vergleichende Perspektiven zu gewinnen und hierfür weiterführende und konkret in der empirischen Arbeit nutzbare Konzeptionen zu entwickeln.

[38] Marx, Mugabe, Zitat im Klappentext.
[39] Vgl. Baberowski, Erde.
[40] So Thomas Nicklas, Macht – Politik – Diskurs. Möglichkeiten und Grenzen einer Politischen Kulturgeschichte, in: Archiv für Kulturgeschichte 86 (2004), S.1–25, hier: S.6.

Frank Bajohr

Gesellschaft in Diktaturen

Die Begriffe „Diktatur" und „Gesellschaft" stehen in einem gewissen analytischen Spannungsverhältnis. So zeichnet sich eine Diktatur durch Zwang, gesellschaftliche Kontrolle, Gewalt und die Monopolisierung politischer Macht in den Händen ihrer Träger aus, die mit der Gesamtheit der Gesellschaft nie identisch sind. „Gesellschaft" hingegen steht für Komplexität, für unterschiedliche soziale Schichten und Milieus sowie eine Vielfalt von Interessen und Meinungen.

Deshalb tat sich auch die politikwissenschaftliche und politikgeschichtliche Diktaturforschung lange Zeit schwer, die Gesellschaft zum Gegenstand der Analyse zu machen, schien es doch einfacher und logischer, Diktaturen primär durch unmittelbare Herrschergruppen, durch die Kontroll- und Repressionsinstanzen und durch die Herrschaftsorganisation im engeren Sinne zu definieren. Deshalb blieb die Gesellschaft in vielen Analysen ausgespart oder zumindest blass und amorph, selbst in Totalitarismustheorien, die ja die Kontrolle nahezu aller gesellschaftlichen Handlungen und Willensäußerungen in den Mittelpunkt ihres Ansatzes rücken. In den meisten Studien bestand die Gesellschaft entweder aus unspezifischen „Massen" oder aus atomisierten Individuen, wobei letztere als Synonym für die totalitäre „Durchherrschung" der Gesellschaft und einer Tyrannei von oben figurierten. Gesellschaftliches Handeln wurde vor allem auf den Einfluss von Zwang und Propaganda zurückgeführt.

In den letzten zwei Dekaden kann jedoch von einer gesellschaftsgeschichtlichen Blindheit der Diktaturforschung keine Rede mehr sein. Zum einen sind vielfach gesellschaftsgeschichtliche Leitbilder von Diktaturen in den Mittelpunkt gerückt, darunter der von faschistischen wie kommunistischen Diktaturen gleichermaßen propagierte „Neue Mensch" oder die nationalsozialistische „Volksgemeinschaft". Sie werden nicht länger primär als Propagandakonstrukt behandelt, sondern als soziale Praxis untersucht, so dass sich die Gesellschaft in Diktaturen analytisch von einem Objekt zu einem handelnden Akteur gewandelt hat. Eine gesellschaftsgeschichtlich inspirierte Diktaturforschung fragt – auch unter dem Einfluss des *Cultural Turn* – nicht länger nach dem „Was", das heißt nach dem „Grundcharakter" oder dem „System" einer Diktatur, sondern nach dem „Wie", indem sie nicht zuletzt erfahrungsgeschichtliche Dimensionen sowie den Stellenwert kultureller Repräsentationen und symbolischer Ordnungen in nahezu allen Lebensbereichen untersucht. Ein Terminus wie *Stalinism from below* bringt diesen Wechsel der Akteursperspektive sinnfällig zum Ausdruck.

Der gesellschaftsgeschichtliche Paradigmenwechsel der Diktaturforschung hat jedoch manche Einseitigkeiten und Übertreibungen hervorgebracht. Blendete die klassische Diktaturforschung die Gesellschaft oft analytisch aus, so trübt die gesellschaftsgeschichtliche Entdeckerfreude bisweilen den Blick auf den verhaltensbestimmenden Rahmen der Diktaturen. So ist es sicherlich notwendig, bei der Analyse des „Großen Terrors" in der Sowjetunion 1937 und 1938 einer Vielzahl von Akteuren nachzugehen. Gleichzeitig wäre jedoch der Terror kaum verständlich, wenn Stalin und bestimmte Impulse von oben aus der Analyse ausgeklammert würden und dadurch analytisch ein Stalinismus ohne Stalin entstünde.[1] Das traditionelle Bild staatlich-diktatorischer Gewalt von oben durch das platte Gegenmodell der „gewalttätigen Gesellschaft"[2] zu ersetzen, führt unweigerlich in eine analytische Sackgasse, kommt es doch vielmehr darauf an, den spezifischen Interaktionsraum zwischen Staat und Gesellschaft auszuleuchten.

In der NS-Forschung haben Analysen zur Gestapo und zur Bedeutung von Denunziationen das einstmals dominante Bild eines allwissenden und umfassenden Polizeiapparats oftmals in das genaue Gegenteil verwandelt. In der These von der angeblichen „Selbstüberwachung" der deutschen Gesellschaft in der NS-Zeit, die in den 1990er Jahren in der Forschung en vogue war, spielen Diktatur und Zwang fast keine Rolle mehr, ja gerät die Denunziation als Form gesellschaftlicher Partizipation zu einem beinahe demokratisierenden Element.[3] Ein genauerer Blick zeigt jedoch, dass sich die Gestapo durch Denun-

---

[1] Zur Rolle Stalins vgl. u. a. Jörg Baberowski, Verbrannte Erde. Stalins Herrschaft der Gewalt, München 2012.

[2] Christian Gerlach, Extremely Violent Societies. Mass Violence in the Twentieth-Century World, Cambridge 2010.

[3] Vgl. Gisela Diewald-Kerkmann, Politische Denunziation im NS-Regime, oder: Die kleine Macht der Volksgenossen, Bonn 1995; Robert Gellately, Denunciations in Twentieth-Century Germany. Aspects of Self-Policing in the Third Reich and the German Democratic Republic, in: The Journal of Modern History 68 (1996), S. 931–967; ders., Backing Hitler. Consent and Coercion in Nazi Germany, Oxford 2001; kritisch dazu: Peter Lambert, The Third Reich. Police State or Self-Policing Society?, in: Alf Lüdtke (Hrsg.), Everyday Life in Mass Dictatorship. Collusion and Evasion, London 2016, S. 37–54.

ziationen keineswegs beliebig funktionalisieren ließ und das Regime wesentliche Kategorien von Verfolgung und Verfolgten vorgab: Wer Juden wegen eines vermeintlichen Fehlverhaltens denunzierte, stieß vielfach auf offene Ohren. Wer jedoch SA-Männer wegen gewalttätiger Übergriffe auf Juden anzuzeigen versuchte, geriet als vermeintlicher „Judenfreund" sehr schnell selbst ins Visier der Verfolger. Auch sollte das überkommene Bild der allwissenden Gestapo nicht durch das Gegen-Stereotyp einer allwissenden Gesellschaft ersetzt werden. Zweifellos war die deutsche Gesellschaft über den Holocaust weitaus besser informiert, als das stereotype Bekenntnis nach 1945 insinuierte, „nichts gewusst" zu haben. Dennoch verfehlt die These von der allwissenden Bevölkerung eine wesentlich komplexere Gemengelage, die durch Geheimhaltung, Wissen, Ahnen und Nicht-Wissen-Wollen gekennzeichnet war. Schließlich besitzen Diktaturen keine autonome Öffentlichkeit und sind keine offenen Gesellschaften, in denen ein Großteil von Informationen medial verfügbar ist.

1. Gesellschaftsgeschichte in Diktaturen: Das Beispiel des Dritten Reiches

Im Folgenden soll diese insgesamt mühsame Annäherung der NS-Forschung an die Gesellschaftsgeschichte nachgezeichnet werden, um deutlich zu machen, welche Einsichten und Impulse die Gesellschaftsgeschichte einer Diktatur der Zeitgeschichtsforschung vermitteln kann, wenn sie sich von den erwähnten Einseitigkeiten freihält. Während heute Begriffe wie *Consensual Dictatorship* oder „Zustimmungsdiktatur" weit verbreitet sind, wenn es um gesellschaftliches Verhalten in der NS-Diktatur geht, zeichnete die Forschung der 1970er und 1980er Jahre das genaue Gegenbild eines antagonistischen Verhältnisses zwischen deutscher Gesellschaft und NS-Diktatur. „Herrschaft und Gesellschaft im Konflikt" lautete der Untertitel des berühmten Projekts „Bayern in der NS-Zeit", das mit dem Leitbegriff der „Resistenz" arbeitete. Andere Forschungsansätze jener Zeit widmeten sich dem „Arbeiterwiderstand" oder arbeiteten mit dem Begriffspaar „Widerstand und Verfolgung", das Verfolgung als Reaktion auf Widerstand und abweichendes Verhalten interpretierte, dabei jedoch übersah, dass die rassistische NS-Gesellschaftspolitik vor allem präventiv ausgerichtet war.

Die oft schematische Gegenüberstellung von NS-Herrschaft und Gesellschaft entsprang nicht zuletzt der klassischen Sozialgeschichtsschreibung, die gesellschaftliches Verhalten durch die Zugehörigkeit zu einer „Marktklasse" bestimmt sah und in Gestalt der Milieutheorie davon ausging, dass die traditionellen sozialmoralischen Milieus in Deutschland auch in der NS-Zeit weitgehend intakt geblieben seien. Im Ergebnis wurde der Dissens zwischen Bevölkerung und Regime überbetont, die Konsenspotentiale jedoch weitgehend vernachlässigt.

Die später in der Kulturgeschichte aufgegangene Alltagsgeschichte stellte solche Sichtweisen in den 1980er Jahren erstmals in Frage. Das von Lutz Niethammer geleitete *Oral-History*-Projekt über Lebensgeschichte und Sozialkultur im Ruhrgebiet von 1930 bis 1960 oder die Arbeiten Alf Lüdtkes verwiesen nicht zuletzt auf das Konsenspotential zwischen Regime und Arbeiterschaft.[4]

Als methodisch weiterführend erwies sich vor allem der Ansatz Lüdtkes, Herrschaft als soziale Praxis zu definieren und damit den Blick auf die Verhaltenspraxis der Zeitgenossen, ihre Wahrnehmungen, Erfahrungen und Leitvorstellungen zu richten. Dieser Ansatz ging nicht von einer scharfen Trennung von Herrschern und Beherrschten, von Befehlsgebern und Befehlsempfängern aus, sondern definierte Herrschaft als ein eher amorphes Kräftefeld, in dem die Akteure in vielfältiger Weise miteinander in Beziehung stehen. Herrschaft als soziale Praxis fragte nicht nach einer eindeutigen, eher passiv-abstrakten Haltung einer Gesellschaft gegenüber den Machthabern, sondern nahm die vielfältigen Aktions- und Verhaltensformen in einer Gesellschaft in den Blick. Dabei wurde ein Tableau sichtbar, dass von begeisterter Zustimmung, Mitmachen, und Ausnutzen über Anpassung und Hinnehmen bis zur Distanz und Widersetzlichkeit reichte, wobei Mischformen des Verhaltens eher die Regel als die Ausnahme darstellten. So schloss Zwang den Konsens und die selbstbestimmte Wahrnehmung der eigenen Interessen nicht aus. Umgekehrt ging Kooperation vielfach auch mit Reibung und Differenz einher. Überdies konnte sich je nach Zeitumständen derselbe gesellschaftliche Akteur in ähnlichen Situationen höchst unterschiedlich verhalten.

Mit der Alltagsgeschichte richtete sich der Blick somit auf die Mechanismen gesellschaftlicher Integration im Dritten Reich, auf die

---

[4] Vgl. Lutz Niethammer (Hrsg.), Lebensgeschichte und Sozialkultur im Ruhrgebiet 1930 bis 1960, 3 Bde., Bonn 1983–1985; Alf Lüdtke (Hrsg.), Herrschaft als soziale Praxis. Historische und sozial-anthropologische Studien, Göttingen 1991, darin: ders., Funktionseliten. Täter, Mit-Täter, Opfer? Zu den Bedingungen des deutschen Faschismus, S. 559–590.

Praxis des „Mitmachens" und die dieser Praxis zugrundeliegenden Motive und Leitbilder, schließlich auf die Erfahrung und Wahrnehmung der Zeitgenossen. Dies galt auch für die subjektiven Perspektiven der NS-Opfer, die zuvor meist als anonyme Masse wahrgenommen worden waren. Deren Verfolgung erschien lange Zeit als ausschließlich politisch initiierter, durch Gesetze und Verordnungen von oben forcierter Prozess, wurde nun aber auch als sozialer Prozess der Exklusion untersucht, an dem vor allem die nichtjüdischen „Volksgenossen" durch eine Vielzahl individueller Entscheidungen im Lebensalltag beteiligt waren. Seit den 1990er Jahren bündelte der Begriff der „Volksgemeinschaft" viele dieser kulturgeschichtlich inspirierten Forschungen zur Gesellschaftsgeschichte der NS-Zeit.[5] Als analytisch fruchtbar erwies sich dieser Begriff vor allem deshalb, weil er nicht als statische Kategorie zur Beschreibung einer vermeintlichen gesellschaftlichen Realität missverstanden wurde. Für das NS-Regime bildete die „Volksgemeinschaft" ein gesellschaftliches Leitbild, das durch Inklusions- und Exklusionsprozesse in der Praxis stetig hergestellt werden musste, und für die Zeitgenossen wirkte die „Volksgemeinschaft" als ein vielfach anschlussfähiger, individuelle und kollektive Aspekte bündelnder Verheißungsbegriff, der als Angebot zur Selbstmobilisierung und auch zur Selbstermächtigung verstanden werden konnte.

Auch der Blick auf die Handlungspraxis in den NS-Institutionen und die kulturellen Leitbilder der Akteure hat die Analyse von deren Handlungsmöglichkeiten deutlich verändert. In der Abwehr von Schuldvorwürfen hatten sich die meisten institutionellen Akteure nach 1945 damit herausgeredet, nur unter immanentem Zwang, auf Befehl und in einer Art Putativnotwehr gehandelt zu haben. In Wirklichkeit engte jedoch der NS-Staat die Handlungsmöglichkeiten vieler Bediensteter keineswegs ein, im Gegenteil: Der Nationalsozialismus erweiterte diese drastisch, indem er klassische rechtsstaatliche Restriktionen beseitigte und das „Mitmachen" vieler Akteure nicht zuletzt durch einen ständigen Grandiositätsappeal stimulierte, sich der „Größe der Zeit" auch als würdig zu erweisen.

Dies schlug sich nicht zuletzt in den Wahrnehmungen der Zeitgenossen nieder, über die zeitgenössische Quellen wie Briefe und Tage-

---

[5] Vgl. Janosch Steuwer, Was meint und nützt das Sprechen von der „Volksgemeinschaft"? Neuere Literatur zur Gesellschaftsgeschichte des Nationalsozialismus, in: Archiv für Sozialgeschichte 53 (2013), S. 487–534.

buchaufzeichnungen Auskunft geben. In den letzten zwei Jahrzehnten hat sich das Interesse an solchen Zeugnissen enorm erhöht und dabei landläufige Einschätzungen korrigiert, die über solche Quellen im Umlauf gewesen waren. So galten Tagebücher aus der NS-Zeit lange als „Literatur des Kerkers", als Medium der inneren Emigration mit spezifischer Ventilfunktion.[6] Zwar kann das Dritte Reich in der Tat mit einigem Recht als „Zeitalter des Tagebuchs"[7] gelten, doch weniger aus den letztgenannten Gründen als vielmehr aus der vorherrschenden Wahrnehmung der Zeitgenossen, eine bedeutende historische Epoche zu erleben. Darüber wollten sie Zeugnis ablegen, und sich ihr gegenüber in ihren Gefühlen und Sinndeutungen positionieren. Deshalb wurden in Tagebüchern keineswegs primär abweichende Meinungen formuliert beziehungsweise Krieg und NS-Herrschaft nicht ausschließlich als Zeit äußerer Bedrängnisse und Unterdrückung eingestuft. Zugleich machten sich die meisten Verfasserinnen und Verfasser die Perspektiven und Sprachregelungen des NS-Regimes zu Eigen und fügten diesen eigene Sinndeutungen hinzu, wenn sie beispielsweise den Krieg als persönliche Bewährungsprobe oder gar als Verheißung begriffen. Nicht wenige Soldaten definierten ihr Handeln im Krieg, vor allem das Töten selbst, als Handwerk und „Arbeit". Auf diese Weise stellten Zeitgenossen eine unmittelbare Analogie zwischen ihrem zivilen Leben und der Massengewalt im Krieg her, die aus heutiger Perspektive als völlig exzeptionell und erklärungsbedürftig erscheint, den Zeitgenossen jedoch offensichtlich wesentlich selbstverständlicher, ja „normal" vorkam.[8]

Partielle Regimekritik und die gleichzeitige Übereinstimmung mit Leitbildern und Zielen des NS-Regimes schlossen sich keineswegs aus, sondern mischten sich in den meisten Tagebüchern.[9] Während die

---

[6] Vgl. Lothar Bluhm, Das Tagebuch zum Dritten Reich. Zeugnisse der Inneren Emigration von Jochen Klepper bis Ernst Jünger, Bonn 1991.

[7] So der Schriftsteller Gerhard Nebel im Vorwort seines 1948 veröffentlichten Kriegstagebuchs. Gerhard Nebel, Bei den nördlichen Hesperiden. Tagebuch aus dem Jahr 1942, Wuppertal 1948, S. 5.

[8] Vgl. Alf Lüdtke, Ordinary People, Self-Energising and Room for Manoeuvering. Examples from 20th Century Europe, in: ders. (Hrsg.), Everyday Life, S. 13–34, hier S. 26.

[9] Vgl. Frank Bajohr/Sybille Steinbacher (Hrsg.), „... Zeugnis ablegen bis zum letzten". Tagebücher und persönliche Zeugnisse aus der Zeit des Nationalsozialismus und des Holocaust, Göttingen 2015; Janosch Steuwer, „Ein Drittes Reich, wie ich es auffasse". Politik, Gesellschaft und privates Leben in Tagebüchern 1933–1939, Göttingen 2017.

deutsche Gesellschaft nach außen wie eine geschlossene Handlungs-
gemeinschaft funktionierte, in der nur wenige sichtbar aus der Reihe
tanzten, herrschte ausweislich der subjektiven Zeugnisse nach wie vor
eine große Vielfalt von Auffassungen und Einstellungen vor. In der sozialen Praxis wurden diese aber nur selten sichtbar, und es gehört zu
den besonders beunruhigenden Erkenntnissen der Erfahrungs- und
Wahrnehmungsgeschichte, dass die Zeitgenossen des Dritten Reichs
ihr Handeln oft mit eigenen Sinnzuschreibungen versahen, die nationalsozialistischen Ideologemen gar nicht entsprachen, aber dennoch
für die effektive Einpassung der Zeitgenossen in verbrecherische Kon-
texte sorgten. Man musste kein Antisemit sein, um sich an der „Arisierung" jüdischen Eigentums zu beteiligen; vielmehr reichten persönliche oder berufliche Vorteile als Motivation völlig aus.[10]

Insgesamt wurde der Nationalsozialismus von den Zeitgenossen
keineswegs als Herrschaftssystem wahrgenommen, das ausschließlich Kollektivismus und Gemeinschaftszwang propagierte.[11] Auch
Individualität und persönliche Selbstverwirklichung hatten ihren
Platz; zumal der Nationalsozialismus bestrebt war, sich ideologisch
vom „Bolschewismus" mit seinem „seelenlosen Kollektivismus" und
vermeintlich „roboterhaften" Menschenbild abzusetzen. Entgegen der
Annahme einer totalitären Durchherrschung aller Lebensbereiche duldete das NS-Regime ein Privatleben nicht nur, sondern unterstützte
ausdrücklich solche Privatheitsentwürfe.[12]

Die klassische Dichotomie von Herrschaft und Gesellschaft, die
eine ältere Diktaturforschung vielfach angenommen hatte, ist in wahr-
nehmungs- und erfahrungsgeschichtlicher Perspektive einem hoch-
gradig differenzierten Blick auf soziale Praktiken gewichen. Dieser liefert nicht nur wichtige Einsichten für die gesellschaftliche Fundierung
der NS-Diktatur und die Diktaturforschung insgesamt, sondern kann
auch eine Gesellschaftsgeschichte inspirieren, die sich oft immer noch

[10] Vgl. Frank Bajohr, „Community of Action" and Diversity of Attitudes. Reflections on Mechanisms of Social Integration in National Socialist Germany,
1933–45, in: Martina Steber/Bernhard Gotto (Hrsg.), Visions of Community in
Nazi Germany. Social Engineering and Private Lives, Oxford 2014, S. 187–199.
[11] Vgl. Moritz Föllmer, Individuality and Modernity in Berlin. Self and Society
from Weimar to the Wall, Cambridge 2013.
[12] Zu diesem Thema führt das Institut für Zeitgeschichte ein umfassendes
Forschungsprojekt (Leitung: Johannes Hürter) durch, siehe https://www.ifz-
muenchen.de/aktuelles/themen/das-private-im-nationalsozialismus/ [18. 12.
2018].

als Geschichte des Kollektiven versteht und vor allem soziale Formationen und Milieus in den Blick nimmt, subjektive Perspektiven und
vielfältige Differenzierungen im Alltagsleben jedoch deutlich seltener
thematisiert.

2. Diktatur, Gesellschaft und Massengewalt

Auch der Gewaltgeschichte von Diktaturen kann ein gesellschafts-
geschichtlicher Blick auf Wahrnehmung, Erfahrung, Selbstmobilisierung, Selbstaneignung und Selbstermächtigung der Zeitgenossen
wichtige Impulse geben. Dies gilt nicht zuletzt für die Verbindung
von Diktatur, Massengewalt und Völkermord, die schwerlich ohne gesellschaftliche Perspektive analysiert werden kann. Genozide werden
nicht allein nach politisch-ideologischen Vorgaben exekutiert; sie sind
immer auch ein sozialer Prozess beschleunigter gesellschaftlicher
Dynamiken, die dem Morden vorausgehen und gleichzeitig durch
das Töten vorangetrieben werden.[13] Nun führt nicht jede Diktatur auto-
matisch zu Massengewalt und Genozid, doch ist noch nie ein systematischer Völkermord von einer Demokratie mit funktionierenden
Checks and Balances und einer kritischen Öffentlichkeit durchgeführt
worden. Massengewalt und Genozid werden oft allein mit den Welt-
anschauungsdiktaturen des Nationalsozialismus und des Stalinismus
verbunden, doch ist dieser Zusammenhang alles andere als zwin-
gend. Wichtige historische Voraussetzungen für Antisemitismus und
Holocaust bildeten sich zum Beispiel im Mittel- und (Süd-)Osteuropa
der 1930er Jahre aus, als sich viele autoritäre Staaten und nationalistische Bewegungen am Leitbild der Nation als ethnisch homogener Gemeinschaft orientierten und unabhängig vom nationalsozialistischen
Deutschland antijüdische Gesetze und Verordnungen erließen.[14] In
Rumänien etwa waren es keine Faschisten, sondern die christlich-
nationale Goga-Cuza-Regierung, die 1938 eine umfassende antijüdische
Sondergesetzgebung erließ – und auch die zahlreichen Massenmorde
rumänischer Einheiten im Holocaust, denen mehr als 300.000 Juden

---

[13] Vgl. die Analyse der Soziologin Michaela Christ, Die Dynamik des Tötens.
Die Ermordung der Juden von Berditschew. Ukraine 1941–1944, Frankfurt a. M.
2011; Frank Bajohr/Andrea Löw (Hrsg.), The Holocaust and European Societies.
Social Processes and Social Dynamics, London 2016.
[14] Vgl. Götz Aly, Europa gegen die Juden 1880–1945, Frankfurt a. M. 2017.

zum Opfer fielen, wurden nicht von der faschistischen Legion, sondern von Polizei und Armee der Antonescu-Diktatur begangen.[15]

Die gesellschaftlichen Homogenitäts- und Gemeinschaftsideale in Diktaturen beförderten Prozesse der Inklusion, vor allem aber der Exklusion unerwünschter Minderheiten, und bildeten nicht die einzige, aber doch wesentliche Vorbedingung für Massengewalt und Genozide. Die basale Unterscheidung zwischen „Uns" bzw. den „wahren" Angehörigen der Nation und den „Anderen" hatte massive Konsequenzen für die Verformung gesellschaftlicher Moral, die sich nicht länger an universalen Normen und Werten, sondern an einer partikularen Gruppen-Moral orientieren sollte.[16]

Die politischen Interventionen von Diktaturen konfigurierten soziale und wirtschaftliche Beziehungen neu, waren doch Berufsverbote, Diskriminierung und Existenzvernichtung der einen zugleich mit neuen Partizipations- und Bereicherungsmöglichkeiten für die anderen verbunden. Gleichzeitig förderte die individuelle materielle Teilhabe an sozialer Exklusion Anreize für Prozesse der Gewalt, weil die Nutznießer der neuen sozioökonomischen Verhältnisse nicht an einer Rückkehr früherer Besitzer und Stelleninhaber interessiert waren.

In der Praxis von Verfolgung und Repression gingen diktatorische Vorgaben von oben mit gesellschaftlichen Stimmungen und Vorurteilen von unten oft eine charakteristische Verbindung ein. So ist es kein Zufall, dass sowohl im nationalsozialistischen Deutschland wie in der stalinistischen Sowjetunion gesellschaftliche Außenseiter und Angehörige von Minderheiten überproportional von Verfolgung und Gewalt betroffen waren – obwohl die Verfolgungspolitik des NS-Vernichtungsregimes und des stalinistischen Terrorregimes ansonsten grundlegende Unterschiede aufwies.[17]

Diktaturen lieferten nicht allein individuelle Anreize für die Beteiligung an Exklusion und Gewalt. Schließlich handeln die meisten

---

[15] Vgl. Mariana Hausleitner (Hrsg.), Rumänien und der Holocaust. Zu den Massenverbrechen in Transnistrien 1941/42, Berlin 2002; Simon Geissbühler, Blutiger Juli. Rumäniens Vernichtungskrieg und der vergessene Massenmord an den Juden 1941, Paderborn 2013.

[16] Am Beispiel der NS-Diktatur siehe Thomas Kühne, Belonging and Genocide. Hitler's Community 1918–1945, New Haven (CT) 2010; Raphael Gross, Anständig geblieben. Nationalsozialistische Moral, Frankfurt a. M. 2010.

[17] Vgl. Robert Gellately/Nathan Stoltzfus (Hrsg.), Social Outsiders in Nazi Germany, Princeton (NJ) 2001; Kevin McDermott, Stalinism „From below"? Soviet State, Society and the Great Terror, in: Lüdtke (Hrsg.), Everyday Life, S. 94–111.

Täter in Genoziden nicht individuell, sondern in einem sozialen Zusammenhang, oft in militärischen oder paramilitärischen Formationen. Analysen zur Mordpraxis im Holocaust haben gezeigt, dass die Akteure in Polizeibataillonen, Einsatzgruppen und Wehrmachtseinheiten anfänglich vor allem bestrebt waren, der Gruppennorm der „Kameradschaft" nachzukommen und ihren Kameraden nicht die „Drecksarbeit" zu überlassen. Mit der schnellen Gewöhnung an die Mordpraxis entwickelten sich die mobilen Mordeinheiten im Osten schnell zu verschworenen Gemeinschaften, deren innerer Zusammenhalt schließlich vor allem durch die gemeinsam verübten Verbrechen hergestellt wurde. Grundlage der „Kameradschaft"[18] im nationalsozialistischen Sinne bildete die schon erwähnte partikulare Moral, die universale Menschenrechte verwarf und Lebensrechte allein der eigenen Gruppe zuschrieb. Ein solches Verständnis von „Kameradschaft" fungierte jedoch weit über Mordeinheiten hinaus als allgemeine gemeinschaftsbildende Kategorie des gesellschaftlichen Zusammenhalts, die von unzähligen Institutionen propagiert und auf dem Wege der Formationserziehung gesamtgesellschaftlich vermittelt wurde – zum Beispiel in Gemeinschaftslagern, die bereits Kinder und Jugendliche zu durchlaufen hatten. Im „Jahrhundert der Lager"[19] war der Dualismus von Inklusionslagern und solchen der Exklusion und Repression aber nicht nur für den NS-Staat, sondern für viele – nicht zuletzt auch kommunistische – Diktaturen typisch. In diesem Dualismus spiegelte sich die basale Unterscheidung zwischen „Uns" und den „Anderen", den zu Feinden erklärten Gegnern, besonders eindringlich wider, nicht zuletzt auch in der faktischen Ablehnung universaler Prinzipien und Menschenrechte, auch wenn diese im Realsozialismus ganz offiziell propagiert, in der Praxis jedoch faktisch konterkariert wurden.

Schließlich tragen Diktaturen zu Massengewalt und Genozid in besonderer Weise bei, weil sie den sozialen Kitt einer Gesellschaft tendenziell zerstören, der durch Vertrauen sowie die Verlässlichkeit und Stabilität sozialer Beziehungen gekennzeichnet ist. Deren Auflösung beziehungsweise Dynamisierung fördert die Freisetzung von massen-

---

[18] Christopher Browning, Ganz normale Männer. Das Reserve-Polizeibataillon 101 und die „Endlösung" in Polen, Reinbek 1993; Felix Römer, Kameraden. Die Wehrmacht von innen, München 2012; Thomas Kühne, Kameradschaft. Die Soldaten des nationalsozialistischen Krieges und das 20. Jahrhundert, Göttingen 2006.

[19] Joel Kotek/Pierre Rigoulot, Das Jahrhundert der Lager, Berlin 2001.

hafter Gewalt – wie nicht zuletzt die zahlreichen Krisenherde der Gegenwart nachdrücklich belegen.

Insgesamt kann die Diktaturforschung auch in Zukunft auf eine reflektierte Gesellschaftsgeschichte nicht verzichten, weil nur ein Blick auf die Vielfalt gesellschaftlicher Akteure die Funktionsmechanismen einer Diktatur zu erhellen vermag und das gesellschaftliche „Mitmachen" zugleich naive Annahmen über das moralische Resistenzpotential von Gesellschaften in Diktaturen korrigiert. Während jedoch die traditionelle Sozialgeschichte in besonderer Weise auf Klassen, Schichten, Milieus und Individuen konzentriert ist, bietet sich gerade für Diktaturen mit umfassendem gesellschaftlichem Gestaltungsanspruch ein weiteres Untersuchungsfeld an, das bislang von der Forschung nur unzureichend berücksichtigt wurde: nämlich jene Rollenmuster und Rollenerwartungen, die diktatorische Regime an die Gesellschaft richteten. Der „Volksgenosse", „Parteigenosse", „Sowjetmensch" oder „Genosse" besaß spezifische Rechte und Pflichten und hatte vor allem im öffentlichen Raum einen Verhaltenskanon zu praktizieren. Je nach Status hatte jeder eine spezifische, an genaue Verhaltensformen gekoppelte Rolle zu spielen und seine Loyalität durch symbolische Gesten – zum Beispiel Formen des Grüßens – unter Beweis zu stellen. Solche performativen Aspekte in Diktaturen hat die Forschung bislang eher einseitig am Beispiel der Diktatoren, ihrer Selbststilisierung und des inszenierten Personenkults untersucht.[20] Gerade im Sinne des *Performative Turn* läge es jedoch nahe, Performanz als allgemeines gesellschaftliches Phänomen in den Blick zu nehmen, dabei zugleich nach den Möglichkeiten und Grenzen zu fragen, sich solchen Rollenmustern zu entziehen.

---

[20] Am Beispiel Hitlers siehe Wolfram Pyta, Hitler. Der Künstler als Politiker und Feldherr. Eine Herrschaftsanalyse, München 2015.

Mary Fulbrook

Kommentar

Frank Bajohrs anregender Beitrag spricht einige der bedeutendsten Entwicklungen in der sozialgeschichtlichen Erforschung von Diktaturen an. Er zeigt auf, wie sich die Geschichtsschreibung von älteren, dichotomischen Ansätzen mit der strikten Unterscheidung von „Staat" und „Gesellschaft" gelöst hat und sich nun stärker sozialen Prozessen, individuellen Praktiken und interpretativen Ambivalenzen zuwendet. Ansätze, die sich darauf konzentrierten, wie die „da oben" über die „da unten" bestimmten, dominierten nicht nur die Geschichte des „Dritten Reiches". Sie beherrschten auch die Erforschung der kommunistischen Diktaturen, die nach 1990 eine überraschende Wiederkehr des Totalitarismus-Paradigmas erlebte. Unterdessen begann der *Cultural Turn* solche Narrative zu hinterfragen, während Ansätze der Alltagsgeschichte auch die Bedeutung der *agency* an der Basis betonten. In den letzten zwei Jahrzehnten hat sich dann das Gegennarrativ einer „Konsensdiktatur" entwickelt, das sowohl für das „Dritte Reich" als auch für die wesentlich langlebigere, aber sehr viel seltener erforschte DDR kontrovers und vielfältig diskutiert wurde. Dabei konnte sich keiner dieser Stränge wirklich durchsetzen, und zum Teil kam es zu gravierenden Zusammenstößen der unterschiedlichen Meinungen.

Inzwischen befinden wir uns in einem gänzlich anderen historischen Kontext und bewegen uns in einer anderen theoretischen Arena. Dennoch drehen sich die Debatten um Gesellschaft in Diktaturen immer noch größtenteils um die Pole Zwang versus Zustimmung bzw. Unterdrückung versus Unterstützung. Es scheint, als könnten wir nicht davon abrücken, Gesellschaft in Diktaturen vor allem über das Verhältnis von Angst und Begeisterung verstehen zu wollen.

Die Beobachtungen von Frank Bajohr sind höchst interessant und sicherlich zutreffend. Aber meines Erachtens gibt es noch einige fehlende Aspekte und weitere Möglichkeiten, die Analyse auszudehnen. Bajohr konzentriert seine Bemerkungen auf das „Dritte Reich", und ich folge diesem Fokus in meinem Kommentar größtenteils. Es mag jedoch hilfreich sein, auch die DDR in die Untersuchung einzubeziehen – weder als einen bloßen „Vergleich" noch (wie so oft) als „verflochtene Geschichte" mit Westdeutschland oder anderen Staaten derselben Zeit, sondern auch als einen Nachfolgestaat der NS-Diktatur. Ich möchte hier in aller Kürze einige weiterführende Optionen aufzeigen.

1. Die Bedeutung zwischenmenschlicher Beziehungen

Bajohr verweist darauf, dass ältere Ansätze der Sozialgeschichte Gesellschaft vorwiegend in Bezug auf Kategorien wie soziale Klasse und ökonomische Struktur analysierten, ergänzt durch die Kategorie des sozialen Milieus und nach einiger Zeit durch die Analyse von Kultur und Praxis. Ich würde die Aufmerksamkeit gerne noch auf einen weiteren Aspekt lenken, von dem ich glaube, dass er detaillierter erforscht werden müsste: die Beschaffenheit sozialer Beziehungen, einschließlich informeller sozialer Beziehungen im alltäglichen Leben. Soziale Beziehungen wirken sich entscheidend auf Muster der Selbstpräsentation, das Identitätsgefühl oder das Innenleben aus. Dabei transformieren sie die Gesellschaft „von innen heraus" und beeinflussen, was eine Diktatur erreichen kann, beeinflussen den Charakter der handelnden Menschen, die Folgen für das Leben nach der Diktatur sowie das Vermächtnis für nachfolgende Generationen. Solch ein Ansatz verbindet individuelle soziale Identitäten mit größeren strukturellen Bedingungen in konkreten historischen Umgebungen.

Zwischenmenschliche Beziehungen können sich aus vielfältigen Gründen verändern. Informelle soziale Abläufe können zwar mit größerem Druck, mit Zwängen und Belohnungen vollzogen werden, aber sie sind dennoch in vielen Bereichen des alltäglichen Lebens selbstbestimmt – wie etwa die Wahl von Freunden. Soziale Beziehungen können auch von gesetzlichen Vorschriften und Sanktionen betroffen sein – wie vom Eheverbot zwischen „verschiedenen Rassen" oder von schweren Strafen für Homosexualität. Und soziale Beziehungen sind klar konstituiert durch erwartetes Verhalten in bestimmten Rollen, wenn kulturelle Codes, soziale Strukturen und Organisationen sich verändern. In jedem Fall haben die Erwartungen und der Druck, sich auf eine ganz bestimmte Art und Weise zu verhalten, Auswirkungen auf das Selbstverständnis der Menschen und auf größere Gemeinschaften. Zwischenmenschliche Beziehungen verändern sich von Zeit zu Zeit so, dass die Veränderungen nicht einfach durch den Fokus auf traditionelle Kategorien wie Klasse oder Milieu erfasst werden können. In ähnlicher Weise verändern sich auch Charaktere, Haltungen, Verhaltensmuster, Weltanschauungen der Menschen so, dass diese Veränderungen nicht vollständig mithilfe von Sozialisation, Propaganda und Ideologie zu erklären sind.

Überdies sind solche Veränderungen nicht leicht zu belegen. In allen Lebensbereichen präsentieren Menschen ihren Gegenübern bestimmte Formen ihres „sozialen Selbst". Sind solche Formen der Performanz erst einmal zu eingespielten Handlungen, beinahe zur „zweiten Natur" geworden, so gibt es für die Akteure mehrere Optionen. Die eine Option besteht darin, das zu bleiben, was Erving Goffman einen „zynischen Performer" nennt, also eine Person, die sich nicht nur der Distanz zwischen der Rolle und dem inneren Selbst bewusst ist, sondern auch die Zuschauer bewusst manipuliert. Eine andere Option ist, entweder von Beginn an oder in zunehmendem Maße ein „ehrlicher Performer" zu werden, der sich selbst von der Authentizität der eigenen Handlung überzeugt oder sogar kaum noch darüber nachdenkt.[1] Egal welcher Weg gewählt wird – und dies kann für verschiedene Rollen oder sogar für eine einzelne Person, die sich mit einigen Aspekten der Performanz wohler fühlt als mit anderen, variieren: Er wird sich unweigerlich auswirken, sowohl auf das innere Gefühlsleben als auch auf die Beschaffenheit der Beziehungen zu anderen Menschen.

Welche Relevanz besitzen diese stark kondensierten theoretischen Überlegungen für die historische Analyse von Gesellschaft und Diktatur? Betrachten wir hier ein paar zentrale Beispiele. Wir haben uns davon entfernt, die Entwicklung antisemitischer Politik in NS-Deutschland als hauptsächlich „von oben" gesteuert zu betrachten, sondern fragen stärker danach, wie die Menschen sich solch eine Politik um des persönlichen Gewinns willen durch „Selbstermächtigung" und „Selbstmobilisierung" aneigneten. Aber es gibt noch weitere Aspekte, die mit diesen Prozessen einhergehen. Das wird eher auf der informellen Ebene deutlich, wenn wir andere Themen erforschen, wie etwa die Beendigung von Freundschaften, obwohl solche Formen der sozialen Beziehungen niemals legal definiert oder vollständig überwacht werden konnten. Diejenigen, die aus der „Volksgemeinschaft" ausgeschlossen waren, gerieten in die soziale Isolation, stürzten häufig ab in Angst und Verzweiflung und waren mit einer Art „sozialem Tod" konfrontiert, der zu gegebener Zeit den Weg bereitete, der die Deportationen erleichterte.[2] Die Auswirkungen, die die Beendigung einer Freundschaft für diejenigen hatte, die auf der „inkludierten" Seite standen, sind bisher weit weniger gut untersucht worden; dennoch müssen wir

---

[1] Vgl. Erving Goffmann, The Presentation of Self in Everyday Life, New York 1959.
[2] Marion A. Kaplan, Between Dignity and Despair. Jewish Life in Nazi Germany, Oxford 1998, S. 5.

verstehen, in welcher Weise diese „Arier" ebenfalls persönlich von den zunehmenden Verwerfungen im zwischenmenschlichen Bereich betroffen waren. Diese Aspekte der langsamen Selbst-Transformation durch veränderte Beziehungen zwischen Individuen sind in Forschungen zu physischer Gewalt oder Besitzenteignung nicht angemessen integriert.

Zwischenmenschliche Beziehungen konnten sich weiterhin als Ergebnis von formellen Anforderungen mit dazugehörigen Sanktionen und Belohnungen verändern, die in vielen Fällen emotionale Konflikte und persönliche Zwiegespaltenheit bei den Individuen auslösten oder zu Zusammenstößen innerhalb einer Familie führten. Antisemitische Überzeugungen waren dabei nicht immer entscheidend und spielten manchmal nur eine marginale oder pseudo-legitimatorische Rolle in verändertem Verhalten; dennoch transformierten individuelle Verhaltensweisen, ganz gleich, wie sie motiviert waren, größere Identifikationsgemeinschaften und Zusammengehörigkeitsgefühle.

Bajohr verweist auf Arbeiten, die die Bedeutung der Gemeinschaft für diejenigen herausstreichen, die in Kriegszeiten an Massentötungen beteiligt waren. Aber der Gemeinschaftsaspekt ist genauso wichtig für die Vorkriegsjahre und für den in dieser Zeit aufkommenden größeren sozialen Kontext, in dem solche Morde erst möglich werden konnten. Um die Veränderungen einzufangen, die sich durch solche Transformationen von sozialen Beziehungen (und nicht bloß durch individuelle Entscheidungen und Möglichkeiten) noch vor dem Krieg ergaben, würde ich den Begriff einer *bystander society* vorschlagen. Damit meine ich eine Gesellschaft, in der sich die Menschen entschieden oder zumindest dazu neigten, sich abzuwenden und nicht zu intervenieren. Dabei konnten sie durchaus Beobachter bleiben, teilweise sogar die Täter und ihre Taten unterstützen oder auch mit den Opfern stillschweigend Mitleid empfinden, wahrten aber gleichzeitig stets einen sicheren Abstand zu einzelnen Momenten erhöhter oder akuter Gewaltanwendung.

Im Verlauf der NS-Diktatur erschütterten strukturelle Transformationen sowie neue Rollen – wie etwa Wächter in Konzentrationslagern, Euthanasiespezialisten, Arbeitgeber von Zwangsarbeiterinnen und -arbeitern, oder einfach „Herrenmenschen" gegenüber Mitgliedern „unterlegener Rassen" – immer weiter vormals geltende moralische Standards und ethische Prinzipien. Die Verwicklung in direkte physische Gewalt und die Beteiligung an einem System, das solche Gewalt initiierte und duldete, hatten ebenfalls Auswirkungen auf der persönlichen Ebene – Auswirkungen, die bis jetzt weniger gut erforscht sind als die eher offensichtlichen Traumata, die mit Kampferfahrungen im Krieg und Bombardierungen in Zusammenhang stehen. Weiterhin könnte ein Gefühl von innerer Distanz zwischen dem „authentischen Selbst" und der Performanzrolle folglich Auswirkungen auf Schuldgefühle (oder Nicht-Schuldgefühle) in einem späteren Kontext gehabt haben, in dem das, was zuvor geduldet oder unterstützt worden war, nun zensiert und bestraft wurde.

2. Die Bedeutung von Zeit und Generationenzugehörigkeit

In Relation zu Gesellschaft und Diktatur sind auch die Faktoren Zeit und Generation zu setzen. Zum einen sind das Leben und die Erfahrungen von Menschen in der Diktatur deutlich von den unterschiedlichen Altersstufen und Lebensphasen der Individuen geprägt. Generationelle Unterschiede und Konflikte, auch innerhalb von Familien, während der zwölfjährigen NS-Herrschaft reichten aber in ihrer Bedeutung weit über diese Periode hinaus.[3]

Zum zweiten prägen die Erfahrungen in diktatorischen Regimen die Beschaffenheit der Übergangszeiten und die Bedeutung der Vergangenheit für die Menschen, die in nachfolgenden Regimen leben. Erinnerungen an ein vorangehendes Regime beeinflussen, wie Menschen gegenwärtige Herausforderungen wahrnehmen und welche Ziele und Handlungen sie daraus ableiten. Hat eine Diktatur erst einmal Jahrzehnte bestanden, gibt es immer weniger Menschen, die sich persönlich an vor-diktatorische Verhältnisse erinnern. Staatliche Versuche, bestimmte Ansichten über die Vergangenheit durchzusetzen, können dann bei Mitgliedern der jüngeren Generationen erfolgreicher sein oder auf weniger Widerstand stoßen.

Zum dritten ist die schiere Dauer einer Diktatur von höchster Bedeutsamkeit. Dies wird besonders deutlich, wenn wir die vierzig Jahre der DDR mit den zwölf Jahren NS-Deutschlands vergleichen. Der selbsterklärten sozialen Revolution der Nazis wurde wesentlich mehr Aufmerksamkeit geschenkt, meist nur um darauf zu verweisen, dass sie eher in der Rhetorik als in der Realität existierte. Im Gegensatz dazu erreichte die soziale Revolution der ersten eineinhalb Jahrzehnte nach

---

[3] Vgl. weiterführend Mary Fulbrook, Dissonant Lives. Generations and Violence through the German Dictatorships, Oxford 2011.

dem Krieg in Ostdeutschland eine radikale Transformation auf vielen Gebieten. Ihnen folgten Jahrzehnte relativer Stagnation und die Reproduktion sozialer Hierarchien. Dies hatte auch Auswirkungen für diejenigen, die in dem Regime lebten. Menschen, die in eine Diktatur „hineingeboren" oder während ihrer formativen Jahre in ihr sozialisiert werden, haben ganz andere Wahrnehmungen, Hoffnungen, Haltungen und Vorstellungen davon, was „normal" ist, als diejenigen, die das Erwachsenenalter in einer vorherigen Zeit erreicht haben. Generationelle Muster spielen auch eine Rolle in der Art und Weise des Niedergangs einer Diktatur und für bestimmte Lebenschancen am Übergang zu einer neuen Gesellschaft. Sie beeinflussen die Wahrnehmungen der Vergangenheit und der Gegenwart sowie der Aussichten auf eine andere Zukunft.

Eine noch immer nicht adäquat untersuchte Dimension ist schließlich die der Nähe oder der Distanz zur Vergangenheit bei denjenigen, die als professionelle Historikerinnen und Historiker über die Vergangenheit schreiben. Die emotionale Komponente in der Deutung der NS-Vergangenheit ist bei der zweiten oder dritten Generation anders beschaffen als bei denjenigen, die als „Erfahrungsgenerationen" die betreffende Zeit selbst miterlebten. Selbst dort, wo Historikerinnen und Historiker versuchen, höchst „objektiv" zu sein, mag der Begriff der „Objektivität" an sich schon ein Weg sein, um die Konfrontation mit schwierigen Fragen zu umgehen, wie in dem Fall von deutschen Historikerinnen und Historikern, die über viele Nachkriegsjahrzehnte hinweg den Holocaust in den Bereich der „jüdischen" Geschichte verwiesen, während sie zum Teil suggerierten, dass jüdische Historikerinnen und Historiker ihn nicht „objektiv" behandeln könnten. Dies wurde in der berühmten Debatte der späten 1980er Jahre zwischen den zwei bekannten Historikern Saul Friedländer und Martin Broszat evident, die sich sogar darin uneinig waren, was „normales" alltägliches Leben für diejenigen bedeutete, die Teil der „Volksgemeinschaft" waren, und für diejenigen, die davon ausgeschlossen waren.[4] Zu den Debatten über die Analyse von Gesellschaft in Diktaturen gehört auch ein Bewusstsein dafür, dass diejenigen, die dieses Thema professionell untersuchen, die die analytischen Konzepte konstruieren und die die theoretischen Werkzeuge definieren, selbst Teil einer bestimmten

---

[4] Vgl. Broszat-Friedländer-Debatte in Peter Baldwin (Hrsg.), Reworking the Past. Hitler, the Holocaust and the Historians' Debate, Boston (MA) 1990.

Gesellschaft sind und in einem besonderen Verhältnis zur Vergangenheit stehen.

Ich habe hier nur einige Möglichkeiten aufgezeigt, wie man die Ansätze zur Erforschung der Gesellschaft in Diktaturen erweitern könnte. Vielleicht sollten wir nicht länger wie die ältere Forschung (nur) fragen, welche Auswirkungen diktatorische Staaten auf Gesellschaften haben, und auch nicht wie jüngere Untersuchungen (nur) thematisieren, wie die Menschen proaktiv reagierten, sich anpassten und versuchten, Anknüpfungspunkte für ihren eigenen Vorteil zu suchen. Vielleicht sollten wir darüber hinaus (auch) die Mechanismen untersuchen, mit denen sich über unterschiedliche und manchmal recht lange Zeitperioden hinweg soziale Beziehungen veränderten – und mit ihnen die Menschen in unterschiedlichen Positionen und aus unterschiedlichen Generationen. Über die polarisierten Debatten über das Verhältnis von Zwang und Zustimmung hinauszugehen, kann uns helfen, ein besseres Verständnis davon zu entwickeln, was (oder was nicht) diktatorische Staaten erreichen konnten und wie das Erleben von diktatorischer Herrschaft den Charakter des sozialen Selbst und die Beziehung der Menschen untereinander nachhaltig beeinflusste.

Übersetzung: Manuela Rienks

Alexander Nützenadel

Wirtschaftsgeschichte und Diktaturforschung

Aus wirtschaftshistorischer Perspektive ist die Erforschung der europäischen Diktaturen im 20. Jahrhundert ein zentrales Thema. Alle Diktaturen – sei es der deutsche Nationalsozialismus, der italienische Faschismus oder der sowjetische Realsozialismus – haben der Neugestaltung der Wirtschaft große ideologische Bedeutung zugemessen. Zugleich war die umfassende Mobilisierung ökonomischer Ressourcen für diese Systeme wichtig, um sie nach innen und außen zu stabilisieren. Damit die militärischen Ziele und imperialen Machtambitionen realisiert werden konnten, waren überdies erhebliche Eingriffe in alle Bereiche der Wirtschaft unabdingbar.

Der Erste Weltkrieg war auch in ökonomischer Hinsicht die entscheidende Zäsur, ohne die der Aufstieg der modernen Diktaturen nicht erklärt werden kann. Der Krieg bedeutete nicht nur das Ende der liberalen wirtschaftlichen Ordnung, die Europa über ein halbes Jahrhundert geprägt hatte, sondern verschärfte auch die Konflikte zwischen Arbeit und Kapital. Waren die Arbeitsbeziehungen bislang in erster Linie durch privatrechtliche Verträge ausgestaltet worden, trat nun der Staat zunehmend als vermittelnde oder gar regulierende Instanz auf. Zugleich hinterließ der Krieg hohe Folgekosten: Zur Zerstörung von Sach- und Humankapital traten die indirekten Kosten, die besonders durch den massiven Anstieg der Staatsschulden, die Hyperinflation und die Zerstörung des Geld- und Währungssystems entstanden. Die wirtschaftlichen Belastungen und die dadurch ausgelösten Verteilungskonflikte stellten wichtige Faktoren für die politische Instabilität und den Aufstieg extremistischer Bewegungen nach 1918 dar.

Der Erste Weltkrieg war zugleich ein Experimentierfeld für planwirtschaftliche Konzepte, mit denen innerhalb von kurzer Zeit die gesamte Volkswirtschaft auf den Krieg ausgerichtet werden sollte. Die neuen Formen der wirtschaftlichen Organisation in der Industrieproduktion, in der Lebensmittel- und Rohstoffversorgung sowie in der Arbeitsmarktplanung bildeten fortan einen zentralen Bezugspunkt für die Wirtschaftspolitik. Das „Lernen aus dem Krieg" war diesbezüglich positiv wie negativ konnotiert. Für Deutschland, Österreich oder Italien bedeutete es vor allem, dass die massiven Versorgungsschwierigkeiten als zentrales Problem für den Durchhaltewillen der eigenen Bevölkerung erkannt wurden. Durch eine systematische wirtschaftliche Autarkiepolitik sowie eine langfristige strategische Planung aller kriegsrelevanten Wirtschaftsbereiche sollte eine ähnliche Mangelsituation, wie man sie als entscheidenden Faktor für die Niederlage ansah, vermieden werden.[1]

Doch den neuen Diktaturen ging es keineswegs allein um temporäre Institutionen für einen zukünftigen Krieg. Vielmehr sollte ein neues Ordnungsmodell geschaffen werden, um die Probleme der liberalen Wirtschaftsordnung zu überwinden. Im Falle der sozialistischen Planwirtschaft ist dieses Motiv evident, doch ähnliche Ziele verfolgten auch der italienische Faschismus, die autoritär-faschistischen Diktaturen in Süd- und Osteuropa sowie der deutsche Nationalsozialismus. In Italien, Portugal und Spanien beanspruchte der „Korporatismus", eine neue wirtschaftliche Ordnung zu etablieren, die autoritäre und partizipative Elemente miteinander verband.[2] Auf dieser Grundlage sollte eine zunehmende Planung aller wirtschaftlichen Felder erreicht werden. Dass die Korporationen letztlich amorphe – und nicht sehr effiziente – Institutionen waren, deren tatsächlicher Einfluss auf die Wirtschaftssteuerung begrenzt blieb, ist von der Forschung vielfach herausgearbeitet worden.[3] Die zentralen Fragen der Wirtschaftspolitik wurden etwa in Italien nicht im faschistischen Korporationsrat, sondern in den Ministerien und Sonderverwaltungen entschieden. Dennoch erwiesen sich die Korporationen vielfach als wichtig für die Umsetzung beschlossener Maßnahmen, insbesondere auf lokaler oder betrieblicher Ebene. Sie wirkten vielfach als intermediäre Einrichtungen, die zwischen Staat und Unternehmen vermitteln konnten.

Auch im nationalsozialistischen Deutschland waren solche Institutionen bekanntlich nicht sehr effektiv. Die Idee der „Volksgemeinschaft" – in mancher Hinsicht ein funktionales Äquivalent zum „Kor-

---

[1] Vgl. Hartmut Berghoff/Jan Logemann/Felix Römer (Hrsg.), The Consumer on the Home Front. World War II Civilian Consumption in Comparative Perspective, Oxford 2017.
[2] Vgl. Aldo Mazzacane/Alessandro Somma/Michael Stolleis (Hrsg.), Korporativismus in den südeuropäischen Diktaturen, Frankfurt a. M. 2005.
[3] Vgl. z.B. Sabino Cassese, Corporazioni e intervento pubblico nell'economia, in: Alberto Aquarone/Maurizio Vernassa (Hrsg.), Il regime fascista, Bologna 1974, S. 327–355; Gianpasquale Santomassimo, La terza via fascista. Il mito del corporativismo, Rom 2006.

poratismus" Süd- und Osteuropas – blieb in Bezug auf die wirtschaftliche Ordnung ebenfalls unspezifisch und stellte eher ein auf die Zukunft gerichtetes, wenngleich wirkungsmächtiges, Versprechen dar.[4] Dennoch sollte nicht unterschätzt werden, dass alle neuen Diktaturen eine langfristige Transformation der wirtschaftlichen Ordnung anstrebten und dabei Konzepte entwickelten, die, obwohl nur partiell realisiert, erhebliche ideologische Wirkungskraft entfalteten.

Der folgende Beitrag zieht in diesem Zusammenhang zunächst eine kurze Bilanz der Forschung und benennt sodann einige Perspektiven, auf deren Basis die wirtschaftshistorische Untersuchung der europäischen Diktaturen weiterführen könnte. Im Zentrum stehen dabei der Nationalsozialismus sowie die faschistisch-autoritären Regime der Zwischenkriegszeit, während die sozialistischen Planwirtschaften nur insoweit berücksichtigt werden, als sie die wirtschaftlichen Modelle der rechten Diktaturen indirekt beeinflussten. Letztere verstanden sich selbst ausdrücklich als Alternativen zum sozialistischen Wirtschaftssystem und grenzten sich ideologisch von diesem ab.

1. Forschungsbilanz

Schon ein kurzer Blick in die einschlägigen Bibliographien macht eine starke Asymmetrie in Bezug auf die Erforschung der europäischen Diktaturen deutlich: Während eine kaum überschaubare Zahl von wirtschaftshistorischen Publikationen zum Nationalsozialismus existiert, ist die Forschungslage zum italienischen Faschismus unbefriedigend. Noch stärker gilt dieses Defizit für die anderen autoritären Systeme wie etwa Portugal oder Spanien, für die selbst grundlegende Überblicksdarstellungen fehlen. Dieser Mangel an einschlägigen Forschungen könnte auch sachliche Gründe haben, da staatliche Wirtschaftspolitik in diesen noch überwiegend agrarischen Ländern nicht so wichtig zu sein schien. Zumindest aber fehlten im Vergleich zu Deutschland mächtige Institutionen wie Großunternehmen, Banken oder Verbände, die Ansatzpunkte für eine zentrale Steuerung der Wirtschaft boten. In der Regel wird betont, dass der italienische Faschismus und erst recht

---

[4] Vgl. die Beiträge in Frank Bajohr/Michael Wildt (Hrsg.), Volksgemeinschaft. Neue Forschungen zur Gesellschaft des Nationalsozialismus, Frankfurt a. M. 2009; Christoph Kreutzmüller/Michael Wildt/Moshe Zimmermann (Hrsg.), National Economies. Volks-Wirtschaft, Racism and Economy in Europe between the Wars (1918–1939/45), Newcastle 2015.

der franquistische Staat in Spanien oder António de Oliveira Salazars Regime in Portugal keine konsistenten Konzepte für die Umgestaltung der Wirtschaft hatten, sondern eher synkretistisch unterschiedliche Elemente zusammenfügten. Salazar allerdings war selbst National-ökonom und hatte vor seiner politischen Karriere an der Universität Coimbra gelehrt. Dabei spielten vor allem die Tradition der katholi-schen Soziallehre, der Syndikalismus und schließlich spezifisch auto-ritär-staatliche Modelle der Wirtschaftsintervention eine gewichtige Rolle. Im Übrigen konzentrierte sich das Hauptaugenmerk der Füh-rung darauf, die politische Herrschaft institutionell abzusichern und die Bevölkerung für das eigene Regime ideologisch auf Linie zu brin-gen. Der eigentliche Impuls für eine umfassende Mobilisierung und Steuerung der wirtschaftlichen Ressourcen kam von außen, nämlich im Rahmen der nationalsozialistischen Expansion, die mit erhebli-chen Interventionen in die ökonomische Struktur der verbündeten be-ziehungsweise besetzten Staaten einherging.[5] Auch aus diesem Grund wurde den korporatistischen Institutionen nur wenig Aufmerksamkeit geschenkt. Für das faschistische Italien schienen die massiven Versor-gungsprobleme im Krieg zu beweisen, dass die Wirtschaftssteuerung alles andere als effizient war.[6]

Für das nationalsozialistische Deutschland fiel die wirtschaftspoli-tische Bilanz dagegen anders aus. Nicht nur die traditionellen staat-lichen Behörden wie Reichsbank, Ministerien und Arbeitsverwaltung, sondern auch die zahlreichen neuen Sonderverwaltungen wie die Vierjahresplanbehörde und die Reichswirtschaftskommissare inter-venierten in allen Bereichen der Wirtschaft und entfalteten dabei ein beträchtliches Steuerungspotential. Weitreichende Folgen hatten die drastischen Eingriffe in die Eigentumsrechte der jüdischen Bevölke-rung und anderer, aus politischen oder rassischen Gründen verfolgter Gruppen. Nicht zuletzt bedeuteten Aufrüstung und Krieg – trotz aller Probleme und Kompetenzkonflikte – eine enorme wirtschaftliche Or-ganisationsleistung. Schon früh hat sich die zeithistorische Forschung daher mit den wirtschaftspolitischen Organisationen des NS-Staats befasst. Speziell die Aufarbeitung von Arisierung, Zwangsarbeit und

---

[5] Vgl. Christoph Buchheim/Marcel Boldorf (Hrsg.), Europäische Volkswirt-schaften unter deutscher Hegemonie 1938–1945, München 2012.
[6] Vgl. Gianni Toniolo, L'economia dell'Italia fascista, Rom 1980; anders hin-gegen Rolf Petri, Von der Autarkie zum Wirtschaftswunder. Wirtschaftspolitik und industrieller Wandel in Italien (1935–1963), Tübingen 2001.

wirtschaftlicher Ausbeutung der besetzten Staaten führte zu einer Welle an Auftragsforschungen, die mit großem Quellenaufwand betrieben wurden und vielfach methodisch wegweisend waren. Nach einer Welle von Aufarbeitungsprojekten zu deutschen Großunternehmen wie Daimler Benz, Deutsche Bank, Dresdner Bank und Volkswagen gibt es kaum noch Betriebe, die ihre Geschichte in der NS-Zeit nicht erforscht haben oder aktuell erforschen lassen. Nach den privaten Unternehmen haben nun auch die staatlichen Einrichtungen derartige Projekte initiiert: Die vier großen wirtschaftshistorisch relevanten Reichsbehörden (Finanzen, Wirtschaft, Arbeit und Soziales, Landwirtschaft) werden gerade mit erheblichen finanziellen Fördermitteln historisch erforscht.[7] Weitere Projekte zu zentralen Institutionen wie der Reichsbank, dem Reichsrechnungshof oder der Reichsanstalt für Arbeitsvermittlung und Arbeitslosenversicherung werden voraussichtlich folgen beziehungsweise sind auf den Weg gebracht worden. Auch Behörden der Länder und Kommunen, welche für die dezentrale Implementierung der Wirtschaftspolitik eine große Bedeutung besaßen, werden in der Zukunft durch entsprechende Auftragsprojekte untersucht werden.[8]

Man kann daher, ohne eine numerische Bilanz aufzustellen, konstatieren, dass keine historische Epoche in der deutschen Wirtschaftsgeschichte besser erforscht ist als die NS-Zeit. Wie ist die Bilanz dieser Forschungen? Und welche Fragen lassen sich durch sie beantworten?

Ausgangspunkt aller Auftragsprojekte war die Frage, welche Mitverantwortung die untersuchten Institutionen an den Verbrechen des Nationalsozialismus hatten. Dabei spielten vergangenheitspolitische, aber auch Fragen der Wiedergutmachung eine zentrale Rolle. Es ist kein Zufall, dass ein großer Teil der unternehmenshistorischen Studien initiiert wurde, als nach der deutschen Wiedervereinigung die Entschädigung der Zwangsarbeiter auf der politischen Tagesordnung

---

[7] Das Projekt zum Wirtschaftsministerium wurde kürzlich abgeschlossen: Vgl. Werner Abelshauser u. a. (Hrsg.), Wirtschaftspolitik in Deutschland 1917–1990, 4 Bde., München 2016. Zum Reichsfinanz- und zum Arbeitsministerium liegen erste Ergebnisse vor: Christiane Kuller, Bürokratie und Verbrechen. Antisemitische Finanzpolitik und Verwaltungspraxis im nationalsozialistischen Deutschland, München 2013; Alexander Nützenadel (Hrsg.), Das Reichsarbeitsministerium im Nationalsozialismus. Verwaltung – Politik – Verbrechen, Göttingen 2017.
[8] Vgl. Christian Mentel/Niels Weise, Die zentralen deutschen Behörden und der Nationalsozialismus. Stand und Perspektiven der Forschung, München 2016.

stand. Ausbeutung und unmenschliche Behandlung von ausländischen Zwangsarbeitern waren aber nur ein Aspekt in der Verbrechensbilanz des Nationalsozialismus, der aufgearbeitet werden sollte. Weitere zentrale Themen stellten die Arisierung jüdischen Vermögens, die Ausgrenzung rassisch oder politisch Verfolgter im Bereich der Finanzpolitik oder der Sozialversicherung sowie die Goldtransfers im Zweiten Weltkrieg dar. Die zahlreichen Einzelbefunde sind, angeregt nicht zuletzt durch die Forschungen Götz Alys, auch in einen größeren Kontext gestellt worden.[9] Dabei ging es darum, neben den Verbrechen einzelner Personen und Institutionen auch die Frage zu stellen, inwiefern die nationalsozialistische „Gefälligkeitsdiktatur" durch die Arisierung jüdischen Besitzes, die millionenfache Zwangsarbeit und die systematische finanzielle Ausbeutung der besetzten Gebiete ermöglicht wurde. Letztlich ging es Aly darum, eine rationale ökonomische Begründung für die Verbrechen des „Dritten Reiches" zu liefern. Seine Thesen haben nicht nur inhaltlich, sondern auch aus methodischen Gründen viel Widerspruch erfahren. Speziell die umfassenden Forschungen von Adam Tooze haben ein weitaus differenzierteres Bild des nationalsozialistischen Wirtschaftssystems gezeichnet, das die Interpretation des „Dritten Reiches" als sozialpolitisch erfolgreichen „Volksstaat" in Frage stellt.[10] Dennoch hat die Diskussion um Alys Thesen deutlich gemacht, dass eine ökonomische Bilanz der nationalsozialistischen Verfolgung und Vernichtung noch immer aussteht.[11]

Neben der wirtschaftshistorischen Bewertung der nationalsozialistischen Verbrechen untersuchen die meisten Studien, welche Handlungsspielräume wirtschaftliche Akteure – und insbesondere Unternehmen – im Kontext der nationalsozialistischen Wirtschaftsplanung besaßen. Bei allen kontroversen Bewertungen im Detail dürfte ein weitgehender Konsens darüber bestehen, dass „sich die deutschen Unternehmer und Manager in ihrer übergroßen Mehrheit nicht anders

---

[9] Vgl. Götz Aly, Hitlers Volksstaat. Raub, Rassenkrieg und nationaler Sozialismus, Frankfurt a. M. 2005.
[10] Vgl. J. Adam Tooze, Wages of Destruction. The Making and Breaking of the Nazi Economy, London 2006.
[11] Wichtige neuere Forschung in: Jonas Scherner/Eugene N. White (Hrsg.), Paying for Hitler's War. The Consequences of Nazi Hegemony for Europe, New York 2016. Der Band macht deutlich, dass die Gewinne durch die wirtschaftliche Ausbeutung weitaus geringer waren als die Kosten, die in den Volkswirtschaften der betroffenen Länder entstanden.

verhielten als der Rest der deutschen Gesellschaft".[12] Unabhängig von ihrer jeweiligen politischen Positionierung beziehungsweise Affinität zum NS-System jedoch verfolgten die Unternehmen die eigenen Interessen zielgerichtet und versuchten, Handlungsspielräume zum eigenen Vorteil zu nutzen.[13] Das NS-Regime selbst erkannte, dass mit zentralisierten Befehlsstrukturen allein die wirtschaftliche Mobilisierung nicht zu bewältigen war. Zugleich erwiesen sich die meisten Unternehmen nicht nur politisch, sondern auch in der geschäftlichen Ausrichtung als überaus flexibel. Diese Anpassungsfähigkeit an radikal veränderte politisch-institutionelle Bedingungen ist ein organisationssoziologisches Phänomen, das über den Einzelfall hinaus noch stärker thematisiert werden müsste. Gerade für die deutsche Geschichte mit ihren zahlreichen Umbrüchen und Systemwechseln ist die Kontinuität vieler Unternehmen ein bemerkenswerter historischer Befund, der auf die spezifischen Anpassungsleistungen sowie einen hohen Grad institutioneller Resilienz hindeutet.

Diese Organisationsleistung ist nicht zuletzt mit Blick auf die nationalsozialistische Kriegswirtschaft erklärungswürdig: Wie gelingt es einem System, das auf dezentrale Marktmechanismen (Preise als Knappheitsindikatoren, unternehmerischer Wettbewerb und so weiter) weitgehend verzichtet, die enormen Herausforderungen der Aufrüstung und Ressourcenmobilisierung zu bewältigen? Dass dieses System langfristig auf eine Selbstzerstörung hinauslief beziehungsweise nur durch systematische Expansion und Ausbeutung der Ressourcen in den besetzten europäischen Gebieten in Gang gehalten wurde, ändert nichts an der (kurzfristigen) Leistungsfähigkeit der nationalsozialistischen Kriegswirtschaft. Bis in die späten Kriegsjahre hinein waren die Produktivitätsfortschritte beachtlich, die Organisation des Arbeitsmarktes funktionierte besser als angenommen, und in den besetzten Gebieten kam es neben Zwang und Ausbeutung auch zu einem erheblichen Maß an Kollaboration. Das ältere Bild einer ineffizienten, durch polykratische Rivalität und organisatorische Zersetzung gepräg-

---

[12] Norbert Frei, Die Wirtschaft des „Dritten Reiches". Überlegungen zu einem Perspektivenwechsel, in: ders./Tim Schanetzky (Hrsg.), Unternehmen im Nationalsozialismus. Zur Historisierung einer Forschungskonjunktur, Göttingen 2010, S. 9–24, hier S. 23.
[13] Vgl. Christoph Buchheim, Unternehmen in Deutschland und NS-Regime 1933–1945. Versuch einer Synthese, in: Historische Zeitschrift 282 (2006), S. 353–390.

ten Wirtschaftsordnung gilt daher als überholt. Offenbar gelang es dem Regime trotz zunehmender Zwangslagen, die Anreizstrukturen so zu setzen, dass private Unternehmen im Sinne der NS-Kriegsführung funktionierten.[14]

2. Perspektiven

Welche Perspektiven ergeben sich auf der Grundlage dieser knappen Bilanz? Erstens sollte die wirtschaftshistorische Forschung noch stärker nach dem ökonomischen Systemcharakter des NS-Regimes und anderer faschistischer Diktaturen im Zeitalter der Weltkriege fragen. Ältere Theorien sind hierfür wenig geeignet. Dies gilt für marxistische Interpretationen, welche diese Diktaturen als spätkapitalistisches Krisenphänomen deuten, aber auch für totalitarismustheoretische Ansätze, die wenig Interesse an ökonomischen Analysen hatten und lediglich den planwirtschaftlichen Charakter als gemeinsames Element herausarbeiteten. Systemtheoretische Deutungen, wie sie von Werner Plumpe vertreten werden, können zwar Prozesse der funktionalen Entdifferenzierung und die damit verbundenen Steuerungsprobleme angemessen beschreiben.[15] Für eine typologisierende Einordnung der verschiedenen Diktatursysteme sind diese Ansätze allerdings wenig geeignet. Zudem wird das spezifische Zusammenspiel von staatlichen Lenkungsinstanzen und privatwirtschaftlichen Institutionen nur unzureichend erfasst. Die hybride und sich ständig anpassende Organisationsform der Wirtschaft war vermutlich nicht nur eine aus dem Krieg geborene Notlösung, sondern ein charakteristisches Merkmal der Wirtschaftsorganisation in den meisten Diktaturen. Um diesem Phänomen gerecht zu werden, wäre es wichtig, diese systemischen Merkmale mit den langfristigen Planungsvorstellungen zu verknüpfen, welche die verantwortlichen Akteure ihrem Handeln zugrunde legten.

Zweitens bedarf es einer differenzierten Einordnung der Diktaturen in die langfristige wirtschaftliche Entwicklung des 20. Jahrhunderts. Dabei geht es weniger um die Bestimmung der personellen Kontinuitä-

---

[14] Vgl. Lutz Budraß/Jonas Scherner/Jochen Streb, Fixed-price Contracts, Learning and Outsourcing. Explaining the Continuous Growth of Output and Labour Productivity in the German Aircraft Industry during World War II, in: *Economic History Review* 63 (2010), S. 107–136.

[15] Vgl. Werner Plumpe, Die Wirtschafts- und Unternehmensgeschichte des Nationalsozialismus. Überlegungen aus systemtheoretischer Perspektive, in: Jahrbuch für Wirtschaftsgeschichte 45 (2004), H. 2, S. 241–245.

ten bei den wirtschaftlichen Eliten oder der Unternehmensstrukturen im Übergang vom „Dritten Reich" zur Nachkriegszeit. Eher stellt sich die Frage, wie sich die Epoche der Diktaturen in die übergreifenden ökonomischen Trends und Strukturbrüche dieses Jahrhunderts einfügte. Die ältere Diskussion, die vor allem von Knut Borchardt und Werner Abelshauser geführt wurde, bedarf weiterer, systematischer Untersuchungen.[16] Nach wie vor gelten die Diktaturen der Zwischenkriegszeit als Unterbrechungen eines langfristigen Entwicklungspfades. Fraglich ist allerdings, ob ihre Bedeutung nicht doch viel größer war.[17] Worin liegt aus ökonomischer Sicht – jenseits der jeweiligen vergangenheitspolitischen Aspekte – das spezifische Erbe dieser Diktaturen?

Drittens scheint die vergleichende beziehungsweise transnationale Einbettung der wirtschaftshistorischen Erforschung der europäischen Diktaturen eine der großen Herausforderungen zu sein. Die Forderungen nach einer stärkeren transnationalen oder gar globalen Perspektive gehört innerhalb der historischen Forschung zwar längst zum Standardrepertoire, welches beinahe zwanghaft auf alle Gegenstände und Epochen angewendet wird. Für die Wirtschaftsgeschichte ist das Fehlen einer solchen transnationalen Perspektive allerdings besonders auffällig; die meisten Studien bewegen sich ausschließlich im nationalen Referenzrahmen. Lediglich im Kontext der nationalsozialistischen Expansion werden die spezifischen ökonomischen Verflechtungen thematisiert. Die ansonsten zu beobachtende Fixierung auf die jeweiligen Nationalökonomien mag nicht zuletzt damit zusammenhängen, dass die Diktaturen der Zwischenkriegszeit mit radikalen Autarkiekonzepten operierten, welche die Abkopplung vom Weltmarkt und die Herauslösung von internationalen Finanzströmen als langfristiges Programm konzipierten. Ungeachtet solcher Vorstellungen war „Autarkie" aber nie als im engeren Sinne nationales Pro-

---

[16] Vgl. Knut Borchardt, Trend, Zyklus, Strukturbrüche, Zufall. Was bestimmt die deutsche Wirtschaftsgeschichte des 20. Jahrhunderts?, in: ders. (Hrsg.), Wachstum, Krisen, Handlungsspielräume der Wirtschaftspolitik, Göttingen 1982, S. 100–150; Werner Abelshauser, Kriegswirtschaft und Wirtschaftswunder. Deutschlands wirtschaftliche Mobilisierung für den Zweiten Weltkrieg und die Folgen für die Nachkriegszeit, in: Vierteljahrshefte für Zeitgeschichte 47 (1999), S. 503–538.
[17] Vgl. Albrecht Ritschl, Der späte Fluch des Dritten Reiches. Pfadabhängigkeiten in der Entstehung der bundesdeutschen Wirtschaftsordnung, in: Perspektiven der Wirtschaftspolitik 5 (2005), S. 151–170.

gramm angelegt, sondern eher als politisch-militärische Absicherung von Ressourcen durch die Etablierung von Großwirtschaftsräumen.

Darüber hinaus stellt sich die Frage, in welchem Umfang die Ideen der wirtschaftlichen Steuerung, wie sie in den Diktaturen entwickelt wurden, auf wechselseitigen Wahrnehmungen und übergreifenden Diskursen beruhten. Bekanntlich stieß der italienische Korporatismus in den späten 1920er Jahren im Ausland auf großes Interesse, weil er ein neues Modell zur Ausgestaltung komplexer wirtschaftlicher Steuerungsaufgaben und zur Bewältigung von Konflikten bereitzustellen schien.[18] Diese Transfergeschichte ist bislang überhaupt nicht in den Blick genommen worden. Vielmehr wird davon ausgegangen, dass etwa das nationalsozialistische Deutschland oder das faschistische Italien ihre Wirtschaftspolitik weitgehend autonom gestalteten. Insbesondere aber fehlen Vergleiche zwischen den unterschiedlichen Diktaturen, die selbstverständlich nicht nur auf der Makroebene angelegt sein dürfen, sondern um Vergleiche von Unternehmen, wirtschaftspolitischen Institutionen oder Teilmärkten ergänzt werden müssten.[19] Für eine solche übergreifende transnationale Wirtschaftsgeschichte der europäischen Diktaturen bedarf es freilich weiterer Grundlagenforschung, vor allem zu den Ländern Süd- und Osteuropas, deren autoritäre Regime der Umgestaltung der wirtschaftlichen Ordnung ebenso viel Aufmerksamkeit widmeten wie der Nationalsozialismus in Deutschland.

[18] Vgl. Wolfgang Schieder, Das italienische Experiment. Der Faschismus als Vorbild in der Krise der Weimarer Republik, in: Historische Zeitschrift 262 (1996), S. 73–125.
[19] Vgl. z.B. Stephanie Tilly, Arbeit – Macht – Markt. Industrieller Arbeitsmarkt 1900–1929. Deutschland und Italien im Vergleich, Berlin 2006; Daniela Liebscher, Freude und Arbeit. Zur internationalen Freizeit- und Sozialpolitik des faschistischen Italien und des NS-Regimes, Köln 2009.

Albrecht Ritschl

Kommentar

Wie soll man, kann man die in grober Annäherung als faschistisch bezeichneten Diktaturen der Zwischenkriegszeit aus wirtschaftshistorischer Sicht analysieren? Gibt es eine gemeinsame Klammer, die eine vergleichende Betrachtung erlaubt und sinnvolle Schlüsse ermöglicht? Oder muss die Untersuchung bei den äußerlichen Ähnlichkeiten stehenbleiben und eine systematisierende Betrachtung überhaupt aufgeben? Alexander Nützenadels gedankenreicher Beitrag konstatiert, dass ältere Theorien sich als wenig geeignet erwiesen haben, um den ökonomischen Systemcharakter faschistischer Diktaturen zu analysieren; weder der Marxismus noch die Totalitarismustheorie haben hierzu bleibende Einsichten vermitteln können. Nützenadel stellt die Wirtschaftspolitik dieser Diktaturen in einen längerfristigen Zusammenhang und stellt der – allerdings nur für Konjunkturen und Wachstumspfade aufgestellten – Strukturbruchthese eine Kontinuitätsvermutung entgegen. Anhaltspunkte bieten die gemeinsame Verankerung dieser Politiken in der Erfahrung mit der Kriegswirtschaft des Ersten Weltkriegs, ihr unorthodoxer Umgang mit den schweren Verwerfungen im Zuge der Weltwirtschaftskrise, ihr Experimentieren mit korporatistischen Wirtschaftsformen und nicht zuletzt die Langlebigkeit ihrer regulierenden Eingriffe und Marktordnungen, die ebenfalls auf einen nicht nur transitorischen Charakter dieser im Faschismus geschaffenen Wirtschaftssysteme hinweist.

1. Kriegswirtschaften

Vordergründig speisen sich die Gemeinsamkeiten aus der Inanspruchnahme des vom Ersten Weltkrieg her vertrauten Ausnahmezustands mit seinen kriegswirtschaftlichen Sondervollmachten. Bereits 1920 hatte Carl Schmitt Souveränität als die Herrschaft über den Ausnahmezustand definiert und postuliert, dass kein verfassungsmäßiges Regelwerk zur Aufrechterhaltung der Staatlichkeit im Extremfall geeignet sei.[1] Ein gemeinsamer Zug aller Faschismen war die Übertragung der kriegsmäßigen Mobilisierung auf alle Lebensbereiche, charakteris-

---

[1] Vgl. Carl Schmitt, Politische Theologie. Vier Kapitel zur Lehre von der Souveränität, Berlin 1922.

tischerweise allerdings paramilitärisch organisiert und nicht innerhalb des eigentlichen militärischen Apparats. Verstärkt wird dieser Eindruck eines fehlenden militärischen Machtmonopols durch das regelmäßige Auftreten stark bewaffneter Elitetruppen außerhalb der Militärhierarchie, die sich durch ideologischen Eifer und besondere Grausamkeit hervortaten und zum offiziellen Militär in oft scharfer Rivalität standen. Dieses Phänomen lässt sich bis in die nach dem Zweiten Weltkrieg errichteten Diktaturen des Nahen Ostens oder die aus ihren Trümmern entstandenen islamischen Republiken verfolgen. So können, eventuell mit Ausnahme Portugals, die faschistischen Systeme nicht lediglich als Militärdiktaturen mit ausgedehnten wirtschaftlichen Interessen bezeichnet werden. Ein ausgedehnter militärisch-industrieller Komplex bestand zwar in allen Fällen, aber sowohl das Militär als auch die Industrie dienten dem faschistischen System, nicht umgekehrt, wie es die marxistische Interpretation verstehen wollte. Faschismus ist ebenso wenig der lediglich wiederbelebte Kriegssozialismus des Ersten Weltkriegs. Im Gegenteil scheint es, als habe er mit Verspätung das dort noch schwach ausgeprägte populistische Element einer Fanatisierung der Bevölkerung und einer Bildung irregulärer Verbände – oftmals in abgelegten oder nachempfundenen Uniformen von Spezialeinheiten der Weltkriegsarmeen – nachgeliefert.

Umgekehrt aber lässt sich auch das Phänomen eines Rückgriffs auf kriegswirtschaftliche Vollmachten ohne den Versuch einer Faschisierung der Gesellschaft antreffen. So stützte sich etwa das Banken- und finanzpolitische Notstandsprogramm des frisch gewählten US-Präsidenten Franklin D. Roosevelt im Frühjahr 1933 auf ein kriegswirtschaftliches Sondergesetz aus dem Jahr 1917, um die Beschränkung der wirtschaftspolitischen Tätigkeit der US-Zentralregierung auf den zwischenstaatlichen Handel zu durchbrechen.[2] Durch diesen Kunstgriff am Rande des Verfassungsbruchs war Roosevelt für eine kurze Zeit Herr des Ausnahmezustands im Sinne Carl Schmitts, ohne aber durch seine Politik der wirtschaftlichen Krisenbekämpfung ein faschistisches System zu errichten.

[2] Zur Vorgeschichte des „Emergency Banking Relief Act" vom März 1933 mit dem Rückgriff auf den „Trading with the Enemy Act" von 1917 vgl. im Überblick Alejandro Komai/Gary Richardson, A History of Financial Regulation in the USA from the Beginning until Today: 1789 to 2011, in: Margarita S. Brose u. a. (Hrsg.), Handbook of Financial Data and Risk Information, Vol. I: Principles and Context, New York 2014, S. 385–425, besonders S. 394.

2. Unorthodoxe Krisenbekämpfung

Der Rückgriff auf kriegswirtschaftliche Methoden als Mittel der volkswirtschaftlichen Krisenbekämpfung in der Weltwirtschaftskrise der Zwischenkriegszeit war allerdings für den deutschen und in geringerem Maß für den italienischen Faschismus ein werbewirksames Markenzeichen, mit Wirkungen weit über diese beiden Länder hinaus. Deutschlands intellektueller Exportartikel der mittleren 1930er Jahre war der Frühkeynesianismus – die sich entwickelnde und in scharfem Gegensatz zur liberalökonomischen Orthodoxie stehende Lehre von der Krisenüberwindung durch staatliche Kreditschöpfung und Ausgabenprogramme. Deutschlands konjunkturpolitische Aktivisten hatten eigene ökonomische Deutungen nicht anzubieten, griffen allerdings im Werden begriffene Doktrinen von John Maynard Keynes rasch und begierig auf.[3] Keynes war offenbar beeindruckt und stellte der noch im selben Jahr erschienenen deutschen Übersetzung seines Hauptwerks von 1936 ein Vorwort voran, in dem er dem totalen Staat in Deutschland bessere Möglichkeiten zur Umsetzung seiner konjunkturpolitischen Ideen bescheinigte als den liberalen Demokratien des Westens.[4] Keynes' einstige Mitstreiterin Joan Robinson erklärte 1971 in einer Festansprache vor der American Economic Association, Hitler habe ein Rezept zur Überwindung der Arbeitslosigkeit gefunden, noch bevor Keynes mit ihrer Erklärung fertig war.[5] Die Rezeptur allerdings war diejenige von Keynes; die deutschen Aktivisten waren Vorreiter allein in ihrer Anwendung. Konjunkturpolitisch originell war der Nationalsozialismus allerdings in der raschen Weiterentwicklung der schon 1931 einsetzenden Devisenbewirtschaftung zu einem umfassenden System einer diskriminierenden Außenhandels- und Devisenkontrolle, das zunehmend wirksam die einseitige deutsche Schuldenstreichung von 1933 absicherte und gewisse Erfolge bei der Umlenkung der Handelsströme weg von den Westmächten hatte. Systeme dieser Art breiteten sich in den 1930er Jahren rasch aus und wurden zum hochprob-

---

[3] Vgl. George Garvy, Keynes and the Economic Activists of Pre-Hitler Germany, in: Journal of Political Economy 83 (1975), S. 391–405.
[4] Vgl. etwa Alexander Gallus, Kapitalismus, Demokratie und „Totaler Staat". John Maynard Keynes und das deutsche Experimentierfeld der Zwischenkriegszeit, in: Frank Schale/Ellen Thümmler (Hrsg.), Den totalitären Staat denken, Baden-Baden 2015, S. 285–312.
[5] Vgl. Joan Robinson, The Second Crisis of Economic Theory. Richard T. Ely Lecture, in: American Economic Review 62 (1972), H. 1/2, S. 1–10.

lematischen Vorbild für die Autarkie- und Importsubstitutionspolitik lateinamerikanischer Schuldnerstaaten der Nachkriegszeit. Deren wirtschaftspolitischer Populismus, oft verbunden mit einer Kopie der Erscheinungsformen des Nationalsozialismus und der südeuropäischen Faschismen, bietet ein eigenes, noch weitgehend unerschlossenes Feld für vergleichende Untersuchungen.

3. Duale Wirtschaftssysteme

Die vorbenannte Deutungsunsicherheit geht in Teilen auf eine Wandlung im ökonomischen Diskurs zurück – welche selbst wieder eine Folge der hier in Rede stehenden Entwicklungen ist. Die vorherrschende ökonomische Theorie und insbesondere die deutsche Ordnungsökonomik gingen nach dem Zweiten Weltkrieg recht selbstverständlich von einer weitgehend bipolaren Weltsicht aus, die einen Gegensatz zwischen individualistischen und kollektivistischen Gesellschafts- und Ordnungsvorstellungen zur theoretischen Voraussetzung hatte und auch empirisch vorfinden wollte.[6] In der Zwischenkriegszeit waren solche Auffassungen durchaus nicht unbekannt, sie lagen aber nicht in der Hauptströmung des ökonomischen oder des beginnenden soziologischen Diskurses. Mit großer Selbstverständlichkeit wurden dualistische Systeme vertreten, die dem Staat eine eigene Legitimationssphäre zuerkannten, die sich nicht ausschließlich aus einem individualistischen Prinzip herleitete.[7] Diese Legitimation wurde nur verschiedenartig konstruiert, was einerseits tiefliegende Gemeinsamkeiten der faschistischen Systeme überdeckte, andererseits aber auch zu verschiedenen Strukturen führte, deren genaue vergleichende Analyse, wie Nützenadel anmahnt, noch weitgehend aussteht.

Die Besonderheit des deutschen Ansatzes darf nicht ohne weiteres nur im Sonderweg der deutschen Wirtschaftswissenschaft gesehen werden, wie dies mit vielen anderen etwa Avraham Barkai getan hat.[8] Der Nationalsozialismus mag sich romantischer, völkischer und etatistischer Vorlagen bedient haben; ihn allerdings damit gleichzusetzen,

---

[6] Vgl. hierzu paradigmatisch Walter Eucken, Die Grundlagen der Nationalökonomie, Jena 1939.

[7] Vgl. hierzu statt vieler mit einem internationalen Literaturüberblick Wilhelm Gerloff, Grundlegung der Finanzwissenschaft, in: Handbuch der Finanzwissenschaft Bd. 1, Tübingen 1926.

[8] Vgl. Avram Barkai, Das Wirtschaftssystem des Nationalsozialismus. Der historische und ideologische Hintergrund 1933–1936, Frankfurt a. M. ²1988.

wäre doch nicht mehr als eine Verkürzung und würde die notwendige Tiefenperspektive verstellen. Mit den südeuropäischen Faschismen hat er teilweise einen Rückbezug auf die katholische Soziallehre und auf korporatistische Utopien gemeinsam, insbesondere in seiner Frühphase mit der Aufnahme organischer Gesellschaftsvorstellungen,[9] dem Rückgriff auf das kirchliche Zinsverbot sowie auf ein quasireligiös verklärtes, staatlich-kirchliches Lehnssystem.[10] Auch diese Analogien sind allerdings kaum mehr als oberflächlich. Bezeichnenderweise kam keines dieser Ideologeme im Dritten Reich zur Verwirklichung, und ihre Verfechter wurden nach kurzer Zeit kaltgestellt. Der unzweifelhaft bestehende Dualismus zwischen Staat und Individuum im Nationalsozialismus hatte andere Wurzeln. Mit Romantik, Ständestaatsideal, Freiland und Freigeld[11] hatten sie wenig zu tun. Dem NS-Staat waren derlei Ideologien allenfalls Mittel zum Zweck, eine schlagkräftige Kriegswirtschaft bei Vermeidung von sozialen und Hungerkrisen zu schaffen. Auf eine bestimmte Organisationsform war man ideologisch nicht festgelegt; entsprechend fluide – und oftmals als chaotisch missverstanden, dabei aber in ihrer Effizienz vermutlich unterschätzt – blieben die tatsächlich gewählten Strukturen. Einer Einordnung entzieht sich dieses Gefüge. Die permanente Umstrukturierung des Planungsapparats im Dritten Reich hat in der späteren Interpretation zu allen Zeiten Verwirrung hervorgerufen.

4. Die malthusianische Grundlage der NS-Wirtschaftsideologie

Womöglich muss man aber nach einer wirtschaftlichen Ideologie des Nationalsozialismus nicht erst suchen – er ist selbst schon Wirtschaftsideologie, obgleich oder gerade indem ein gewisser Opportunismus in der konkreten Gestaltung der Wirtschaftsordnung nicht übersehen wer-

[9] Politisch und akademisch einflussreich vgl. insbesondere Albert Schäffle, Bau und Leben des socialen Körpers. Encyclopädischer Entwurf einer realen Anatomie, Physiologie und Psychologie der menschlichen Gesellschaft mit besonderer Rücksicht auf die Volkswirthschaftslehre als socialen Stoffwechsel, 4 Bde., Tübingen 1875–1878.
[10] Deutlich sichtbar sind diese Bezüge in der Frühschrift von Gottfried Feder, Das Manifest zur Brechung der Zinsknechtschaft des Geldes, Dießen a. Ammersee 1919.
[11] Vgl. Silvio Gesell, Die natürliche Wirtschaftsordnung durch Freiland und Freigeld, Les Hauts-Geneveys 1916.

den kann.[12] Unverrückbare ideologische Konstanten sind die Kernthemen des Missverhältnisses von Volkszahl und Lebensraum, des fortwährenden Bevölkerungsdrucks und der Notwendigkeit eines unmittelbar bevorstehenden, alle Moral übersteigenden Vernichtungskampfes. Dies sind aber die alten Topoi des bevölkerungsökonomischen Wachstumspessimismus von Robert Malthus mit seiner Auffassung von gesellschaftlicher Entwicklung als einem Nullsummenspiel, einer fortwährenden unerbittlichen Nahrungskonkurrenz ohne Aussicht auf wirksame Besserung, allenfalls darwinistisch überhöht durch die Heroisierung der Auslese der Stärksten im Kampf um den besten Futterplatz. Das zentrale Konstrukt in diesem Diskurs ist eine *imagined community*,[13] die nach physischen, vorgeblich rassischen Merkmalen imaginierte Volksgemeinschaft, deren Überleben als Genpool in Rede steht, wozu der Einsatz sämtlicher Mittel von Eugenik und Euthanasie bis hin zu Landraub, Massenaushungerung und Massenvernichtung nicht nur dient, sondern unter Heranziehung des – wiederum vorgestellten – malthusianischen Nahrungsdilemmas als unausweichliche Notwendigkeit präsentiert wird. Der Nationalsozialismus hat keines dieser Ideologeme erfunden, die sich vereinzelt zur gleichen Zeit unschwer auch anderswo auffinden lassen; Ungleichzeitigkeiten können überdies vermutet werden. Einstweilen sei für ein künftiges wirtschaftshistorisches Programm vergleichender Diktaturforschung die Arbeitshypothese aufgestellt, dass nur an einem historischen Brennpunkt alle diese Elemente zusammenkamen: dem Nationalsozialismus mit seiner aggressiven Deutung der malthusianischen *land-to-labour ratio* als des Missverhältnisses von Volkszahl und Lebensraum.

[12] Vgl. ausführlicher Albrecht Ritschl, Die Wirtschaftspolitik des Dritten Reichs. Ein Überblick, in: Karl-Dietrich Bracher/Manfred Funke/Hans-Adolf Jacobsen (Hrsg.), Deutschland 1933–1945. Neue Studien zur nationalsozialistischen Herrschaft, Düsseldorf 1992, S. 118–134.
[13] Vgl. paradigmenbildend hierzu Benedict Anderson, Imagined Communities. Reflections on the Origin and Spread of Nationalism, London 1983.

Rüdiger Hachtmann
Institutionen in Diktaturen

„Institutionen" und damit auch die „Institutionengeschichte" sind ein weites Feld. Daran ändert sich wenig, wenn man nur die politischen Institutionen fokussiert. Denn gerade in Diktaturen sind letztlich alle Institutionen politisch – auch zum Beispiel scheinbar „kleine" Institutionen wie die NS-„Vertrauensräte" ab 1934 und die Betriebsgewerkschaftsleitungen (BGL) in der DDR. Im Dritten Reich besaßen die Vertrauensräte als vorgebliche Belegschaftsinstitutionen faktisch keine große Bedeutung; seit 1936 schwand das Wenige an Einfluss, das ihnen 1934 und 1935 zugebilligt worden war. Sie zerfielen auch institutionell, oft noch in den Vorkriegsjahren. Anders entwickelten sich die BGL. Sie waren ursprünglich als Transmissionsriemen von Partei und Freiem Deutschen Gewerkschaftsbund (FDGB) in die Betriebe hinein konzipiert, konnten jedoch ein erhebliches Eigenleben entwickeln und beträchtlichen Einfluss besitzen.

Umgekehrt verhält es sich mit den „großen" politischen Institutionen. Der FDGB etwa blieb zeit seines vierzigjährigen Lebens faktisch ein Anhängsel der SED, während die Deutsche Arbeitsfront (DAF) und überhaupt die formaliter der Staatspartei NSDAP unterstellten NS-Massenverbände als Institutionen eigener Ordnung ein erhebliches politisches Eigengewicht entwickelten.[1] Sie gehörten zu den Zentralinstitutionen der „Neuen Staatlichkeit" des Nationalsozialismus. Neben den wichtigen NS-Massenverbänden wie SS und Arbeitsfront zählten zu dieser Neuen Staatlichkeit institutionell außerdem Hitler und Göring unmittelbar unterstellte Sonderkommissare und -beauftragte wie Fritz Todt, Fritz Sauckel und andere, einschließlich der neuen Ministerien unter Joseph Goebbels, Hermann Göring, Todt, Albert Speer oder Alfred Rosenberg, ferner die NSDAP-Gauleiter.

Im Folgenden wird der Blick auf die NS-Diktatur gerichtet, andere Regime lediglich knapp vergleichend einbezogen. Der Fokus liegt auf den „großen" politischen Institutionen der gesamtstaatlichen Ebene. Ausgeblendet werden neben den militärischen Institutionen (die sich

---

[1] Vgl. Rüdiger Hachtmann, Überlegungen zur Vergleichbarkeit von Deutscher Arbeitsfront und Freiem Deutschen Gewerkschaftsbund, in: Günther Heydemann/Heinrich Oberreuter (Hrsg.), Diktaturen in Deutschland – Vergleichsaspekte: Strukturen, Institutionen und Verhaltensweisen, Berlin 2003, S. 366–395.

gleichfalls mit dem Konzept der Neuen Staatlichkeit verknüpfen lassen[2]) politische und administrative Instanzen auf der mittleren und
lokalen Ebene, Wirtschaftsorganisationen und ebenso private Unternehmen, die natürlich auch Institutionen sind, sowie die (ebenfalls
keineswegs unpolitischen) Wissenschaftsinstitutionen.

1. Sechs Thesen zur Institutionengeschichte der NS-Diktatur

Zunächst seien zur Geschichte der gesamtstaatlichen Institutionen des
NS-Regimes sechs Thesen formuliert.

Erstens: Die politischen Institutionen der europäischen Diktaturen
des 20. Jahrhunderts und deren Verknüpfungen sowohl untereinander
als auch mit den anderen Subsystemen (Wirtschaft, Wissenschaft,
Militär, Kultur und so weiter) unterscheiden sich fundamental voneinander. Während die realsozialistischen Gesellschaften, dem Anspruch
nach und zu Teilen auch tatsächlich, trotz einiger Freiräume auf regio-
naler und lokaler Ebene zentralistisch gelenkt wurden, entwickelte
sich im Dritten Reich ein Institutionengeflecht, das als Gesamtkomplex
– von der Person des Diktators abgesehen – keineswegs zentral gesteuert und aufeinander abgestimmt war. Das Institutionengefüge des
Dritten Reiches wurde durch ständige Veränderungen in den Macht-
und Einflussstrukturen geprägt und ist durch das Auftauchen immer
neuer Instanzen charakterisiert – die im Wesentlichen nur durch die
Person Hitler zusammengehalten wurden. Die traditionelle NS-Forschung hat diese Struktur mit dem Terminus „Polykratie" zu fassen
versucht, ein Begriff, der eine gewisse systemische Starre suggeriert
und die außerordentliche Dynamik ausblendet, die den Nationalsozialismus auch von vergleichbaren Faschismen, etwa dem italienischen,
unterscheidet.

Insofern sind zweitens auch „Herrschaftssystem" und verwandte
Termini wie „Subsystem" für das Dritte Reich letztlich problematische
Begrifflichkeiten. Sie suggerieren ein statisches Ordnungsgefüge, eine

---

[2] Vgl. dazu den biographisch fokussierten Aufsatz (der wichtige Aufschlüsse
auch über institutionelle Verknüpfungen bietet) von Paul Fröhlich/Alexander
Kranz, Generäle auf Abwegen? Ludwig Ritter von Radlmaier, Adolf von Schell
und die Rüstungsbürokratie des Dritten Reiches zwischen militärischer Tradition und „Neuer Staatlichkeit", in: Vierteljahrshefte für Zeitgeschichte 64
(2016), S. 227–253.

starre Institutionenstruktur und ein bestimmtes Staatssystem als Ziel, auf das das NS-Regime irgendwie hinsteuerte. Dies war jedoch niemals der Fall. Das politische Herrschaftssystem, damit auch das Gefüge an politischen Institutionen und ebenso deren Binnenstruktur, war (trotz Führerprinzip) nicht *a priori* festgelegt. Es wurde nach herrschaftspragmatischen Gesichtspunkten ständig modifiziert und den sich zwischen 1933 und 1945 rasch verändernden Bedingungen angepasst. Symptomatisch ist, dass Hitler der Deutschen Arbeitsfront im Mai 1933 den freundlich gemeinten Ratschlag auf den Weg gab, sie solle sich ihren Charakter als „Wechselbalg"[3] erhalten, das heißt in ihren Organisationsstrukturen veränderbar und elastisch bleiben. Noch weit im Krieg sprachen Robert Ley und andere ausdrücklich davon, dass „die gesamte Deutsche Arbeitsfront" ein „einziges großes Versuchsfeld"[4] sei und bleiben solle. Die Termini „Wechselbalg" und „Versuchsfeld" sind nicht auf die DAF zu beschränken, sondern tendenziell auf alle politischen NS-Institutionen auszuweiten.

Die Neue Staatlichkeit des NS folgte keinem Masterplan, setzte sich aber auch nicht hinter dem Rücken der Akteure durch. Sie war Resultat eines Willens zur pragmatischen Improvisation. Die politisch-institutionellen Strukturen sollten flexibel und – entsprechend den äußeren Umständen – veränderbar gehalten werden. Andere politische Systeme, auch andere Faschismen ebenso wie Militärdiktaturen oder der Stalinismus, wollten deutlich stärker konturierte, staatliche und tendenziell auf Dauer angelegte Strukturen ausbilden. Keine dauerhaften staatlichen Strukturen schaffen zu wollen, scheint mir ein Spezifikum des NS-Systems gewesen zu sein.

Drittens ist ein zentrales Ergebnis von Bernhard Gottos wichtiger Studie über Augsburg[5] immer mitzudenken und überdies zu verallgemeinern: Wie die Kommunalverwaltungen im lokalen Bereich wurden auf zentralstaatlicher Ebene namentlich die Reichsministerien mit ihren nachgeordneten traditionalen Behörden zu Stabilitätsankern, die die voluntaristische und sprunghaft anmutende Praxis der NS-Pro-

---

[3] Hitler nach den Worten von Ley, zit. nach: Der Parteitag der Arbeit vom 6. bis 13. September 1937. Offizieller Bericht über den Verlauf des Reichsparteitages mit sämtlichen Kongreßreden, München 1937, S. 265.
[4] Robert Ley, Haltet den Sieg und beutet ihn aus, Berlin 1941 (nicht paginiert).
[5] Vgl. Bernhard Gotto, Nationalsozialistische Kommunalpolitik. Administrative Normalität und Systemstabilisierung durch die Augsburger Stadtverwaltung 1933–1945, München 2006, resümierend S. 423 ff., 433 f.

tagonisten und immer neuen Sonderkommissariate austarierten sowie
darüber hinaus überhaupt die katastrophischen Utopien des NS erde-
ten und realisierbar machten.

Das NS-Herrschaftssystem lässt sich viertens nicht verstehen, wenn
man es am bürgerlichen Anstaltsstaat misst oder auch mit autoritären
Formen „bürokratischer Herrschaft" vergleicht. Auch der Vergleich mit
dem Stalinismus, nachstalinistischen Regimen, dem Mussolini-Faschis-
mus, dem japanischen Militärregime oder auch dem Kemalismus führt
nur begrenzt weiter. Wenn man wiederum die Binnenstruktur der NS-
Diktatur mit der Weimarer Republik oder der Bundesrepublik vergleicht
und den demokratisch-„bürgerlichen Staat" zum Kriterium macht, kann
man (wie Hans Mommsen, Hans-Ulrich Wehler, Dieter Rebentisch, Martin Broszat und andere) mit Blick auf die nationalsozialistische Diktatur
nur „Verfall", „Auflösung" oder Ineffizienz konstatieren.

Zu erklären sind jedoch weniger Reibungsverluste, die aus einem
vorgeblichen Kompetenzwirrwarr entstanden, und der Untergang des
Hitler-Regimes, sondern (fünftens) umgekehrt dessen ungeahnt rasan-
ter Aufstieg, seine fürchterliche Fähigkeit, barbarische Verbrechen
nicht nur ideologisch zu postulieren, sondern in aller Konsequenz
auch praktisch umsetzen und gegenüber zusammengenommen öko-
nomisch, militärisch und wissenschaftlich hoch überlegenen Gegnern
sechs Jahre lang einen Weltkrieg durchzuhalten. Dies bekommt man
nur dann analytisch zu fassen, wenn man dem Eigengewicht der Neuen
Staatlichkeit des NS – dem „Neuen" – angemessenen Raum lässt.
Dies gilt, obwohl die markanten Institutionen dieser Neuen Staatlichkeit gleichfalls eine spezifische Vorgeschichte besitzen, also auch das
scheinbar Neue so neu nicht war. Dies gilt nicht zuletzt für die „Sonderkommissare", die eine längere Vorgeschichte besitzen. Darauf wird
am Schluss zurückzukommen sein.

Institutionell basierte die Neue Staatlichkeit des NS – auf der hier
thematisierten Reichsebene – auf drei Elementen: den Sonderkommissaren, den NS-Organisationen und den Ministerien. Ich klam-
mere dabei jetzt unter anderem die NSDAP-Gauleiter als Regionalfürsten mit sehr weitgehenden Handlungsfreiheiten[6] ebenso aus wie die

---

[6] Vgl. Rüdiger Hachtmann, ‚Neue Staatlichkeit' im NS-System. Überlegungen
zu einer systematischen Theorie des NS-Herrschaftssystems und ihrer Anwendung auf die mittlere Ebene der Gaue, in: Jürgen John/Horst Möller/Thomas
Schaarschmidt (Hrsg.), Die NS-Gaue. Regionale Mittelinstanzen im zentralisti-
schen „Führerstaat", München 2007, S. 56–79.

sogenannten Selbstverwaltungen der Wirtschaft und der Wissenschaften.

Sechstens: Die (Massen-)Organisationen des NS wiesen starke Züge „charismatischer Verwaltungsstäbe" auf – wenn man, nach Max Webers Modell, die unbedingte Orientierung auf den charismatischen Herrn, die Rekrutierungspraxis und auch das teilweise labile innere Organisationsgefüge zum Kriterium macht.[7] Selbstverständlich trägt das Konzept der „charismatischen Herrschaft" nur begrenzt, allein weil Weber dieses Konzept an historischen Beispielen vor allem aus der Frühen Neuzeit gewonnen hat und moderne Industrie, modernes Militär, moderne Wissenschaften immer auch Berechenbarkeit und einen Mindestgrad an institutioneller Arbeitsteilung, also Elemente voraussetzen, die „charismatischer Herrschaft" strukturell entgegenstehen.

2. Neue Staatlichkeit des Nationalsozialismus

Wichtig mit Blick auf die hier unter dem Titel „Neue Staatlichkeit" – zugegeben eine terminologische Krücke – vorgestellten konzeptionellen Überlegungen zum NS-Herrschaftssystem ist viererlei: Sie knüpfen an die Polykratietheorie an, die in ihrer Substanz auf Franz Leopold Neumann zurückgeht.[8] „Polykratie" – im Sinne von Vielherrschaft, das heißt vielen, miteinander konkurrierenden Institutionen und einem schwer überschaubaren Institutionengeflecht – herrschte jedoch bereits im Ersten Weltkrieg sowie in der Weimarer Republik und herrscht ebenso in der Bundesrepublik, wie etwa Michael Burleigh oder Helmuth Trischler kritisch angemerkt haben.[9] Allein der in Deutschland (und auch in manchen anderen Ländern) starke Föderalismus bedingte zwangsläufig eine erhebliche Institutionenvielfalt und überlappende

[7] Vgl. exemplarisch für die DAF: Rüdiger Hachtmann, Einleitung, in: Karl Eicke, Ein Koloß auf tönernen Füßen: Das Gutachten des Wirtschaftsprüfers Karl Eicke über die Deutsche Arbeitsfront vom 31. Juli 1936, hrsg. von Rüdiger Hachtmann, München 2006, S. 7–94, hier besonders S. 75–92.

[8] Vgl. Franz Neumann, Behemoth. Struktur und Praxis des Nationalsozialismus 1933–1944, Hamburg 2018 (erste Auflage London 1942). Popularisiert wurde Neumanns Sicht auf den NS vor allem durch Peter Hüttenberger, Nationalsozialistische Polykratie, in: Geschichte und Gesellschaft 2 (1976), S. 417–442.

[9] Vgl. Michael Burleigh, Die Zeit des Nationalsozialismus. Eine Gesamtdarstellung, Frankfurt a. M. 2000, S. 187 f.; Helmuth Trischler, Luft- und Raumfahrtforschung in Deutschland 1900–1970. Politische Geschichte einer Wissenschaft, Frankfurt a. M. 1992, S. 325.

Kompetenzen. Unter der NS-Herrschaft prägte sich gerade auch der Föderalismus zunehmend stärker aus – wenn man an die NSDAP-Gauleiter als „Regionalfürsten" denkt, die ihre Parteifunktion zumeist mit klassisch-staatlichen Funktionen verschmolzen und zugleich beispielsweise oft als Reichsstatthalter und/oder Länderregierungschefs fungierten. Es ist kein Zufall, sondern spricht für deren starke Machtposition, dass Hitler viele seiner zentralen Reichskommissare und seiner „Vizekönige" in den okkupierten europäischen Regionen aus den Reihen der NSDAP-Gauleiter rekrutierte.

Die Neue Staatlichkeit reduziert sich nicht auf Institutionenvielfalt und Institutionenvervielfachung. Ein weiterer Aspekt war eine relativ früh einsetzende Verschmelzung von Partei und Staat. Wichtig ist, dass sich die NSDAP und die NS-Massenverbände schon bald (quasi-)staatliche Funktionen nicht nur anmaßten, sondern diese ihnen auch förmlich überwiesen wurden. Rudolf Heß als „Überminister" im Reichskabinett ist ein herausragendes Beispiel. Andere Beispiele sind der durch Heinrich Himmler personifizierte „SS-Staat" oder auch die DAF und ihr Leiter Robert Ley, der seit Ende 1940 Reichskommissar für den Sozialen Wohnungsbau und zwei Jahre später Reichswohnungskommissar war.

Hinzu traten institutionelle Hybride. Ein markantes Beispiel ist das vom IG Farben-Vorstand Carl Krauch geleitete Reichsamt (zunächst: Reichsstelle) für Wirtschaftsausbau. Diese einflussreiche Institution verweist nicht nur auf eine enge Verflechtung von Privatwirtschaft und (quasi-)staatlicher Wirtschaftspolitik; einen Aspekt, den Sven Reichardt, Wolfgang Seibel, Susanne Willems und andere stark gemacht haben, indem sie derartige Praxen im Dritten Reich als Vorwegnahme postmodern-neoliberaler Varianten der „Public-private Partnerships" klassifizieren.[10] Darüber hinaus war das Reichsamt für Wirtschaftsausbau auch wissenschaftspolitisch höchst einflussreich; seinen institutionellen Ausdruck fand dies in den knapp vierzig stark

---

[10] Vgl. Sven Reichardt/Wolfgang Seibel, Radikalität und Stabilität. Herrschen und Verwalten im Nationalsozialismus, in: dies. (Hrsg.), Der prekäre Staat. Herrschen und Verwalten im Nationalsozialismus, Frankfurt a. M. 2011, S. 7–27, hier S. 22; Susanne Willems, Der entsiedelte Jude. Albert Speers Wohnungsmarktpolitik für den Berliner Hauptstadtbau, Berlin 2000, S. 27, 31 ff.; sowie (partiell kritisch zur Anwendung des Begriffs der „Public-private Partnerships" auf NS-Phänomene) Rüdiger Hachtmann, Das Wirtschaftsimperium der Deutschen Arbeitsfront 1933–1945, Göttingen 2012, besonders S. 594 f.

anwendungsbezogenen sogenannten Vierjahresplan-Instituten, die das von Krauch geleitete Reichsamt ins Leben rief.[11]

Das Reichsamt für Wirtschaftsausbau war im Übrigen in starkem Maße dem 1916 entstandenen Kriegsrohstoffamt nachgebildet.[12] Es verweist mithin auf die Dimension der nationalen Pfadabhängigkeit. Vor allem der Erste Weltkrieg bildete den zentralen Erfahrungshorizont der Zeitgenossen. Militär und ebenso maßgebliche Protagonisten der Industrie, Landwirtschaft oder auch der Wissenschaften rezipierten systematisch die Erfahrungen des ersten Großen Krieges – um beim zweiten Griff zur Weltmacht erfolgreicher zu sein.

Das Konzept der Neuen Staatlichkeit rückt zudem (das ist vielleicht der wichtigste Aspekt) die sich ab 1933 rasch verändernden Kommunikations- und Koordinationsformen und -foren sowie die gleichfalls gewandelten Informationskanäle ins Blickfeld. Parlamente entfielen als Entscheidungsinstanzen wie als Kommunikationsforen, Kabinettssitzungen fanden kaum noch statt. Stattdessen schoben sich informelle Kommunikations- und Koordinationsorgane sowie Informations- und Kontaktbörsen in den Vordergrund. Neben den NSDAP-Gauleiter-Tagungen, den von der DAF abgehaltenen Tagungen der Reichsarbeitskammer, SS-Tagungen,[13] dem Deutschen Städte- und Gemeindetag sowie überhaupt einem (bisher kaum erforschten) Kongress- und Konferenzwesen sind hier traditionelle Herrengesellschaften und Honoratiorenvereine wie etwa der 1864 gegründete „Club von Berlin" oder der 1907 entstandene „(Kaiserliche) Aero-Klub von Deutschland", den Göring ab 1933 unter seine Fittiche nahm, zu nennen.[14]

[11] Vgl. Sören Flachowsky, Das Reichsamt für Wirtschaftsausbau als Forschungsbehörde im NS-System. Überlegungen zur Neuen Staatlichkeit des Nationalsozialismus, in: Technikgeschichte 82 (2015), S. 185–224; sowie die Aufsätze von Karsten Linne, Helmut Maier und Sören Flachowsky, in: Sören Flachowsky/Rüdiger Hachtmann/Florian Schmaltz (Hrsg.), Ressourcenmobilisierung. Wissenschaftspolitik und Forschungspraxis im NS-Herrschaftssystem, Göttingen 2017, S. 121–152, 268–294, 423–470.

[12] Vgl. Stefanie van de Kerkhof, Public-Private Partnership im Ersten Weltkrieg? In: Hartmut Berghoff u. a. (Hrsg.): Wirtschaft im Zeitalter der Extreme, München 2010, S. 106–133, besonders S. 113ff.

[13] Vgl. vor allem Martin Moll, Steuerungsinstrument im „Ämterchaos"? Die Tagungen der Reichs- und Gauleiter der NSDAP, in: Vierteljahrshefte für Zeitgeschichte 49 (2001), S. 215–273.

[14] Vgl. Rüdiger Hachtmann, Elastisch, dynamisch und von katastrophaler Effizienz. Anmerkungen zur Neuen Staatlichkeit des Nationalsozialismus, in: Reichardt/Seibel (Hrsg.), Der prekäre Staat, S. 29–73.

Hinter dem Begriff Neue Staatlichkeit steht die Überlegung, das Neue oder Andere der NS-Herrschaft nicht von vornherein an inadäquaten Kriterien von Normalität zu messen und dann, vor der Folie des gewöhnlichen bürgerlichen Anstaltsstaates, das NS-Regime mit dem Verdikt der Auflösung und des Verfalls zu belegen. Der im Vergleich zum Staat weichere Terminus Staatlichkeit soll andeuten, dass neben den klassischen Staat weitere Institutionen traten (vor allem: Sonderkommissare und ursprünglich außerstaatliche NS-Verbände), die sich (quasi-)staatliche Funktionen anmaßten. Der Begriff erfasst allerdings nicht, dass die verschiedenen Subsysteme Militär, Wirtschaft, Politik und Wissenschaft vor allem ab 1936 und 1937 zu einem Komplex verschmolzen, der auch analytisch immer schwerer auseinanderzuhalten ist.[15] Außerdem kommt in der Formel Neue Staatlichkeit die ungemeine Dynamik und Mobilisierungsfähigkeit des NS-Regimes nur bedingt zum Ausdruck. Dennoch: Anders als – oft simplifizierende – Polykratie-Modelle, einer auf die Person Hitler verengten Vorstellung von „charismatischer Herrschaft" sowie traditionalistische Verfallsthesen scheint mir die Formel Neue Staatlichkeit die Struktur des NS-Herrschaftssystems einigermaßen angemessen zu umreißen.

3. Perspektiven der Diktaturforschung

Was lässt sich nun vor diesem Hintergrund für allgemeinere Perspektiven moderner Diktaturforschung resümieren? Hier nur sechs Punkte.

Erstens: Wichtig (und eigentlich trivial) ist, dass „Vergleichen" nicht auf „Gleichsetzen" verkürzt werden sollte, sondern auch helfen soll, Spezifika herauszuarbeiten. Wenn man zum Beispiel Arbeitsfront und FDGB miteinander vergleicht, lassen sich einige Analogien feststellen:

---

[15] Heuristisch produktiv ist in diesem Kontext das Konzept Mitchell Ashs von den „Ressourcen für einander" und den (je systemtypischen) „Ressourcenkonstellationen", das u. a. die Vorstellung einseitiger Abhängigkeiten z. B. „der" Wirtschaft oder „der" Wissenschaft von „der" Politik (hier: NS-Regime) obsolet macht. Nach meinem Eindruck kann dieses Konzept nicht nur für die Wissenschaften, sondern auch für andere Subsysteme ertragreich angewendet werden. Vgl. Mitchell Ash, Wissenschaft und Politik als Ressourcen für einander, in: Rüdiger vom Bruch/Brigitte Kaderas (Hrsg.), Wissenschaften und Wissenschaftspolitik. Bestandsaufnahmen zu Formationen, Brüchen und Kontinuitäten im Deutschland des 20. Jahrhunderts, Stuttgart 2002, S. 32–51.

die De-facto-Zwangsorganisation der Arbeitnehmerschaft, fehlende tarifpolitische Rechte, kein Mitspracherecht der Mitglieder, Ähnlichkeiten zwischen Kraft durch Freude-Massentourismus (KdF) und FDGB-Feriendienst und so weiter. Aber die Unterschiede sind wichtiger, vor allem: Der FDGB war ein Anhängsel der SED, die Arbeitsfront dagegen ein selbstständiger Akteur, auch und gerade auf den großen politischen Bühnen des Dritten Reiches.[16]

Zweitens, das sollte gleichfalls selbstverständlich sein, ist es oft aber nicht: Bei Herrschaftsinstitutionen sind nicht nur die Aufgaben, die sie aus der Perspektive der Obrigkeit wahrnehmen sollten, darzustellen und zu vergleichen. Wichtiger ist es, deren Praxis in Augenschein zu nehmen. Die Praxis konterkarierte häufig genug die nominellen Funktionen (die im Übrigen – jedenfalls im Dritten Reich – oft keineswegs eindeutig waren).

Drittens: Der heuristische Wert eines Vergleichs nur von Diktaturen ist begrenzt, gerade auch auf der politisch-institutionellen Ebene. Ertragreicher ist das „Drei-Wege-Konzept"[17]: In einen Vergleich sollten neben Diktaturen immer auch demokratische Systeme einbezogen werden, um nicht Gefahr zu laufen, etwas als diktaturspezifisch zu kennzeichnen, was sich tatsächlich auch in parlamentarischen Demokratien beobachten lässt. Ein Beispiel sind deutsche Rüstungspolitik[18] und Rüstungsforschung der Zwischenkriegszeit. Sie setzten nicht erst 1933 ein, sondern begannen bereits in den 1920er Jahren, verstärkt nach der Währungsstabilisierung; zudem war hier nicht 1933 eine tiefe Zäsur, sondern 1936 und 1937 (Vierjahresplan und Gründung des Reichsforschungsrates). Aufschlussreich ist aber beispielsweise auch ein älterer Aufsatz von Hartmut Kaelble, in dem Familienstrukturen, Kirchlichkeit, Forschungsorganisationen und andere Aspekte der Bundesrepublik, der DDR und Frankreichs miteinander verglichen werden, mit dem bemerkenswerten Ergebnis, dass es die Bundesrepublik war, die einen Sonderweg verfolgte.[19] Für die Einbeziehung auch demokratischer

---

[16] Vgl. Hachtmann, Überlegungen zur Vergleichbarkeit.
[17] Vgl. Hans Günter Hockerts (Hrsg.), Drei Wege deutscher Sozialstaatlichkeit. NS-Diktatur, Bundesrepublik und DDR im Vergleich, München 1998.
[18] Vgl. Michael Geyer, Aufrüstung und Sicherheit. Die Reichswehr in der Krise der Machtpolitik 1924–1936, Wiesbaden 1980.
[19] Vgl. Hartmut Kaelble, Die Gesellschaft der DDR im internationalen Vergleich, in: ders./Jürgen Kocka/Hartmut Zwahr (Hrsg.), Sozialgeschichte der DDR, Stuttgart 1994, S. 559–580, hier S. 574–579. Dazu auch: Rüdiger Hachtmann,

Systeme spricht außerdem, dass es nicht immer so einfach ist, diktatorische und autoritäre Regime einerseits und demokratische Staaten andererseits säuberlich voneinander zu separieren. Die Transformationsprozesse einer ganzen Reihe von Staaten, nicht zuletzt der Gegenwart, bieten hier eindrucksvolle Beispiele.

Gleichzeitig ist viertens bei Vergleichen von Subsystemen oder ganzer Staatssysteme Vorsicht geboten, weil dabei oft die Dynamik von Regimen oder ganzer Gesellschaften ausgeblendet wird und ein politisches System sowie dessen Subsysteme zu statischen Idealtypen gefrieren. In seiner Kritik an einer simplifizierenden Totalitarismustheorie hat Stefan Plaggenborg betont, dass beim Stalinismus-Nationalsozialismus-Vergleich „eine bestimmte Epoche der sowjetischen Geschichte stillgestellt und dann mit dem Nationalsozialismus systematisch in Beziehung gesetzt" werde. Beide Systeme würden dabei ihrer je spezifischen historischen Dynamik beraubt.[20]

Ein fünfter Aspekt des Diktaturenvergleichs ist die Frage nach dem Verhältnis von nationaler Pfadabhängigkeit, historischer Spezifik und allgemeineren Trends. Die Sonderkommissare ab 1933 sind hier ein illustratives Beispiel.[21] Mit ihnen fußte das NS-Regime auf einer Tradition, die sich bereits im Ersten Weltkrieg und während der Weimarer Republik ausbildete – mit systemspezifischen Unterschieden, die hier jetzt nicht weiter auszuführen sind. Weniger bekannt ist, dass es eine Art Sonderkommissare bereits im 17. und 18. Jahrhundert gab,[22] als sich der monarchische Absolutismus formierte und mit Sonderkommissaren die etablierten altständischen Institutionen abräumte

„Durchherrschte Gesellschaft". Die DDR in sozialgeschichtlicher Perspektive, in: Jürgen Danyel/Jan-Holger Kirsch/Martin Sabrow (Hrsg.), 50 Klassiker der Zeitgeschichte, Göttingen 2007, S. 230–234, hier S. 234.

[20] Außerdem habe der NS-Stalinismus-Fokus zu einer „Verengung der Vergleichsperspektiven" geführt und sei „nicht wissenschaftlich ‚unschuldig'", sondern ein Produkt des Kalten Krieges. Stefan Plaggenborg, Ordnung und Gewalt. Kemalismus – Faschismus – Sozialismus, München 2012, S. 27 f.

[21] Zu deren Typologie vgl. Rüdiger Hachtmann/Winfried Süß, Kommissare im NS-Herrschaftssystem. Probleme und Perspektiven der Forschung, in: dies. (Hrsg.), Hitlers Kommissare. Sondergewalten in der nationalsozialistischen Diktatur, Göttingen 2006, S. 9–27.

[22] Vgl. vor allem Otto Hintze, Der Commissarius und seine Bedeutung in der allgemeinen Verwaltungsgeschichte. Eine vergleichende Studie [1910], in: ders., Beamtentum und Bürokratie, hrsg. von Kersten Krüger, Göttingen 1981, S. 78–112.

beziehungsweise deren Protagonisten entmachtete. Zu fragen ist vor diesem Hintergrund, ob die Implementierung der Institution des Kommissars – neben Krisen- und Kriegskonstellationen, die oft kurzfristige Ad-hoc-Lösungen fordern – typisch ist für Situationen, in denen neue politische Akteursgruppen an die Macht gelangen, die auf einen fundamentalen Systembruch zielen.

Bei den absolutistischen Kommissaren handelte es sich zudem anscheinend nicht nur um eine deutsche Tradition. Auch anderswo – etwa in Frankreich[23] – hat der Frühabsolutismus offensichtlich Kommissars-Formen ausgebildet. Das kann man für jüngere Epochen weiterspinnen und dabei den Akzent etwas verändern: Schieben sich Sonderkommissare oder unverantwortliche, gesellschaftlich jedenfalls nicht verankerte Institutionen, die an etablierten Kanälen vorbei Entscheidungen von erheblicher Reichweite treffen, immer dann in das Zentrum politischen Geschehens, wenn sich ein politischer und/oder ökonomischer Systembruch ankündigt?

Höchst interessant wäre in dieser Hinsicht, allein für die Zwischenkriegszeit, ein Vergleich mit anderen faschistischen und autoritären Regimen. Dies ist bisher nur ansatzweise geschehen. Leider hat etwa Stefan Plaggenborg in seinem höchst instruktiven Vergleich von Faschismus, Stalinismus und Kemalismus die Institutionengeschichte weitgehend ausgeblendet. Die Studien von Plaggenborg oder auch von Stefan Ihrig, der ebenfalls den Kemalismus und Atatürk in das Zentrum der Betrachtung stellt, sind deswegen so interessant, weil sie nicht beim bloßen Vergleich stehen bleiben, sondern – dies ist der sechste Punkt – auch und gerade die gegenseitigen Rezeptionen, den übernationalen Ideentransfer zum Thema machen.[24] Der starke Transfer zwischen italienischem Faschismus und deutschem Nationalsozialismus ist bekannt.[25] In Portugal wurde António de Oliveira Salazar

---

[23] Vgl. dazu z.B. bereits Carl Schmitt, Die Diktatur. Von den Anfängen des modernen Souveränitätsgedankens bis zum proletarischen Klassenkampf, München ²1926, besonders S. 26 ff.; außerdem Hintze, Commissarius, S. 83 ff.

[24] Vgl. Plaggenborg, Ordnung und Gewalt; Stefan Ihrig, Atatürk in the Nazi Imagination, Cambridge (MA) 2014. Zu beiden und weiteren Studien der vergleichenden Diktaturforschung vgl. Rüdiger Hachtmann, Wie einzigartig war das NS-Regime? Autoritäre Herrschaftssysteme der ersten Hälfte des 20. Jahrhunderts im Vergleich – ein Forschungsbericht, in: Neue Politische Literatur 62 (2017), S. 229–280.

[25] Vgl. stellvertretend für viele Arbeiten und zusammenfassend: Thomas Schlemmer/Hans Woller (Hrsg.), Der Faschismus in Europa. Wege der Forschung, Mün-

vom Militärdiktator und Präsidenten António de Oliveira Carmona als „mein Mussolini" eingesetzt. Das lässt auf eine systematische Rezeption des italienischen Faschismus und später des Nationalsozialismus schließen, übrigens auch in der Absicht, eine entfesselte, radikalisierte faschistische Bewegung zu bändigen (ebenso in Spanien und anderswo).[26] Der Transfer von Ideen, Institutionen und Praxen ist nicht auf rechtsautoritäre Regime beschränkt, sondern ging viel weiter. Kiran Patel hat eine intensive gegenseitige Beobachtung für die USA und das NS-Regime exemplarisch für den Arbeitsdienst nachgewiesen.[27] Ähnliches gilt für wichtige Länder des südamerikanischen Kontinents und deren Rezeption europäischer Faschismen.

Wie global der Transfer von Konzepten nicht zuletzt auf der Ebene der hier besonders interessierenden politischen und sozialen Institutionen war, zeigt der Blick nach Japan. Dort war das Militärregime seit Mitte der 1930er Jahre nicht allein vom deutschen Konzept der „Betriebsgemeinschaft" fasziniert, sondern nahm sich neben der NS-Gemeinschaft „Kraft durch Freude" auch deren Mutterorganisation, die Deutsche Arbeitsfront, zum Vorbild und ging seit 1938 tatkräftig daran, eine ähnliche Organisationsform in den japanischen Industriebetrieben zu verankern – mit insgesamt nur mäßigem Erfolg.[28] Auch an die-

chen 2014. Der Faschismus kannte in der Anfangsphase (1923 – 1926) den SA-„Kommissaren" von 1933/34 vergleichbare „commissari", die allerdings nicht in das staatliche Gefüge ,eingebaut' und von Mussolini als Gefahr für seine eigene Position wieder abgeschafft wurden; vgl. Paul Corner, The Fascist Party and Popular Opinion in Mussolini's Italy, Oxford 2012, besonders S. 42, 76f., 114. Der nationaltürkische „Vollzugsausschuss" der 1920er Jahre bestand nominell ebenfalls aus „Kommissaren", die faktisch freilich „Ministern" gleichkamen und mit den NS-Sonderkommissaren wenig gemein hatten. Vgl. Johannes Glasneck/Peter Priskil, Kemal Atatürk und die moderne Türkei, Freiburg i. Br. 2010, S. 89.
[26] Vgl. z.B. Goffredo Adinolfi/António Costa Pinto, Salazar's „New State": The Paradoxes of Hybridization in the Fascist Era, in: António Costa Pinto/Aristotle Kallis (Hrsg.), Rethinking Fascism and Dictatorship in Europe, New York 2014, S. 154–175; Miguel Jerez Mir/Javier Luque, State and Regime in Early Fascism, 1936–45: Power Structures, Main Actors and Repression Policy, in: Costa Pinto/Kallis (Hrsg.), Rethinking Fascism, S. 176–197.
[27] Vgl. Kiran Klaus Patel, „Soldaten der Arbeit". Arbeitsdienste in Deutschland und den USA 1933–1945, Göttingen 2003.
[28] Vgl. als Überblick Rüdiger Hachtmann, The War of the Cities. Industrial Laboring Forces [Germany, Italy, Japan, Great Britain, USA, Sovjet Union], in: Michael Geyer/Adam Tooze (Hrsg.), The Cambridge History of the Second World War, Vol. III: Total War. Economy, Society and Culture, Cambridge 2017, S. 298–328, hier S. 304 ff. (und die dort genannte Literatur).

sem Beispiel zeigt sich die Gemengelage von nationalen Spezifika und allgemeineren Trends. Sie weiter auszuleuchten, wäre künftig eine lohnende und weiterführende Aufgabe – nicht nur in der Diktaturforschung.

Dierk Hoffmann

Kommentar

Institutionengeschichte ist ein weites Feld, und die Unterscheidung in staatliche und allgemeine politische Institutionen fällt in Diktaturen zweifellos sehr schwer. Insofern mag es durchaus sinnvoll sein, zwischen „großen" und „kleinen" Institutionen zu unterscheiden, wobei die eindeutige Grenzziehung nicht immer leicht sein wird. Diese Differenzierung steht jedoch nicht im Mittelpunkt dieses Kommentars. In Ergänzung zu dem instruktiven und anregenden Beitrag von Rüdiger Hachtmann, der sich auf die NS-Diktatur konzentriert, werden im Folgenden vier Thesen zur Institutionengeschichte in der zweiten deutschen Diktatur in der SBZ und DDR formuliert. Zunächst aber eine allgemeine Vorbemerkung:

Die Untersuchung staatlicher Institutionen ist wieder en vogue. Dieser Befund gilt jedenfalls, wenn man sich die zahlreichen Projekte der ministeriellen Auftragsforschung vor Augen führt, die entweder schon abgeschlossen sind oder kurz vor dem Abschluss stehen.[1] Die meisten Projekte legen den Fokus auf die NS-Zeit und die Bundesrepublik in den 1950er und 1960er Jahren. Allen gemeinsam ist die Frage nach dem Ausmaß der NS-Belastung (ein schillernder Begriff, der hier nicht weiter vertiefend untersucht werden kann) und den Nachwirkungen des Nationalsozialismus in Westdeutschland nach 1945; doch nur zwei dieser Projekte haben explizit die SED-Diktatur und ihre Institutionen mit im Blick.[2]

[1] Zur kritischen Einordnung der sogenannten Auftragsforschung: Frank Bajohr/Johannes Hürter, Auftragsforschung „NS-Belastung". Bemerkungen zu einer Konjunktur, in: Frank Bajohr u. a. (Hrsg.), Mehr als eine Erzählung. Zeitgeschichtliche Perspektiven auf die Bundesrepublik, Göttingen 2016, S. 221–233. Ein wichtiger Auslöser für den Boom an Forschungsprojekten war das in der Öffentlichkeit sehr kontrovers diskutierte Werk: Eckart Conze (Hrsg.), Das Amt und die Vergangenheit. Deutsche Diplomaten im Dritten Reich und in der Bundesrepublik, München 2010. Zur Dokumentation dieser Debatte: Martin Sabrow/Christian Mentel (Hrsg.), Das Auswärtige Amt und seine umstrittene Vergangenheit. Eine deutsche Debatte, Frankfurt a. M. 2014. Vgl. außerdem: Magnus Brechtken, Mehr als Historikergeplänkel. Die Debatte um „Das Amt und die Vergangenheit", in: Vierteljahrshefte für Zeitgeschichte 63 (2015), S. 59–91.

[2] Es handelt sich dabei um das Ende 2011 begonnene und 2016 abgeschlossene Projekt zur „Geschichte des Bundesministeriums für Wirtschaft und Technologie und seiner Vorgängerinstitutionen" und das seit Ende 2014 laufende Projekt

Die Beschäftigung mit Ministerien galt lange Zeit als nicht sonderlich innovativ. Das ist überraschend, haben sich doch Wirtschaftshistoriker und Ökonomen schon seit längerem intensiv mit Aushandlungsprozessen von Marktteilnehmern und Institutionen auseinandergesetzt (Neue Institutionenökonomik[3], *Prinzipal-Agent*-Theorie). Das betrifft nicht nur wirtschafts-, sondern auch sozialwissenschaftliche Ansätze (*Governance*[4]). Somit haben wir es offenbar mit einem Paradoxon zu tun: Während sich insbesondere Wirtschaftshistoriker immer wieder auf diese theoretischen Ansätze beriefen, wurden Ministerien als Forschungsgegenstand von der Geschichtswissenschaft lange Zeit eher vernachlässigt; sie schienen für eine eingehende wissenschaftliche Untersuchung offenbar weitgehend uninteressant zu sein. Die Projekte zu einzelnen Ministerien auf zentralstaatlicher Ebene – inzwischen gibt es bekanntlich auch erste Forschungsprojekte zur Landesebene, etwa für Bayern und Baden-Württemberg – zeigen, dass man mit einem breiten Methodenarsenal innovative Fragestellungen im Hinblick auf einen vermeintlich „alten" Forschungsgegenstand verfolgen kann. Das bedeutet natürlich nicht, dass in quasi lexikalischer Weise letztlich alle Institutionen in Diktaturen untersucht werden sollten – die wissenschaftliche Beschäftigung zumindest mit den wichtigsten Ministerien und Behörden ist zweifellos eine lohnende Aufgabe.

Dies vorausgeschickt, soll nunmehr mit Blick auf die Institutionenordnung der DDR Folgendes festgehalten werden:

1. These: Das Politbüro der SED traf alle wichtigen Entscheidungen in der DDR, denen seine Mitglieder politische Relevanz beimaßen.[5] Und das Politische durchdrang in ihrer Vorstellung alle Bereiche. So

---

zur „Nachkriegsgeschichte des Bundesministeriums des Innern (BMI) und des Ministeriums des Innern der DDR (MdI) hinsichtlich möglicher personeller und sachlicher Kontinuitäten zur Zeit des Nationalsozialismus". Vgl. zur Genese sowie zur personellen und finanziellen Ausstattung der jeweiligen Projekte: Christian Mentel/Niels Weise, Die Zentralen Deutschen Behörden und der Nationalsozialismus. Stand und Perspektiven der Forschung, München 2016.

[3] Vgl. Douglass C. North, Institutions, Institutional Change and Economic Performance, Cambridge 2002.

[4] Neuerdings zur DDR: Marcel Boldorf, Governance in der Planwirtschaft. Industrielle Führungskräfte in der Stahl- und Textilbranche der SBZ/DDR (1945–1958), Berlin 2015.

[5] Vgl. Ralph Jessen/Jens Gieseke, Die SED in der staatssozialistischen Gesellschaft, in: Jens Gieseke/Hermann Wentker (Hrsg.), Die Geschichte der SED. Eine Bestandsaufnahme, Berlin 2011, S. 16–60, hier S. 18.

entschied das Politbüro genauso über Volkswirtschaftspläne wie über Bockwurstpreise bei Großveranstaltungen, über die in der Volkskammer zu beschließenden Gesetzesvorlagen genauso wie über die Vollstreckung von Todesurteilen, über die Politik der Massenorganisationen genauso wie über die Neugestaltung von ostdeutschen Städten. Die Parteiführung beanspruchte also in allen Sachfragen auch gegenüber ausgewiesenen Fachleuten absolute Kompetenz. Angesichts der Vielschichtigkeit der Sachthemen und angesichts der Komplexität einer arbeitsteiligen Industriegesellschaft, die die DDR trotz aller ökonomischen Rückständigkeit zweifellos war, musste das Politbüro aber auf die Expertise der ihr untergeordneten Ministerien und Verwaltungen zurückgreifen. Der Anspruch der SED-Führung, die Entwicklung von Politik, Wirtschaft, Gesellschaft und Kultur planen und steuern zu können, zog daher zwangsläufig den massiven Aufbau und Ausbau von nachgeordneten Institutionen nach sich.

2. These: Das Institutionengefüge war zwar hierarchisch aufgebaut und sollte nach dem Prinzip des „demokratischen Zentralismus" im Sinne des Politbüros gesteuert werden. Das Machtmonopol der SED führte insofern zu einer Entdifferenzierung von Institutionen, worauf M. Rainer Lepsius 1994 zu Recht hingewiesen hat.[6] Mir scheint aber etwas anderes ebenfalls wichtig zu sein: die Rückwirkung der Praxiserfahrung politischen Handelns (insbesondere Reibungsverluste und Konfliktlinien) auf das Herrschaftssystem des Regimes. Die zentrale Steuerung war auch aus Sicht der SED-Führung begrenzt und optimierungsbedürftig. Der Terminus „SED-Staat", der in breiten Teilen der Öffentlichkeit, in der Publizistik, aber auch in der Wissenschaft nach wie vor anzutreffen ist,[7] verdeckt letztlich mehr, als er zu erklären in der Lage ist. Er suggeriert eine starre Institutionenordnung, die es so nicht gab. Vielmehr gilt es, Widersprüchliches herauszuarbeiten. So war Walter Ulbricht einerseits bemüht, dauerhafte Strukturen zu schaffen; andererseits versuchte er durch die Gründung neuer Institutionen, Effizienzprobleme der Verwaltung in den Griff zu bekommen und neue Aufstiegsmöglichkeiten in den Apparaten zu eröffnen. Das lässt sich insbesondere bei der Wirtschaftsverwaltung beobachten,

---

[6] Vgl. M. Rainer Lepsius, Die Institutionenordnung als Rahmenbedingung der Sozialgeschichte der DDR, in: Hartmut Kaelble/Jürgen Kocka/Hartmut Zwahr (Hrsg.), Sozialgeschichte der DDR, Stuttgart 1994, S. 17–30.
[7] Vgl. Klaus Schroeder, Der SED-Staat. Geschichte und Strukturen der DDR 1949–1990, Köln ³2013.

die in den 1950er und 1960er Jahren intervallhaft immer wieder umstrukturiert wurde. Dabei garantierte die personelle Versäulung von staatlicher Planungsbürokratie und SED-Apparat[8] zwar den direkten Zugriff der Parteiführung auf die Wirtschaftsbürokratie, Ressortkonflikte konnten damit aber nicht verhindert werden.[9] Also: Auch in der DDR verlief die Entwicklung der Institutionenordnung dynamisch und konfliktreich – auf der zentralen, der regionalen und der lokalen Ebene.

3. These: Die Beobachtung der Dynamiken und Ambivalenzen in einem nur scheinbar monolithischen Herrschaftsapparat führt zur Analyse des Spannungsverhältnisses zwischen formellen und informellen Strukturen, die es auch in der DDR gab und die sowohl systemstabilisierende als auch destabilisierende Wirkung hatten. So kam es nach dem Machtwechsel von Walter Ulbricht zu Erich Honecker Anfang der 1970er Jahre einerseits zu einer Re-Zentralisierung der Machtstrukturen.[10] Der neue SED-Chef schuf aber andererseits einen informellen Machtzirkel, der in den Statuten der Partei nicht fixiert wurde.[11] Das Dreigestirn aus Honecker, dem Minister für Staatssicherheit Erich Mielke und dem ZK-Sekretär für Wirtschaft Günter Mittag traf während dieser Phase des „real existierenden Sozialismus" in der DDR letztlich die relevanten Entscheidungen.

4. These: Der von Rüdiger Hachtmann eingeführte Begriff „Neue Staatlichkeit" regt dazu an, auch über die Charakteristika einer sozialistischen Staatlichkeit nachzudenken. Dabei geraten sowjetische Vorbilder und Transfers, aber auch DDR-Spezifika ins Blickfeld. Im Mittelpunkt steht die vergleichende Betrachtung der staatssozialistischen Institutionenordnungen; hier herrscht nach wie vor ein sehr großer Forschungsbedarf, der nicht nur mit den Sprachbarrieren zu-

---

[8] Vgl. André Steiner, Von Plan zu Plan. Eine Wirtschaftsgeschichte der DDR, Bonn 2007, S. 11.
[9] Ausführlicher dazu: Dierk Hoffmann (Hrsg.), Die zentrale Wirtschaftsverwaltung in der SBZ/DDR. Akteure, Strukturen, Verwaltungspraxis, Berlin 2016.
[10] Vgl. Geschichte der Sozialpolitik in Deutschland seit 1945, Bd. 10: Deutsche Demokratische Republik 1971–1989. Bewegung in der Sozialpolitik, Erstarrung und Niedergang, hrsg. von Christoph Boyer, Klaus-Dietmar Henke und Peter Skyba, Baden-Baden 2008.
[11] Vgl. Andreas Malycha, Die SED in der Ära Honecker. Machtstrukturen, Entscheidungsmechanismen und Konfliktfelder in der Staatspartei 1971 bis 1989, München 2014.

sammenhängt. Sowohl zu einzelnen Massenorganisationen[12] als auch zu einzelnen Politikfeldern[13] liegen zwar bereits verdienstvolle Studien vor. Außerdem ist bekannt, dass die Umwandlung der SED in eine kommunistische Kaderpartei („Partei neuen Typs") Ende der 1940er und Anfang der 1950er Jahre nach sowjetischen Vorgaben erfolgte. Auch die Neuorganisation des ostdeutschen Staatsapparates Anfang der 1960er Jahre ging auf sowjetische Einflüsse zurück. Für andere Institutionen und Politikfelder ist die Analyse aber weniger eindeutig. So blieb etwa die Arbeits- und Sozialverwaltung ein Bereich, in dem zwar das sowjetische Vorbild propagiert wurde, die deutschen Traditionslinien aber sehr viel stärker waren.[14] Dieses Mischungsverhältnis in den jeweiligen Teilepochen der DDR-Geschichte genau zu bestimmen und dabei nach Brüchen und Kontinuitäten zu fragen, ist noch immer eine große Herausforderung. Außerdem gab es vereinzelt sogar Transferbeziehungen von der DDR ins vereinte Deutschland. Das wichtigste Beispiel verweist auf einen Kernbereich der Transformation von der Plan- zur Marktwirtschaft im Zuge der deutschen Einheit: die „Treuhandanstalt", deren Strukturen im Spätsommer 1990 zentralisiert und die der Zentralverwaltungswirtschaft der untergehenden DDR teilweise angepasst wurden.[15]

[12] Vgl. Jan C. Behrends, Die erfundene Freundschaft. Propaganda für die Sowjetunion in Polen und in der DDR, Köln 2006, S. 158–161 und 241–254.
[13] Vgl. Christoph Boyer (Hrsg.), Zur Physiognomie sozialistischer Wirtschaftsreformen. Die Sowjetunion, Polen, die Tschechoslowakei, Ungarn, die DDR und Jugoslawien im Vergleich, Frankfurt a. M. 2007.
[14] Vgl. Dierk Hoffmann, Sozialpolitische Neuordnung in der SBZ/DDR. Der Umbau der Sozialversicherung 1945–1956, München 1996.
[15] Vgl. Marcus Böick, Die Treuhandanstalt 1990–1994, Erfurt 2015; Wolfgang Seibel, Verwaltete Illusionen. Die Privatisierung der DDR-Wirtschaft durch die Treuhandanstalt und ihre Nachfolger 1990–2000, Frankfurt a. M. 2005. Seit 2017 erforscht das Institut für Zeitgeschichte in einem groß angelegten Projekt die Geschichte der Treuhandanstalt, siehe https://www.ifz-muenchen.de/aktuelles/themen/geschichte-der-treuhandanstalt/ [25. 11. 2018].

Malte Rolf

Neue kulturgeschichtliche Perspektiven auf autoritäre Regime

Es ist noch keine zwei Jahrzehnte her, da blickte die etablierte historische Forschung allenfalls „aus wohlwollender Distanz" auf die neuen Fragestellungen und Themenfelder, die sich unter dem Schlagwort der „Kulturgeschichte" versammelten.[1] Angesichts dieser anfänglich bestehenden Skepsis kann man von einem regelrechten Siegeszug des „kulturgeschichtlichen Credos"[2] in der Historiographie allgemein, aber auch in der Diktaturforschung sprechen. Es gibt wohl kaum noch Studien zu autoritären Regimen, die ganz ohne solche Kategorien wie Bedeutungshorizonte, Sinnstiftung oder Wahrnehmungsmuster auskommen, in denen Symbole, Repräsentationen und Rituale für gesellschaftliche Konstruktionen von Hierarchien, für soziale Interaktionen oder für den zeitgenössischen Austausch über „Wirklichkeit" gar keine Rolle spielen.

Ein solcher Befund verweist aber zugleich auf ein Dilemma: Wenn Grundannahmen der Kulturgeschichte derart breit rezipiert worden sind, stellt sich die Frage, in welcher Form ein dezidiert kulturgeschichtliches Vorgehen über diesen Konsens hinausgehen und neue Themenfelder erschließen kann. Werden damit originelle Einsichten in die Funktionsweise von Diktaturen und die Erfahrungen der sie tragenden und ertragenden historischen Akteure ermöglicht? Der folgende Beitrag will am Fallbeispiel der späten staatssozialistischen Regime diskutieren, welche kulturgeschichtlichen Zugänge derart innovative Perspektiven für die Diktaturforschung eröffnen können. Dabei rekurriert er vor allem auf jüngere Forschungsarbeiten zur post-Stalinschen Sowjetunion, die neue Sichtweisen auf diese spezifische Form autoritärer Herrschaft versprechen und die damit zugleich auch das Verständnis für andere Diktaturtypen und Zeitperioden fördern.[3]

Es sollen im Folgenden vor allem drei Arbeitsfelder profiliert werden. Zuerst gilt es, die Offenheit der historischen Entwicklung und

[1] Vgl. Manfred Hildermeier, Osteuropäische Geschichte an der Wende. Anmerkungen aus wohlwollender Distanz, in: Jahrbücher für Geschichte Osteuropas 46 (1998), H. 2, S. 244–255.

[2] Ute Daniel, Kompendium Kulturgeschichte. Theorien, Praxis, Schlüsselwörter, Frankfurt a. M. 2001, S. 17–25.

[3] Mit Blick auf die post-Stalinsche Sowjetunion wird im Folgenden von autoritärer Herrschaft gesprochen, da hier anders als in diktatorisch verfassten

die „Normalität" der Diktatur zu thematisieren und dabei nach den Erwartungshorizonten der Akteure zu fragen. Zum zweiten sollen Institutionen, Kanäle und Akteure des grenzüberschreitenden Transfers ins Zentrum gestellt und damit die Bedeutung von Wissenszirkulation auch in autoritären Regimen beleuchtet werden. Und drittens plädiert der Beitrag für die Methode „glokaler Fallstudien", in denen das Zusammentreffen von transnationalen Referenzen und lokalen Eigendynamiken sichtbar wird.

1. Zeithorizonte als Momentaufnahme: Die Offenheit historischer Entwicklung und die „Normalität" der Diktatur

Kulturgeschichtliches Arbeiten betont grundsätzlich die Relevanz von Bedeutungswelten und Sinnhorizonten der zeitgenössischen Akteure. Allerdings präsentiert die historische Forschung diese in der Regel in einer Langzeitaufnahme, welche oft das Ende von Entwicklungen einschließt, die kaum antizipierbar waren. Gerade auch die Darstellungen von Diktaturen sind stark geprägt von einem Blick auf ihren Untergang. Zweifellos ist die Frage nach den längerfristigen Prozessen innerer und äußerer Destabilisierung solcher Regime eine ganz zentrale. Und doch verstellt sie uns die Sicht auf einen anderen, ebenso wesentlichen Gegenstand: den Zeithorizont jener Menschen, die in diesen Ordnungen zu einem Zeitpunkt lebten, als deren Zerfall nicht absehbar war.

Eine Möglichkeit, sich einer solchen tendenziell teleologischen Geschichtserzählung zu erwehren, besteht darin, Langzeitnarrative in eine Reihe von „Momentaufnahmen" aufzubrechen. Derartige *standstills* von Zeitpunkten erlauben es, Erfahrungen und Erwartungen der

---

Regimen politische Autorität nicht nur von einer Führungsperson monopolisiert wurde und stattdessen das Konstrukt einer kollektiven Führung programmatisch überhöht und diese zumindest in Ansätzen (oft in ritualisierter Form) auch tatsächlich praktiziert wurde. Vgl. dazu z. B. Gerald M. Easter, Reconstructing the State. Personal Networks and Elite Identity in Soviet Russia, Cambridge 2000; Yoram Gorlitzki, Too much Trust. Regional Party Leaders and Local Political Networks under Brezhnev, in: Slavic Review 69 (2010), S. 676–700; Susanne Schattenberg, Trust, Care, and Familiarity in the Politburo. Brezhnev's Scenario of Power, in: Kritika. Explorations in Russian and Eurasian History 16 (2015), S. 835–858; John P. Willerton, Patronage Networks and Coalition Building in the Brezhnev Era, in: Soviet Studies 39 (1987), S. 175–204.

historischen Akteure in einem Moment zu rekonstruieren, als sich bestimmte Folgeentwicklungen nicht abzeichneten.[4] Es wäre ein lohnendes Unterfangen, auch mit Blick auf Diktaturen verstärkt mit solchen historischen Momentaufnahmen zu arbeiten, um eine Untergangsteleologie oder – vor allem hinsichtlich des Staatssozialismus – normative Zerfallsgeschichten zu vermeiden.

Denn ein Gespür für die Offenheit historischer Situationen erlaubt ganz neue Einsichten. So erscheint erst die Attraktivität autoritärer und diktatorischer Modelle für viele Zeitgenossen in Krisen- und Übergangsperioden nachvollziehbar. Autoritäre Staatsformen erschienen beispielsweise nach 1918 weiten Teilen der politischen Eliten in den jungen Nationalstaaten Ostmitteleuropas „als alternative Ordnung", die gegenüber dem scheinbar gescheiterten Experiment eines Parlamentarismus mit instabilen Mehrparteienregierungen und politischen Blockadesituationen als überlegen betrachtet wurden.[5] Historische Momentaufnahmen von Krisensituationen würden eine solche Präferenz ebenso besser erklärbar machen, wie sie andererseits auch die „Normalität der Diktatur" als unhinterfragte, akzeptierte und – für einige – mit Partizipationsoptionen verbundene Realität sichtbar werden ließen. Mit Blick auf den Staatssozialismus hat die jüngere Forschung gerade den realsozialistischen Alltag in den 1960er und 1970er Jahren zu Recht als eine Phase erheblicher Stabilität, bescheidener, aber erfahrbarer Wohlstandssteigerung sowie allgemeiner Erwartungsgewissheit beschrieben, die durch retrospektive Krisendiskurse der Perestroika-Jahre kaum adäquat zu erfassen sei.[6] Und dennoch ist

[4] Ein Beispiel für ein derartiges Vorgehen sind die Studien zu Europa vor dem Ersten Weltkrieg. Vgl. z. B. Wayne Dowler, Russia in 1913, DeKalb (IL) 2010; Paul Ham, Der Vorabend des Krieges, London 2014; Felix Philipp Ingold, Der große Bruch. Russland im Epochenjahr 1913. Kultur, Gesellschaft, Politik, München 2000.

[5] Vgl. dazu u. a. Erwin Oberländer, Die Präsidialdiktaturen in Ostmitteleuropa – „Gelenkte Demokratie"?, in: ders. (Hrsg.), Autoritäre Regime in Ostmittel- und Südosteuropa 1919–1944, Paderborn 2001, S. 3–18; sowie allgemein Hans Lemberg (Hrsg.), Ostmitteleuropa zwischen den beiden Weltkriegen (1918–1939). Stärke und Schwäche der neuen Staaten. Nationale Minderheiten, Marburg 1997; Erwin Oberländer/Hans Lemberg/Holm Sundhaussen (Hrsg.), Autoritäre Regime in Ostmitteleuropa 1919–1944, Mainz 1995. Vgl. auch die Forschungsprojekte des Graduiertenkollegs „Diktaturen als alternative Ordnungen" an der Humboldt-Universität zu Berlin.

[6] Vgl. Boris Belge/Martin Deuerlein, Einführung. Ein goldenes Zeitalter der Stagnation? Neue Perspektiven auf die Brežnev-Ära, in: dies. (Hrsg.), Goldenes

die Sogwirkung einer Krisen- und Untergangsdiktion für den späten Staatssozialismus so stark, dass die Geschichte oft vom Ende her erzählt wird und damit der Zerfall des Ostblocks und der Sowjetunion als narrativer Fixpunkt bestehen bleibt.[7]

Die Forderung, eine historische Konstellation nicht als teleologische Zerfallsgeschichte zu schreiben, weil diese den durch die Offenheit geschichtlicher Entwicklung geprägten Erwartungshorizont der Zeitgenossen verdeckt, mag banal erscheinen. Dennoch erscheint ein kulturgeschichtliches Plädoyer für ein Aufbrechen solcher Narrative angebracht. Dies könnte durch historische Momentaufnahmen als Reihung von „Zeitschichten" oder „Zeitinseln" erreicht werden.[8] Auch in der Geschichtsschreibung über Diktaturen könnte eine solche Abfolge von derartigen Stillstandzeiten ganz neue Einblicke gewähren.

Zeitalter der Stagnation? Perspektiven auf die sowjetische Ordnung der Brežnev-Ära, Tübingen 2014, S. 1–33; Nada Boškovska/Angelika Strobel/Daniel Ursprung (Hrsg.), „Entwickelter Sozialismus" in Osteuropa. Arbeit, Konsum und Öffentlichkeit, Berlin 2016; Donald J. Raleigh, Introduction. Russia's Sputnik Generation, in: ders. (Hrsg.), Russia's Sputnik Generation. Soviet Baby Boomers Talk about Their Lives, Bloomington (IN) 2006, S. 1–23; Aleksej Yurchak, Everything Was Forever Until It Was No More. The Last Soviet Generation, Princeton (NJ) 2006.

[7] Vgl. u. a. die Debatten bei Klaus Gestwa, Stagnation und Perestrojka. Der Wandel der Bedrohungskommunikation und das Ende der Sowjetunion, in: Belge/Deuerlein (Hrsg.), Goldenes Zeitalter der Stagnation?, S. 253–311; sowie allgemein Marie-Janine Calic/Dietmar Neutatz/Julia Obertreis (Hrsg.), The Crisis of Socialist Modernity. The Soviet Union and Yugoslavia in the 1970s, Göttingen 2011.

[8] Während das Bild der „Zeitinsel" sich eher assoziativ an Marcel Prousts Schlüsselroman orientiert, hat Reinhart Koselleck zu den „Zeitschichten" differenzierte Überlegungen vorgelegt, indem mehrere Zeitebenen verschiedener Dauer und unterschiedlicher Veränderungsgeschwindigkeit sich ineinander schichten. Vgl. Marcel Proust, Auf der Suche nach der verlorenen Zeit, Frankfurt a. M. 1995; Reinhart Koselleck, Zeitschichten. Studien zur Historik, Frankfurt a. M. 2000, besonders S. 9–20; zu den unterschiedlichen Veränderungsgeschwindigkeiten von Erfahrungshorizonten vgl. auch Philippe Ariès, Die Geschichte der Mentalitäten, in: Jacques Le Goff/Roger Chartier/Jacques Revel (Hrsg.), Die Rückeroberung des historischen Denkens. Grundlagen der Neuen Geschichtswissenschaft, Frankfurt a. M. 1994, S. 137–165, besonders S. 158–162.

2. Wissenszirkulation und Dynamiken des Wandels in autoritären Regimen: Institutionen, Kanäle und Akteure des grenzüberschreitenden Transfers

Allerdings sollte das nicht dazu verleiten, statische Bilder historischer Konstellationen zu erzeugen. Gerade mit Blick auf den „entwickelten" Staatssozialismus der 1960er bis 1980er Jahre gilt es, Dynamiken des Wandels zu rekonstruieren. Dabei hat die Forschung bisher vor allem innerstaatliche bzw. innergesellschaftliche Aushandlungsprozesse in den Vordergrund gerückt. Erst jüngst wird auch die Bedeutung des block- und grenzüberschreitenden Flusses von Informationen und Wissensbeständen stärker gewürdigt. Der Ideen- und Wissenstransfer über die Systemgrenzen hinweg markiert ein zentrales Feld, in dem neue Sichtweisen auf die Diktatur zu erwarten sind, weil hier Narrative „endogener" Entwicklungen aufgebrochen werden. Und auch mit Blick auf Perioden, in denen die Intensität internationaler Kommunikation geringer war, haben jüngere Arbeiten – zum Beispiel zu Expertenmilieus im Ostmitteleuropa der Zwischenkriegszeit – gezeigt, wie sehr auch die autoritären Regime der 1920er und 1930er Jahre eingebunden waren in Zusammenhänge europäischer, teils transatlantischer Wissenszirkulation.[9]

Eine kulturgeschichtliche Perspektive auf solche Austauschbeziehungen sollte dann einerseits die Akteure, Institutionen und Medien des Transfers genauer untersuchen. Andererseits ist der Wandel von Ideen- und Wissensbeständen im Zuge ihrer „Indigenisierung", also ihrer Einbettung in den jeweiligen Diktaturkontext, zu beschreiben und dabei immer auch nach den Folgewirkungen des Ideenimports für den lokalen Kontext zu fragen. Mit Blick auf den späten Staatssozialismus beschreitet die jüngere Forschung diesen Weg, und es entsteht derzeit eine ganze Reihe von innovativen Studien zum West-Ost-Austausch im Kalten Krieg. Ebenso wird auch den Ost-Ost-Bezügen, also der Zirkulation von Konzepten und Vorstellungen innerhalb des Ostblocks, wieder stärkere Beachtung geschenkt. Und nicht zuletzt ist mit

---

[9] Vgl. Martin Kohlrausch/Katrin Steffen/Stefan Wiederkehr (Hrsg.), Expert Cultures in Central Eastern Europe. The Internationalization of Knowledge and the Transformation of Nation States since World War I, Osnabrück 2010; Katrin Steffen, Experts and the Modernization of the Nation. The Arena of Public Health in Poland in the First Half of the 20th Century, in: Jahrbücher für Geschichte Osteuropas 61 (2013), H. 4, S. 574–590.

der Interaktion zwischen der „Zweiten" und der „Dritten" Welt jüngst ein ganz neues Untersuchungsfeld identifiziert worden, bei dem deutlich wird, dass das Wandern von Wissensbeständen in vielen Fällen als Zirkulation und nicht nur als Einbahnstraße von West nach Ost erfolgte.[10]

Gelegentlich sind Autoren über das Ziel hinausgeschossen, wenn im Eifer der Suche nach transnationalen Verflechtungen die Barrieren eines solchen Austausches aus dem Blick geraten sind. Der Vorschlag, die Metapher des „eisernen Vorhangs" durch das Bild des durchlässigen „Nylon Curtain"[11] zu ersetzen, verweist in diese Richtung. Er bleibt insofern problematisch, da hier die Macht von Grenzziehungen und der zahlreichen Grenzwächter in autoritären Regimen vernachlässigt wird.[12]

Eine Möglichkeit, Austauschbeziehungen konkret zu greifen, ohne die Grenzziehungen und Grenzsicherungen durch Diktaturen aus dem

[10] Vgl. u. a. Ragna Boden, Globalisierung auf sowjetisch: Der Kulturtransfer in die Dritte Welt, in: Martin Aust (Hrsg.), Globalisierung imperial und sozialistisch: Russland und die Sowjetunion in der Globalgeschichte, 1851–1991, Frankfurt a. M. 2013, S. 425–442; David C. Engerman, The Ironies of the Iron Curtain. The Cold War and the Rise of Russian Studies in the United States, in: Cahiers du monde russe 45 (2004), S. 465–496; Klaus Gestwa/Stefan Rohdewald, Verflechtungsstudien. Naturwissenschaft und Technik im Kalten Krieg, in: Osteuropa 59 (2009), H. 10, S. 5–14; Slawa Gerowitsch, Kyberkratie oder Kyberbürokratie in der Sowjetunion, in: Bernd Greiner/Tim B. Müller/Claudia Weber (Hrsg.), Macht und Geist im Kalten Krieg, Hamburg 2011, S. 376–395; Maxim Matusevich, Africa in Russia, Russia in Africa: Three Centuries of Encounters, Trenton (NJ) 2006; Jens Niederhut, Grenzenlose Gemeinschaft? Die scientific community im Kalten Krieg, in: Osteuropa 59 (2009), H. 10, S. 57–68; Wladislaw Subok, Sowjetische Westexperten, in: Greiner/Müller/Weber (Hrsg.), Macht und Geist, S. 108–135; sowie allgemein Sari Autio-Sarasmo/Brendan Humphreys (Hrsg.), Winter Kept Us Warm. Cold War Interactions Reconsidered, Helsinki 2010; Patryk Babiracki/Kenyon Zimmer (Hrsg.), Cold War Crossings. International Travel and Exchange Across the Soviet Bloc, 1940s–1960s, College Station (TX) 2014; Simo Mikkonen/Pia Koivunen (Hrsg.), Beyond the Divide. Entangled Histories of Cold War Europe, Oxford 2015. Im Dezember 2016 fand zu diesem Themenkomplex eine Veranstaltung der Berliner Colloquien zur Zeitgeschichte statt, vgl. http://www.berlinercolloquien.de/colloquien/wissenszirkulation/ [26. 11. 2018]. Gegenwärtig bereiten Elke Seefried und der Autor ein entsprechendes Themenheft vor.

[11] Vgl. György Péteri (Hrsg.), Nylon Curtain. Transnational and Trans-Systemic Tendencies in the Cultural Life of State-Socialist Russia and East-Central Europe, Trondheim 2006.

[12] Überzeugender ist hier das Bild, das Michael David-Fox verwendet, vgl. Michael David-Fox, The Iron Curtain as Semi-Permeable Membrane. The Origins

Blick zu verlieren, ist eine Beschäftigung mit jenen exponierten *Akteuren*, die transnationale Kontakte herstellten. Derartige Grenzgänger trugen durch ihre eigene Mobilität erheblich zum Wissenstransfer und damit auch zur Beschleunigung des Wandels in ihren Herkunftsmilieus bei.[13] Ebenso geeignet wären Studien zu den jeweils zentralen *Institutionen und Foren*, in denen transnationale Kommunikation stattfand.[14] Allerdings sollte dabei nicht vergessen werden, dass wechselseitige Bezugnahmen ausgelöst durch den Systemwettstreit und den wissenschaftlichen Wettbewerb oft auch indirekt erfolgten. Und gleichfalls scheint eine räumliche Verortung der Übertragung und Diffusion von externen Bezügen angebracht, da sich so die Wanderungen und Transformationen von externen Wissensbeständen nachvollziehen lassen. Nicht immer war das imperiale Zentrum auch die Schaltzentrale der Vermittlung; gelegentlich entwickelten sich vermeintlich periphere Räume zu Drehscheiben des Ideentransfers. Beispielsweise dienten die baltischen Sowjetrepubliken oder auch die westlichen Gebiete der Ukrainischen Sowjetrepubliken als „Transmissionsriemen" des Wissensaustausches für die UdSSR. Engere Bezüge zu Ostmittel- und Westeuropa sowie stärker ausgeprägte transatlantische Netzwerke

and Demise of the Stalinist Superiority Complex, in: Babiracki/ Zimmer (Hrsg.), Cold War Crossings, S. 14–39. Vgl. zur Bedeutung von Grenzziehungen im Kalten Krieg auch die Forschungsagenda des Berliner Kollegs „Kalter Krieg": https:// www.berlinerkolleg.com/de/forschungsagenda [26.11.2018].

[13] Zur Figur der (imperialen) Grenzgänger vgl. grundsätzlich Jörn Happel/Malte Rolf, Die Durchlässigkeit der Grenze. Einleitende Überlegungen zu Grenzgängern und ihren Lebenswelten in der späten Habsburger- und Romanow-Monarchie, in: Zeitschrift für Geschichtswissenschaft 59 (2011), S. 397–404; Tim Buchen/Malte Rolf, Eliten und ihre imperialen Biographien. Zur Einführung, in: dies. (Hrsg.), Eliten im Vielvölkerreich. Imperiale Biographien in Russland und Österreich-Ungarn (1850–1918) / Elites and Empire. Imperial Biographies in Russia and Austria-Hungary (1850–1918), Berlin 2015, S. 3–32; Malte Rolf, Imperiale Biographien. Lebenswege imperialer Akteure in Groß- und Kolonialreichen (1850–1918) – zur Einleitung, in: Geschichte und Gesellschaft 40 (2014), S. 5–21.

[14] Vgl. Studien wie die von Frank Dittmann, Technik versus Konflikt. Datennetze durchdringen den Eisernen Vorhang, in: Osteuropa 59 (2009), H. 10, S. 101–120; Marc Elie, Formulating the Global Environment. Soviet Soil Scientists and the International Desertification Discussion, 1968–91, in: The Slavonic and East European Review 93 (2015), S. 181–204; Eglė Rindzevičiūtė, Toward a Joint Future beyond the Iron Curtain. East-West Politics of Global Modelling, in: ders./Jenny Andersson (Hrsg.), The Struggle for the Long-Term in Transnational Science and Politics, New York 2015, S. 115–143.

ermöglichten es, dass diese Peripherien bei der Vermittlung von westlichem *know how*, aber auch bei der Generierung von Vorstellungen über „den Westen" in der Sowjetunion eine zentrale Rolle spielten. Eine entsprechende Kartierung der Wissenswege würde zugleich verdeutlichen, wie sehr auch vermeintlich stabil-statische autoritäre Ordnungen durch Bewegung und Informationsflüsse gekennzeichnet waren.

3. Glokale Fallstudien: Das Zusammentreffen von transnationalen Referenzen und lokalen Eigendynamiken (in zeitgenössischer Perspektive)

Eine Verbindung der bisher genannten Ebenen in konkreten Fallstudien eröffnet neue kulturgeschichtliche Zugänge zu autoritären Regimen. Dabei sollte es darum gehen, eben eine „glokale" Perspektive zu entwickeln und somit die Interaktion von lokalen Kontexten und translokalen beziehungsweise globalen Zusammenhängen herauszuarbeiten.[15] Eine solche Beschäftigung mit konkreten Konstellationen legt das Zusammentreffen von externen Wissensbeständen und lokalen Akteuren in spezifischen Aushandlungssituationen offen und verdeutlicht auch in einer historischen Momentaufnahme die Dynamik der Interaktion von Mächtigen und weniger Mächtigen.

Für die späte Sowjetunion ist in der jüngeren Forschung zu Recht gegen eine traditionelle Unterscheidung von „Regime" einerseits und „Bevölkerung" anderseits argumentiert worden, die die Komplexität von politischer und sozialer Interaktion zumindest in der post-totalitären Periode nicht erfasst.[16] In diesem Kontext sind einige erhellende Fallstudien zu vielschichtigen Kommunikationssituationen vor Ort entstanden und so Geschichten von Mikrokosmen sozialer Interaktion erzählt worden.[17] Allerdings ist in den bisher erschienenen Arbeiten

---

[15] Vgl. ausführlicher dazu Roland Robertson, Glokalisierung. Homogenität und Heterogenität in Raum und Zeit, in: Ulrich Beck (Hrsg.), Perspektiven der Weltgesellschaft, Frankfurt a. M. 1998, S. 192–220.

[16] Vgl. z. B. Ulf Brunnbauer, Der Mythos vom Rückzug ins Private. Arbeit, Konsum und Politik im Staatssozialismus, in: Boškovska/Strobel/Ursprung (Hrsg.), „Entwickelter Sozialismus" in Osteuropa, S. 23–52; Ekaterina Emeliantseva Koller, Spaß und Freude zwischen Kontrolle und Agency. Spätsowjetische Feiertage in einer geschlossenen Stadt, in: Boškovska/Strobel/Ursprung (Hrsg.), „Entwickelter Sozialismus" in Osteuropa, S. 109–142.

[17] Vgl. Ivo Mijnssen, Heldenkult und Bringschuld. Hyperstabilität in der Heldenstadt Tula unter Brežnev, in: Belge/Deuerlein (Hrsg.), Goldenes Zeitalter der

die Bedeutung von externen Wissensbeständen unterschätzt worden. Beim Zusammenspiel einer Vielzahl von Akteuren kam aber grenzüberschreitenden Referenzpunkten eine wichtige Rolle als Autoritätsverstärker zu. Und es sind hier keinesfalls nur die Jugendkultur oder die Dissidentenkreise, bei denen Bezüge auf „den Westen" einen enorm hohen Stellenwert hatten.[18] Auch in anderen lokalen Aushandlungsprozessen stellen solche Verweise auf externe Vorbilder, Vordenker und Verfahrensweisen eine wichtige argumentative Ressource dar. Selbst in autoritären Regimen vermochte ein Verweis auf die Welt jenseits der „eisernen" Grenzen Autorität zu verstärken und die Plausibilität von Anliegen zu erhöhen – solange nicht Grundannahmen der jeweiligen Regime in Frage gestellt wurden.

Solche Verweise sowie überhaupt die Vorstellungen von jener Welt jenseits der Diktatur haben erheblich zur Dynamik in den Kommunikationszusammenhängen vor Ort beigetragen. Wie genau, in welcher Intensität, unter Aktivierung welcher Austauschkanäle und mit welchen Folgen und Eigendynamiken zeigt sich exemplarisch in konkreten Fallstudien, die eben insofern „glokal" sind, als sie die globale Dimension der lokalen Auseinandersetzungen mitdenken und aufzeigen. Dabei kann der Untersuchungsgegenstand ebenso eine politische Entscheidungssituation in den Zentren der Macht sein wie ein soziales Interaktionsgefüge an der gesellschaftlichen Peripherie.

Ein solcher Ansatz ist auch deshalb relevant, weil er, vergleichbar zu Carlo Ginzburgs klassischer Studie, zutage bringt, welche Wissensbestände in einer spezifischen historischen Momentaufnahme für wen abrufbar waren und was in einer von parteistaatlicher Zensur geprägten Umwelt zu welchem Zeitpunkt „sagbar" war.[19] Ebenso erfahren wir

Stagnation?, S. 37–53; ders., Memorial Landscapes in the Postwar Generation. The Soviet Hero-Cities of Tula and Novorossiysk in the Brezhnev Era, im Druck. Vgl. auch das Verbundprojekt „Sozialistische Diktatur als Sinnwelt" mit seinen zahlreichen Einzelstudien: Pavel Kolár, Sozialistische Diktatur als Sinnwelt. Repräsentationen gesellschaftlicher Ordnung und Herrschaftswandel in Ostmitteleuropa in der zweiten Hälfte des 20. Jahrhunderts, in: Potsdamer Bulletin für Zeithistorische Studien 40/41 (2007), S. 24–29.

[18] Vgl. Robert Brier (Hrsg.), Entangled Protest. Transnational Approaches to the History of Dissent in Eastern Europe and the Soviet Union, Osnabrück 2013; Sergei I. Zhuk, Rock and Roll in the Rocket City. The West, Identity, and Ideology in Soviet Dniepropetrovsk, 1960–1985, Washington (DC) 2012.

[19] Carlo Ginzburg, Der Käse und die Würmer. Die Welt eines Müllers um 1600, Frankfurt a. M. 1979.

mehr über die Formen der „Indigenisierung" externen Wissens und die oft überraschenden lokalen Folgewirkungen eines Ideentransfers. In einer solchen Collage von mikroskopischen Momentaufnahmen, die die Bezüge auf einen Makrokontext und dessen Aktualisierung in der lokalen Interaktion herausarbeiten, würden wir mehr über die allerorts tätigen „Müller" und ihre Vorstellungen von „Würmern und Käse" erfahren. Und wir könnten erkennen, wie sie das Funktionieren und den Wandel von modernen Diktaturen mitgestalteten. Damit würden zweifellos neue kulturgeschichtliche Perspektiven auf autoritäre Regime wie den späten Staatssozialismus eröffnet.

Neil Gregor

Kommentar

Hat die Kulturgeschichte gesiegt? Gewiss, die zentralen Verschiebungen in den wissenschaftlichen Fragestellungen, die Malte Rolf in Bezug auf die späte Sowjetgeschichte ausmacht, sind in vielen aktuellen Studien zum Phänomen der Diktatur leicht zu erkennen. Schaut man sich Schriften über die Revolutionszeit an, um einmal mit Rolfs eigener Fallstudie zu beginnen, merkt man schnell, dass dieselben methodologischen Verschiebungen stattgefunden haben bei Arbeiten, die sich mit dem Beginn des bolschewistischen Regimes beschäftigen, wie bei Arbeiten, die sich – wie Rolf dies beschreibt – mit dessen Ende auseinandersetzen. So ist es kein Zufall, dass seit den 1990er Jahren Arbeiten zu den sozialen Bedeutungen von Alltagssprache das Forschungsprogramm von Historikerinnen und Historikern mitbestimmen. In diesem Zusammenhang wurden zum Beispiel Praktiken des Fluchens im vor- und nachrevolutionären Russland untersucht. Dabei konnte etwa gezeigt werden, wie Sprache daran beteiligt war, Klassen- und Genderidentitäten zusammenzuschweißen; oder dass Beschreibungen lästerlicher Sprache eher die Neurosen der beschreibenden höflichen Gesellschaft aufdecken als objektive Wahrheiten über die beschriebenen, sich solcher Sprache bedienenden Personen zu Tage fördern. Gleichzeitig zeigten solche Untersuchungen, wie nationale Identität verhandelt und Bürgerlichkeit verschiedenartig definiert wurde, und man stellte fest, dass diese Debatten in Prozessen verankert waren, die sich nicht auf die Narrative von Modernisierung, Herausbildung von Staatlichkeit oder sich entwickelnder Gesetzgebung reduzieren lassen, wie dies eine ältere Forschungstradition zu diesem Thema oft vehement vertrat.[1]

Forschungen zu Repräsentationen von Gewalt in der Revolutionszeit, die etwas später unternommen wurden, exemplifizieren hingegen, dass kulturhistorische Fragestellungen nach und nach Aufmerksamkeit für eine breitere Auswahl an Textsorten – journalistische Aufsätze, Broschüren, Karikaturen – geschaffen haben, um eine verdichtete und differenziertere Beschreibung der vielen zeitgenössischen Diskurse zu

[1] Vgl. Stephen A. Smith, The Social Meanings of Swearing. Workers and Bad Language in Late Imperial and Early Soviet Russia, in: Past and Present 160 (1998), S. 167–202.

erreichen. Indem dieser Untersuchungsansatz die Aufmerksamkeit auf die große Vielfalt der Stimmen legte, die diesen Diskurs bestimmten, und indem er demonstrierte, wie die alltäglichen visuellen Repräsentationen ein Feld formten, in dem Rote und Weiße über die Bedeutung von Revolution und Bürgerkrieg stritten, zeigte er einen Weg vorbei an der simplen Gleichsetzung solcher Bilderwelten mit „Propaganda", die nur allzu oft Arbeiten belastet, die sich ganz dem Totalitarismus-Paradigma von Diktatur verpflichtet fühlen.[2] Solche Arbeiten enthielten schwer nachzuweisende Vorannahmen über die Fähigkeit eines Diskurses, das öffentliche Bewusstsein durch Internalisierungsprozesse zu bestimmen. Es ist daher nicht überraschend, dass im Zuge der Weiterentwicklung kulturhistorischer Ansätze die Konzentration auf Identitäten, Diskurse und Repräsentationen – die Dreifaltigkeit der Modewörter der 1990er – allmählich ersetzt wurde durch Untersuchungen zur Subjektivität. Letztere wurde dabei verstanden als Set von offen zum Ausdruck gebrachten Dispositionen, die sich nicht nur als sprachlich ausgedrückte Denkweisen zeigen, sondern als mentale und emotionale Dispositionen, die in Handlungsgewohnheiten angelegt sind. Somit werden sie nicht immer explizit verbalisiert und sind daher auch nicht immer greifbar für Interpretationen mit den herkömmlichen Werkzeugen der Diskursanalyse.

Solch eine Verschiebung reflektiert die aktuelle Stellung der Kulturgeschichte zu einem Zeitpunkt, an dem sich weithin das Gefühl verbreitet, dass der *Linguistic Turn* ausgedient hat und Wissenschaftlerinnen und Wissenschaftler nach Wegen suchen, über diejenigen Aspekte von Subjektivität zu schreiben, die dem Diskurs vorangehen, gefühlt, aber unverkennbar „da" sind. Es ist kein Zufall, dass einige der interessantesten aktuellen Arbeiten zu revolutionärer Politik sich bei der Emotionsgeschichte – einem bedeutenden Zweig der Kulturgeschichte – bedient haben, um die Transformationen von Subjektivität zu untersuchen, die beispielsweise zur Bildung von bolschewistischen revolutionären Kadern führte.[3]

Über Rolfs Auffassung, der zufolge Geschichten von Diktaturen anfälliger sind für Teleologien des Scheiterns als Geschichten, die

---

[2] Vgl. Anna E. Eremeeva, Women and Violence in Artistic Discourse of the Russian Revolution and Civil War (1917–1922), in: Gender and History 16 (2004), S. 726–743.

[3] Vgl. Inna Shtakser, The Making of Jewish Revolutionaries in the Pale of Settlement. Community and Identity during the Russian Revolution and its

von Demokratien handeln, ließe sich bestimmt diskutieren. Die Geschichtsschreibung über die Weimarer Republik oder die Dritte Französische Republik legt den Schluss nahe, dass „Scheitern" ein Metanarrativ ist, das oftmals auch das Schreiben von Demokratiegeschichte prägt. Der beginnende *Brexit* lässt außerdem vermuten, dass das damit eng verwandte Narrativ des „Niedergangs", das das Schreiben der neueren britischen Geschichte lange geprägt hat, auch wieder reif für ein Wiederaufleben sein könnte. Aber Rolf liegt zweifellos richtig, wenn er behauptet, dass die althergebrachten Denkstrukturen über Diktaturen oft darüber bestimmen, was wir sehen und was wir nicht sehen, und dass die Ansätze der Kulturgeschichte gut dafür geeignet sind, diesen konventionellen Interpretationsrahmen zu sprengen.

Um einmal ein vergleichsweise unbekanntes, aber höchst erhellendes historisches Beispiel herauszugreifen: Der Musikwissenschaftler Thomas Irvine hat vor kurzem die Zusammenarbeit zwischen dem britischen Komponisten Walter Leigh und dem deutschen Musikpädagogen Hilmar Höckner untersucht, die dazu führte, dass ersterer einen Ersatz für Felix Mendelssohns Begleitmusik zu „Ein Sommernachtstraum" schrieb, mit dem Schulkinder das Stück in den 1930er Jahren aufführen sollten.[4] In den Zusammenhang einer konventionellen Darstellung antisemitischer Kulturpolitik im „Dritten Reich" gestellt und erzählt mit dem üblichen, moralisch aufgeladenen Vokabular von Kollaboration und Opportunismus, würde ein solches Vorgehen klar als Teil der staatlich sanktionierten Agenda der Auslöschung der Arbeiten von jüdischen Komponisten und deren Ersatz durch ideologisch akzeptable Kompositionen von Nichtjuden verstanden werden, wobei vergleichsweise unbedeutende kulturelle Akteure wie Leigh und Höckner die Gelegenheit der rassistischen Verdrängung Mendelssohns während des „Dritten Reichs" dazu nutzten, eine Plattform für ihre eigenen unterlegenen Arbeiten zu schaffen.

Allerdings reichte, wie Irvine klarmacht, diese Zusammenarbeit zurück bis in die 1920er Jahre und veränderte sich durch den Machtwechsel von 1933 kaum. Sie gründete auch eher in einem gemeinsamen Interesse an Gebrauchsmusik als in dem Bestreben, sich an der Ver-

Aftermath, 1905–07, London 2014; Lisa A. Kirschenbaum, International Communism and the Spanish Civil War. Solidarity and Suspicion, Cambridge 2015.
[4] Vgl. Thomas Irvine, Normality and Emplotment: Walter Leigh's Midsummer Night's Dream in the Third Reich and Britain, in: Music and Letters 94 (2013), S. 295–323.

drängung eines jüdischen Komponisten zu beteiligen. Während Höckner sich geistig ein Stück weit dem neuen politischen System nach
1933 annäherte, war Leigh in seiner politischen Orientierung ganz
offen antifaschistisch. Außerdem wurde die Komposition in den 1930er
Jahren auch in britischen Schulen gespielt, wo niemand daran dachte,
sie als antisemitische Geste zu interpretieren. Anders gewendet: Wenn
man sie in die Rahmen des Transnationalen, von professionellen Netz-
werken und musikerzieherischem Reformismus stellt, bekommen die
Schöpfung und die Aufführung von Leighs Komposition eine Reihe
von sehr unterschiedlichen Konnotationen – während die Komposition zwar in mancherlei Hinsicht der kulturpolitischen Arbeit des Nazi-
regimes diente, war die Präsenz des Regimes im Hintergrund Irvine
zufolge zum großen Teil nebensächlich für eine ansonsten relativ „normale" Geschichte.

Dennoch wäre es ein Fehler, zu glauben, dass solche Geschichten
eines transnationalen kulturellen Austauschs über die Grenzen von
Demokratie und Diktatur hinweg dazu dienen, ältere Konzepte von
Kultur im engeren Sinne zu stützen, die den Habitus einer unveränder-
lichen Normalität bildeten, in der sich Kultur als unpolitisches Anderes
gegenüber dem Politischen versteht. Wie eine andere aktuelle Arbeit
zu transnationalem Kulturaustausch unter diktatorischen Bedingungen nachgewiesen hat, war Kulturdiplomatie ein bisher unterschätztes
Element bei der Formierung von Allianzen zwischen verschiedenen
Regimen. So hat Benjamin Martin gezeigt, wie Organisationen wie der
Ständige Rat für die internationale Zusammenarbeit der Komponisten
(gegründet 1934), die Internationale Filmkammer (1935) oder die Europäische Schriftsteller-Vereinigung (1942) nationalistische und konser-
vative Kulturschaffende aus Deutschland, Italien und aus zahlreichen
alliierten oder neutralen Staaten zusammenbrachten, um Netzwerke
der Zusammenarbeit über nationale Grenzen hinweg zu befördern.[5]
Die Spannungen zwischen den ästhetischen Traditionen der verschiedenen faschistischen Regierungen, verkörpert am offensichtlichsten
an der größeren Offenheit des faschistischen Italien für modernisti-
sche Experimente im Vergleich zur Position Nazi-Deutschlands, waren
solcher Art, dass, wie Martin argumentiert, die transnationalen Begeg-
nungen als Momente verstanden werden sollten, in denen Unterschiede

---

[5] Vgl. Benjamin G. Martin, The Nazi-Fascist New Order for European Culture,
Cambridge (MA) 2016.

ebenso wie Gemeinsamkeiten zwischen verschiedenen Diktaturen realisiert wurden. Nichtsdestotrotz führten die Möglichkeiten, die solche Institutionen den nationalistischen und konservativen Künstlern, Schriftstellern und Komponisten boten, die sich bisher in einer dem Modernismus huldigenden Kultur marginalisiert gefühlt hatten, dazu, dass willige Teilnehmer aus den verschiedensten künstlerischen Feldern nicht schwer zu finden waren.

Wenn es denn einen übergreifenden Einfluss des kulturhistorischen *Turns* auf das Schreiben der Geschichte von Diktatur gegeben hat, dann hat dieser *Turn* Historikerinnen und Historiker in die Lage versetzt, durch ihre Untersuchungen von Ideologien, Mentalitäten, alltäglichen Gewohnheiten und Praktiken das Ausmaß zu begreifen, in dem normale Bürgerinnen und Bürger das Partizipationsangebot annahmen, das die verschiedenen Regime ihnen zur Verfügung stellten. Solch eine Art von Geschichtsforschung hat eine fundamentale Verschiebung bewirkt – und zwar weg vom Denken über diktatorische Macht als etwas, das einem Volk „von oben" aufgezwungen wird, hin zu der Vorstellung, dass diese Macht etwas ist, das durch die Herausbildung von Subjektpositionen individueller Bürgerinnen und Bürger „von unten" mit konstituiert wird. Je nach Diktatur lag der Schwerpunkt der Forschung auf unterschiedlichen Formen von institutionalisierter Macht – der Bürokratie, der Partei, der politischen Polizei – oder auf der veränderten Subjektivität der „normalen" Bürgerinnen und Bürger. So oder so werden gewöhnliche Bürgerinnen und Bürger nun überwiegend eher als Akteure oder *Agents* der diktatorischen Regime und deren untergeordneter Apparate behandelt, weniger als passive Objekte und Befehlsempfänger. Wie Moritz Föllmer angedeutet hat, implizierte das alte Totalitarismus-Paradigma nicht nur fälschlicherweise, dass das Individuum sich in der Masse des neuen utopischen Kollektivs auflöste, sondern es lenkte auch unsere Aufmerksamkeit ab von den Mechanismen, mit denen es diesen totalitären Regimen tatsächlich gelang, das Aufkommen eines neuen faschistischen (oder auch sowjetischen) Individualismus, der sich um die Ideale von Leistung, Erfolg, Hingabe und Aktivismus drehte, zu ermöglichen und zu fördern.[6]

Während der neuen Kulturgeschichte der Diktatur einerseits das Verdienst zukommt, die Konstituierung einer faschistischen oder

---

[6] Vgl. Moritz Föllmer, Individuality and Modernity in Berlin. Self and Society

kommunistischen Subjektivität zu untersuchen, so besteht andererseits die Gefahr, dass wichtige Aspekte und Forschungsergebnisse dabei verlorengehen. Wenn ältere Kategorien von Gesellschaftsanalyse (am offensichtlichsten etwa die Kategorie Klasse) aus der analytischen und konzeptuellen Werkzeugkiste verschwinden, kommt es darauf an sicherzustellen, dass das Fortbestehen der verschiedensten Formen sozialer Distinktion unter den Bedingungen der Diktatur weiterhin berücksichtigt wird – ungeachtet von deren vereinnahmenden und integrativen Dynamiken. Eine offensichtliche Möglichkeit liegt in der weiteren Erforschung der Konsumgeschichte, einem Feld, das sich besonders für vergleichende Geschichte, nicht nur unterschiedlichster Diktaturen, sondern auch über die Grenze zwischen Demokratien und Diktaturen hinweg, eignet.[7]

Wie die Studie von Despina Stratigakos über Hitlers häusliche Lebenswelt zeigt, boten bebilderte Artikel in Verbrauchermagazinen der 1930er Jahre den Leserinnen und Lesern der Mittelschicht Möglichkeiten, das Tischservice zu sehen, das ihr „Führer" benutzte, wenn er Gäste einlud. Indem sie dies nachahmten, konnten sie öffentlich, durch ihre alltäglichen häuslichen Praktiken ihre Mitgliedschaft in der „Volksgemeinschaft" und ihre Identifikation mit dem Nazi-Regime bekunden.[8] Und doch waren die Essgewohnheiten und die Tischkultur in den 1930er Jahren Ausdruck eines sozialen Habitus, der älter war als die Diktatur und der diese auch überlebte, und sie können nicht allein auf Performanzen einer faschistischen Subjektivität reduziert werden. Obwohl Pierre Bourdieus Interpretation sozialer Distinktion für die Vertreterinnen und Vertreter der Konsumsoziologie seit Langem überholt ist, bieten die zentralen Fragestellungen und Einsichten Bourdieus für Historikerinnen und Historiker immer noch anregende Ansatzpunkte. Sie regen dazu an, über den Fortbestand sozialer Unterschiede unter Umständen, unter denen die vorherrschende Ideologie eigentlich für deren Auflösung eintrat, zu reflektieren.[9] Wie trugen Koch-, Servier- und Essgewohnheiten dazu bei, Unterschiede zwischen

---

from Weimar to the Wall, Cambridge 2013.

[7] Vgl. aktuell Hartmut Berghoff/Jan Logemann/Felix Römer (Hrsg.), The Consumer on the Home Front. Second World War Civilian Consumption in Comparative Perspective, London 2017.

[8] Vgl. Despina Stratigakos, Hitler at Home, New Haven (CT) 2015.

[9] Vgl. Pierre Bourdieu, Die feinen Unterschiede. Kritik der gesellschaftlichen Urteilskraft, Frankfurt a. M. 1987 (französische Erstauflage Paris 1979).

den Identitäten der Aristokratie, des gehobenen Bürgertums, des Kleinbürgertums und der Arbeiterklasse in Deutschland und Italien von den 1920er Jahren bis in die Nachkriegszeit hinein aufrechtzuerhalten? Ist es sinnvoll, ähnliche Fragen auch für das Alltagsleben in der Sowjetunion zu formulieren? Was würde die Untersuchung solcher Fragen in Bezug auf Kleidung, Frisuren oder Make-Up hervorbringen?[10]

Dass solche Untersuchungen noch in den Kinderschuhen stecken, erinnert daran, dass trotz der festen Etablierung der Kulturgeschichte die Arbeit auf diesem Feld gerade erst begonnen hat. Und dennoch bleibt die Vermutung, dass zu viele Historikerinnen und Historiker, die sich mit Diktaturforschung beschäftigen, solche Ansätze allerhöchstens für Randgebiete der Forschung halten, die zwar halbwegs interessante Anhängsel der Dinge sind, die wirklich zählen, denen aber letztlich nur eine marginale Bedeutung zukommt, wenn es darum geht, die klassischen Probleme von Revolution, gewaltsamem *Social Engineering*, Genozid und Krieg zu erklären. Allerdings kann gerade mit solchen Ansätzen gezeigt werden, wie gewaltsame diktatorische Regime in den vermeintlich banalen alltäglichen Lebenswelten normaler Menschen verankert wurden, und darin liegt ihr kritisches Potenzial: in ihrem Vermögen, den grundlegenden Akt des *Othering*, also der Konstruktion einer fundamentalen Andersartigkeit, der noch so viele wissenschaftliche Studien über Diktaturen beherrscht, zu überwinden.[11] Erst wenn es gelingt, diese tief sitzende Gewohnheit des *Othering* von Diktatur zu überwinden, können wir ernsthaft vom Sieg der Kulturgeschichte sprechen.

Übersetzung: Manuela Rienks

---

[10] Vgl. Irene Guenther, Nazi Chic? Fashioning Women in the Third Reich, Oxford 2004; Isabella Belting, Gretchen mag's mondän. Damenmode der 1930er Jahre, München 2015; für Italien vgl. Eugenia Pacelli, Fashion under Fascism. Beyond the Blackshirt, Oxford 2004; Perry Wilson, The Nation in Uniform? Fascist Italy, 1919–43, in: Past and Present 221 (2013), S. 239–272.

[11] Ich habe diese Argumentation detaillierter ausgeführt in Neil Gregor, Die Geschichte des Nationalsozialismus und der Cultural-Historical Turn, in: Vierteljahrshefte für Zeitgeschichte 65 (2017), S. 233–245.

Gunilla Budde

Diktatur und Geschlecht

Die neuere Geschichte kennt keine Diktatorinnen. Diese eindeutige Männerdominanz an den Schaltstellen moderner Diktaturen verstellte lange Zeit den differenzierten Blick auf weibliche Handlungs- und Verantwortungsoptionen. Primär als Wählerinnen, Claqueure und Handlangerinnen der Diktatoren und ihrer Chargen wahrgenommen, weitgehend eingepasst in deren Ideologien und wenig selbstbestimmt instrumentalisiert für die jeweiligen Regime – das galt und gilt vor allem für die Studien zur gut erforschten NS-Geschichte.[1] Das galt und gilt ähnlich auch für die Geschichtsschreibung zur SED-Diktatur.[2] Hier allerdings, so der Tenor der Studien, die schon zu Beginn der 1990er Jahre weniger traditionell politik-, sondern primär sozial- und kulturhistorischen Ansätzen folgten, schienen Frauen, mit Ausnahme der politischen und beruflichen Führungsspitze, früh und weitgehend in alle Bereiche der sozialistischen Gesellschaft integriert. Vielfach galt die Stellung der Frauen gar als einer der wenigen gelungenen Teilversuche im ansonsten gescheiterten Experiment des SED-Staates.

Im Folgenden soll es zum einen darum gehen, Wandlungen der Gender-Forschung knapp am Beispiel der Forschungen zum Nationalsozialismus zu beleuchten. Zum anderen werden mögliche Perspektiven einer Gender-sensiblen Diktaturforschung mit drei aus meiner Sicht lohnenden Akzenten diskutiert:

1. Konsequent beide Geschlechter in ihrem Mit- und Gegeneinander in den Blick zu nehmen und dazu Geschlechter-Arrangements in Ehen unter Diktaturen sowohl in der Führungsriege als auch in mittleren und unteren Positionen zu betrachten.

2. Familien in Diktaturen gleichzeitig als Einfallstore und Aushängeschilder gelungener ideologischer Durchdringung sowie als geschützte Nischen gegenüber diktatorischer Durchherrschung zu beleuchten – kurz: die altbekannte Frage nach dem Verhältnis von Privatheit und

---

[1] Vgl. Johanna Gehmacher/Gabriella Hauch, Einleitung, in: dies. (Hrsg.), Frauen- und Geschlechtergeschichte des Nationalsozialismus. Fragestellungen, Perspektiven, neue Forschungen, Wien 2007, S. 7–19, hier S. 9. Sie sprechen von einem „der breitest bearbeiteten Forschungsfelder der Frauen- und Geschlechtergeschichte".

[2] Bezeichnend der Titel einer relativ aktuellen Studie: Claudia Wangerin, Die DDR und ihre Töchter, Berlin 2010.

Öffentlichkeit zu stellen, deren strikte Trennung Diktaturen zu nivellieren suchten.

3. Sowohl Feminismus (NS-Diktatur) wie auch Antifeminismus (SED-Diktatur) als diktatorisches Feindbild und damit verbunden Männer- und Frauenbilder generell mit sehr verschiedenen Facetten ins Visier zu nehmen und dabei unterschiedliche moderne Diktaturen in Beziehung zu setzen und zu vergleichen. Welche Partizipationsversprechen – Stichwort Bildung – und welche Lebensmodelle boten sich Frauen wie Männern?

1. Gender-Forschung und Nationalsozialismus

Bis in die 1970er Jahre hinein wurden Frauen primär als Nebendarstellerinnen, häufig eher als Opfer des nationalsozialistischen Regimes wahrgenommen.[3] Gestützt wurde diese Viktimisierung durch die gleichzeitige Mythologisierung der „Trümmerfrauen" nach 1945. Die Formel der „Stunde der Frauen" stilisierte in beiden deutschen Staaten Frauen gegenüber den männlichen Tätern als mehr oder minder unschuldige Leidtragende und verklärte sie zugleich zu Hoffnungsträgerinnen des Neuanfangs.[4] Vorherrschend blieb die Vorstellung weitgehender Machtlosigkeit von Frauen im Nationalsozialismus und ihrer Fremdbestimmung durch eine patriarchalisch strukturierte Gesellschaft, die Frauen nicht nur in eine Opferrolle drängte, sondern sie gleichzeitig der Verantwortung für die NS-Verbrechen weitgehend enthob.[5]

Die Auseinandersetzung zwischen Claudia Koonz und Gisela Bock, angefacht durch das Buch „Mothers in the Fatherland" von Koonz,

---

[3] Vgl. Christine Künzel/Gaby Temme (Hrsg.), Täterinnen und/oder Opfer? Frauen in Gewaltstrukturen, Hamburg 2007. Dies ist nach wie vor eine deutliche Tendenz, auch wenn Susanne Lanwerd und Irene Stoehr zu Recht darauf verweisen, dass es auch bereits in früheren Forschungen differenziertere Zugänge gab: vgl. Susanne Lanwerd/Irene Stoehr, Frauen- und Geschlechterforschung zum Nationalsozialismus, in: Gehmacher/Hauch (Hrsg.), Frauen- und Geschlechtergeschichte, S. 22–68.

[4] Vgl. Leonie Treber, Mythos Trümmerfrauen. Von der Trümmerbeseitigung in der Kriegs- und Nachkriegszeit und der Entstehung eines deutschen Erinnerungsortes, Berlin 2016; Ina Merkel, ... und Du, Frau an der Werkbank. Die DDR in den 50er Jahren, Berlin 1990. Vgl. auch ARD, Akte D – Mythos Trümmerfrau, 25. 4. 2016.

[5] Vgl. Christina Herkommer, Der Diskurs zur Rolle von Frauen im Nationalsozialismus im Spiegel feministischer Theoriebildung, in: Künzel/Temme (Hrsg.), Täterinnen, S. 25–45.

löste dann zu Beginn der 1990er Jahre nicht nur einen „Historikerinnenstreit" aus, sondern brachte die Gender-Forschung zum Nationalsozialismus gehörig in Bewegung.[6] So kritisch die Berliner Historikerin
Gisela Bock der These ihrer amerikanischen Kollegin begegnete, dass
Frauen im „Dritten Reich" allein durch die Akzeptanz und Einlösung
ihrer Hausfrauen- und Mutterrolle der NS-Herrschaft zum Schein der An-
ständigkeit verhalfen und sich somit mittelbar zu Mittäterinnen machten, so vehement plädierte sie nun, mit Zustimmung vieler Kolleginnen,
die forschende Aufmerksamkeit auf „wirkliche" Täterinnen zu lenken.[7]
Diese Kontroverse löste einen Paradigmenwechsel aus und erweiterte
das Themenfeld der NS-Geschlechterhistoriographie um vier Aspekte:
die Integration des Differenz- und Gleichheitsdiskurses in der NS-Forschung, die Sensibilität für den Zusammenhang von Geschlechter- und
Rassenpolitik, die Diskussion des NS-Mutterkultes, und die Frage nach
der Politisierung der Privatsphäre.[8] Damit öffnete sich die Perspektive
auf vielfältige „Handlungsräume" von Frauen im Nationalsozialismus.[9]
Was mit Blick auf die Männer längst Konsens war, galt nun auch für die
Frauen: Auch sie waren in ihrer Mehrheit „ganz normale Frauen" und
damit sowohl unter den Tätern, Opfern, Mitläufern und Zuschauern als
auch unter Gegnern des Nationalsozialismus zu finden.[10]

2. Diktatur und Geschlecht – Vorschläge zu Forschungsperspektiven

a) Ehen und andere Geschlechter-Arrangements

Auch wenn Frauen jetzt in ganz unterschiedlichen Handlungsräumen und Wirkungsbereichen der Regime gesehen wurden, hielt sich

---

[6] Vgl. Claudia Koonz, Mothers in the Fatherland. Women, the Family, and Nazi
Politics, New York 1987.
[7] Vgl. Gisela Bock, „„Ein Historikerinnenstreit"?, in: Geschichte und Gesellschaft 18 (1992), S. 400–404.
[8] Vgl. Lanwerd/Stoehr, Frauen- und Geschlechterforschung, S. 26.
[9] Vgl. Kirsten Heinsohn/Barbara Vogel/Ulrike Weckel (Hrsg.), Zwischen Karriere und Verfolgung. Handlungsräume von Frauen im nationalsozialistischen
Deutschland, Frankfurt a. M. 1997.
[10] Eine Pionierin war hier die Hamburger Historikerin Angelika Ebbinghaus.
Vgl. u. a. Angelika Ebbinghaus (Hrsg.), Opfer und Täterinnen. Frauenbiogra-
phien des Nationalsozialismus, Frankfurt a. M. 1996. Neuere Studien: Gisela
Bock, Der Nationalsozialismus und die Frauen, in: Bernd Sösemann (Hrsg.),
Der Nationalsozialismus und die deutsche Gesellschaft. Einführung und Über-

die Vorstellung, dass sie in der Regel weniger aus eigenem Antrieb agierten, sondern vielmehr auf männliche Herausforderungen und Anweisungen reagierten. Lenkt man den Fokus auf Geschlechterbeziehungen im privaten wie im öffentlichen Raum, ist zu erwarten, dass sehr unterschiedliche Varianten des Miteinanders von Männern und Frauen beobachtet werden können.

Als eine erste Variante, die einerseits aufgrund der guten Quellenlage und andererseits wegen ihrer weiten Verbreitung besonders gut fassbar erscheint, ist die Beobachtung der im Krieg getrennten Paare, die ihre Ehe auf Distanz vor allem in Briefform „führten" und häufig neu erfanden.[11] Ein Beispiel, das gleichzeitig die noch nicht geschriebene Geschichte des Bürgertums im Zweiten Weltkrieg anzuregen vermag, sind die fast 2000 Briefe, die ein Sanitätsoffizier an der Ostfront und seine Gattin in Westfalen zwischen 1940 und 1945 wechselten. Beide Eheleute zeigten sich darin bemüht, namentlich während des Krieges die eingespielte Aufgabenteilung aufrechtzuerhalten, sich der familieneigenen Besonderheiten, Traditionen und Werte immer aufs Neue zu vergewissern, in der oft artikulierten Hoffnung, ihr bildungsbürgerlicher Kosmos könne so die Krise quasi überwintern.

Gleichsam ein Ringen um eheliche Normalität durchzieht die gesamte Korrespondenz der Eltern von vier Söhnen. „Ich warte nun erst Deinen Bescheid ab, ehe ich weiteres unternehme", bittet die Gattin immer wieder um die gewohnte Hilfe bei einer Entscheidung, die sie längst hatte treffen müssen. Drohte die Selbstständigkeit der Ehefrau unkontrollierte Formen anzunehmen, folgte die Rüge auf dem Fuße. Der Despot aus der Ferne schlug dann harsche Töne an, von „seinem Haus" ist nun die Rede, das in seinem Sinne „geführt" werden müsse. Immer stärker treten im Laufe des Briefdialogs die Diskrepanzen zwischen der traditionellen Geschlechtervorstellung und dem Kriegsalltag an der Heimatfront zutage. Die überkommene Ehehierarchie erscheint als alltägliche, jedoch bloße Inszenierung auf dem Briefpapier.

blick, Stuttgart 2002, S. 188–209; Simone Erpel (Hrsg.), Im Gefolge der SS: Aufseherinnen des Frauen-KZ Ravensbrück, Berlin 2007; Künzel/Temme (Hrsg.), Täterinnen; Kathrin Kompisch, Täterinnen. Frauen im Nationalsozialismus, Köln 2008; Marita Krauss (Hrsg.), Sie waren dabei. Mitläuferinnen, Nutznießerinnen, Täterinnen im Nationalsozialismus, Göttingen 2008.
[11] Weitere reichhaltige Privatbriefe vor allem aus Kriegszeiten finden sich im Kempowski-Biografiearchiv in der Akademie der Künste Berlin.

Dem Regime gegenüber zeigte man sich eher willfährig als widerständig, fühlte sich aber keineswegs als stolzer Teil der „Volksgemeinschaft", für „die man", wie die Gattin einmal süffisant schrieb, „ja wohl nicht geboren sei". Eben dieser ironische Umgang mit der Propagandaformel „Volksgemeinschaft" unterstreicht einmal mehr den Bedarf, das nationalsozialistische Regime auch als Klassengesellschaft zu begreifen und durch praxeologische Zugänge den Homogenitätsanspruch des Begriffs zu hinterfragen.[12]

Während die Korrespondenz der vorgestellten Eheleute eher eine abschätzige Distanzierung von der vermeintlich klassennivellierenden Volksgemeinschaftsidee durchzieht, verstanden andere sie als Angebot und Auftrag. „Unsere Elli will jetzt als Rotkreuzschwester die Volksgemeinschaft in der Ukraine retten",[13] mokierte sich die Arztgattin über den Eifer ihres Dienstmädchens. Dies führt zur zweiten Variante möglicher Geschlechter-Arrangements, ebenso solche Frauen in den Blick zu nehmen, die sich bewusst in die „besetzten" Gebiete versetzen ließen, sich freiwillig als Krankenschwestern, Ärztinnen, Sekretärinnen, Kindergärtnerinnen oder Lehrerinnen meldeten und damit mehr oder weniger aktiv die „Germanisierung des Ostens" voranzutreiben halfen.[14] Manche von ihnen gaben hierzu nach Kriegsende erstaunlich bereitwillig und unverblümt Auskunft.[15] Als Vorzimmerdamen waren sie häufig eingeweiht in die Verbrechen von SS und Wehrmacht und damit nicht nur einfache Werkzeuge der Gewaltapparate, sondern „mehr oder weniger stille Bundesgenossen".[16]

---

[12] Auf diesem Weg ist auch die neueste Forschung zum Thema „Volksgemeinschaft", wobei bislang jedoch auch hier Gender-Aspekte wenig Berücksichtigung finden. Vgl. u. a. Dietmar von Reeken/Malte Thießen (Hrsg.), „Volksgemeinschaft" als soziale Praxis. Neue Forschungen zur NS-Gesellschaft vor Ort, Paderborn 2013.

[13] Gunilla Budde, „Auch für uns werden die Zeiten schlechter". Aus dem Briefwechsel einer westfälischen Arztfrau mit ihrem Offiziers-Ehemann an der Ostfront, in: Landesheimatbund Sachsen-Anhalt e.V. (Hrsg.), „Als Vater im Krieg war, musste Mutter für uns sorgen". Familienalltag in den vierziger Jahren, Halle a. d. Saale 1999, S. 55–69.

[14] Vgl. Elizabeth Harvey, Women and the Nazi East. Agents and Witnesses of Germanization, New Haven 2003.

[15] Vgl. Wendy Lower, Hitlers Helferinnen. Deutsche Frauen im Holocaust, München 2014.

[16] Karin Himmler, „Herrenmenschenpaare": Zwischen nationalsozialistischem Elitebewusstsein und rassenideologischer (Selbst-)Verpflichtung, in: Krauss (Hrsg.), Mitläuferinnen, S. 62–82, hier S. 66.

In Dienststellen der Wehrmacht, Arbeitslagern, Euthanasieanstalten oder Verwaltungsbüros der Gestapo entstanden Räume der Begegnung und des Miteinanders von Männern und Frauen – Gleichgesinnte durch und durch. Aus Michael Wildts Forschungen wissen wir, dass viele Ehefrauen schon vor ihrer Heirat mit leitenden Mitarbeitern des Reichssicherheitshauptamts NSDAP-Mitglieder waren.[17] Die NS-Ideologie bot eine verbindende Sinnstiftungsbasis für eine gemeinsame Zukunft, getragen von der Vorstellung, zu zweit für die Volksgemeinschaft arbeiten zu wollen, erfüllt von der Mission, eine „rassisch wertvolle" Familie zu gründen.[18] Ehepaare dieser mittleren und unteren Führungsriege radikalisierten sich in der Zusammenarbeit häufig gegenseitig; man teilte Denkmuster und das Selbstverständnis, einer Elite innerhalb des Regimes anzugehören und auch die Kinder zu dieser Haltung zu erziehen. Wie wir aus der Heydrich-Biographie von Robert Gerwarth wissen, konnten es dabei auch durchaus die Frauen sein, die sich als federführend bei der Ideologisierung zeigten.[19] Diese „Herrenmenschenpaare", wie Gudrun Schwarz und Katrin Himmler sie nennen,[20] führten nach der Heirat in der Regel eine traditionelle Ehe, wobei die zuvor politisierten Frauen allein durch ihren emotionalen Beistand ihren Männern erst das Morden möglich und aushaltbar machten.[21] „Die Anwesenheit der Ehefrauen und Kinder an den Orten ihrer mordenden Männer waren für diese nicht nur ein wichtiger ‚seelischer Ausgleich', sondern wurde von der NS-Führung ausdrücklich unterstützt."[22] Bekräftigend dazu wurde die Politisierung des Haushalts von Seiten des Regimes vorangetrieben, so dass Frauen als „Meisterhausfrauen" und „Mutterkreuzträgerinnen" eine Aufwertung als Stützen des Regimes im Alltag erfuhren.

Das Private zu politisieren, „weibliche Sphären" zu Machtsphären zu deklarieren, erscheint eine für Diktaturen häufige Taktik, die ein weiteres Untersuchungsfeld verspricht. Ein Beispiel, dass Frauen aus

---

[17] Vgl. Michael Wildt, Generation der Unbedingten. Das Führungskorps des Reichssicherheitshauptamtes, Hamburg 2002.

[18] Vgl. ebenda, S. 68.

[19] Robert Gerwarth, Reinhard Heydrich. Biographie, Berlin 2011.

[20] Vgl. Himmler, Herrenmenschenpaare.

[21] Vgl. Gudrun Schwarz, Eine Frau an seiner Seite. Ehefrauen in der „SS-Sippengemeinschaft", Hamburg 1997; Gudrun Schwarz, Das SS-Herrenmenschenpaar?, in: Helgard Kramer (Hrsg.), Die Gegenwart der NS-Vergangenheit, Berlin 2000, S. 304–313.

[22] Himmler, Herrenmenschenpaare, S. 69.

der Taktik eine Praktik machen, stellt die Spanierin Pilar Primo de Rivera dar. Die Schwester des zum Märtyrer heroisierten José Antonio Primo de Rivera, Begründer der faschistischen *Falange*-Bewegung, stieg nach Primos Tod an der Seite von General Franco zu einer der bis in die 1970er Jahre hinein wirkmächtigen weiblichen Symbolfiguren Spaniens auf. Mit ihrer geschickten Kombination von Rückbezügen auf traditionelle, religiös fundierte Rollenzuschreibungen bei gleichzeitiger Öffnung außerfamilialer Tätigkeitsfelder für Frauen auf dem Gebiet der Bildung entwickelte sie die *Sección Femenina* von einem Vorkriegshilfstrupp der männlichen Falangisten zur landesweiten staatlichen Frauenorganisation mit großen Befugnissen und Einflüssen.

Dabei wurde die „weibliche Lebenswelt" in ihrer Eigenart zwar nicht hinterfragt, aber explizit politisiert und die Rolle der Frau als verantwortliche Staatsbürgerin hervorgehoben – als systemstabilisierend für das franquistische Spanien. Darüber hinaus erwirkte sie durch ihre Alleinzuständigkeit für den *Servicio Social* – das dreimonatige, obligatorische Sprungbrett für vielfältige Bildungs- und Ausbildungsoptionen für spanische Frauen der Mittel- und Oberschicht – ein nachhaltiges Einflussinstrument, das einen Großteil der weiblichen Bevölkerung mobilisierte und an sich band. Einem Teil der Anhängerinnen, häufig Frauen aus dem erzkatholischen Bildungsbürgertum, gelang es seit den späten 1960er Jahren, selbst Spitzenpositionen zu erklimmen und vor allem die geisteswissenschaftlichen Fakultäten der Universitäten zu erobern.

Frühe internationale Kontakte und Beziehungen gehörten zum Erfolgsrezept der *Sección Femenina*. Globale Strahlkraft erreichte sie durch die Organisation internationaler Frauenkonferenzen und durch wochenlange Tourneen mit ihrer Folkloregruppe, die vor allem in Lateinamerika als buchstäblich leuchtende Botschafterinnen ihrer Idee auftraten. Wochenlange Gegenbesuche von Evita Perón, medial glanzvoll inszeniert, erhöhten die internationale Sichtbarkeit und verwiesen auf die weitgespannte Kooperation.

Evita Perón und ihr Gatte Juan verkörperten eine vierte Variante eines Geschlechter-Arrangements unter diktatorischen Vorzeichen: die machtvollen Parade-Paare. Obwohl Evita bis zu ihrem frühen Tod kein offizielles Regierungsamt innehatte, wirkte sie massiv auf die Politik ihres Mannes ein. Sie engagierte sich erfolgreich für das Frauenwahlrecht, begründete die peronistische Frauenpartei und avancierte aufgrund vielfacher Aktivitäten in der Armenfürsorge vor allem zum Idol der argentinischen Arbeiterklasse. Bedeutsam war sie nicht zuletzt für die Imagepflege ihres im Ausland in Misskredit geratenen Mannes, der in den frühen 1940er Jahren kein Hehl aus seiner Bewunderung für Hitler und Mussolini gemacht hatte. Die berühmte „Regenbogentour", die sie im Sommer 1947 drei Monate lang durch Europa führte, galt als diplomatische Mission einer von Evita konzipierten argentinischen Sozialpolitik, die sich unter anderem mit der wohltätigen Stiftung *Fundación Eva Perón* in der Armenfürsorge engagierte.[23]

Solche Ehe-Arrangements von Parade-Paaren an der Spitze von Diktaturen, die sich in ihrer scheinbar perfekten Ergänzung wirkungsvoll in Szene setzten, fungierten und funktionierten vor allem im 20. Jahrhundert dank zunehmender medialer Verbreitungschancen als musterhafte Vorbildbeziehungen mit großer Strahlkraft. Das kinderreiche Ehepaar Goebbels von Hitlers Gnaden gehörte dazu, ebenso, wenn auch deutlich weniger glamourös, Lotte und Walter Ulbricht, Erich und Margot Honecker oder auch Nicolae und Elena Ceauşescu.[24] Man denke aber auch an die korruptionsberüchtigten Machthaber der Philippinen, Ferdinand und Imelda Marcos. Die Frauen, so unterschiedlich sie sich auch inszenierten, stilisierten sich als „Mütter der Nation", traten als außerordentliche „Botschafterinnen" weltweit in Erscheinung und stützten vordergründig mit allen Mitteln vor allem das Heldenbild ihrer Männer, um hinter den Kulissen häufig wichtige Strippen zu ziehen. Diese Machtpaare und ihre performative Praxis – vergleichend – zu untersuchen und dabei Aspekte der Inszenierung und Ikonisierung des perfekten, vorbildhaften Paares in den Blick zu nehmen, erscheint mir ein spannendes Unterfangen künftiger internationaler Diktaturforschung zu sein.

---

[23] Vgl. Ursula Prutsch, Eva Perón. Leben und Sterben einer Legende, München 2015.

[24] Herrschaftselitenpaare im NS- und SED-Staat untersucht auch Susanne Fischer, Diktatur und (Doppel-)Moral? Einblicke in das Sexual- und Familienleben der deutschen Herrschaftselite zu Zeiten des Nationalsozialismus und des SED-Regimes, Stuttgart 2014. Die kaum gender-sensible Arbeit überzeugt wenig – eine durchaus quellengesättigte Studie, die aber eher auf die persönlichen Befindlichkeiten der Protagonisten abhebt als auf ihre Ausstrahlungskraft.

b) „Familie" als Grenze der Diktatur?

Es fällt ins Auge, dass es vor allem Paare, weniger Familien waren, die als Verkörperung des idealen Miteinanders von Mann und Frau in Erscheinung traten.[25] Denn die Familie ist eine für Diktaturen eher prekäre Institution. Gleichzeitig Ziel und Grenze totalitärer Durchherrschungsvision, erscheint sie gerade in dieser Ambivalenz als eine Institution, an der das Verhältnis von Programmatik und Praxis komparatistisch ausgeleuchtet werden kann. Auch in der Untersuchung von Familien in Diktaturen muss – der oben vorgestellte Briefwechsel macht es deutlich – neben der Gender- auch die Klassenperspektive eingenommen werden.

Wie erste Vergleiche zwischen NS- und SED-Regime zeigen, gelang es offenbar ein Stück weit, eine private, individualisierte Parallelwelt aufrechtzuerhalten, die, anders als etwa die rund 250.000 SS-Paradefamilien, das Private eben nicht zur Schau stellte, sondern als nicht einsehbare Schutznische bewahrte, die nur einer ausgesuchten „Öffentlichkeit" von Familie und Freunden zugänglich war. In der Konkurrenz zwischen familialen und außerfamilialen Sozialisationsinstanzen, mit denen sie sich konfrontiert sahen und die sie selbst immer wieder forcierten, schienen die diktatorischen Regime häufig den Kürzeren zu ziehen, ja diese Ambivalenz sogar mit ihren politischen Vorgaben selbst zu schaffen.[26] Traditionelle Familienvorstellungen koexistierten neben der „rassenhygienischen Institution" (Carola Sachse) und erwiesen sich als äußerst resistent, zwangen etwa auch die SED seit den 1960er Jahren zum Einlenken und gaben damit umgekehrt Frauen, die als Aushängeschilder gelungener Emanzipation unter Karrieredruck gesetzt wurden, eigensinnige Verweigerungsargumente an die Hand.[27]

Aber auch das Versprechen des besonderen Schutzes der Familie, das nicht selten Teil diktatorischer Ideologien war und ist, legt nahe, Familie und Diktaturen in vergleichender Perspektive zu betrachten. Mit welchen Bildern warb man, welche Vergünstigungen versprach man? Welche bevölkerungspolitischen Maßnahmen der demographischen Lenkung wurden ergriffen?

---

[25] Vgl. Paul Ginsborg, Die geführte Familie. Das Private in Revolution und Diktatur 1900–1950, Hamburg 2014.
[26] Vgl. Gunilla Budde, Frauen der Intelligenz. Akademikerinnen in der DDR 1945–1975, Göttingen 2003, S. 307–398.
[27] Vgl. ebenda.

c) Diktatorischer Antifeminismus oder das Feindbild der Emanzipation

Diktaturen operieren häufig mit Feindbildern und Negativfolien. Einig sind sich die Diktaturen des 20. und auch 21. Jahrhunderts darin, die „Emanzipation" der internationalen frühen Frauenbewegungen als fehlgeleitete Vorstellung des weiblichen Lebensentwurfs zu dämonisieren. Dies galt selbst für die SED-Diktatur, die nicht zuletzt mit Blick auf die bürgerliche Frauenbewegung des 19. Jahrhunderts die Gleichberechtigung im Sozialismus als „Nebenwiderspruch" abtat, der sich mit der Einbeziehung der Frauen in den Arbeitsmarkt gleichsam von selbst lösen würde. Gleichzeitig lenkte man, wortwörtlich „Mann", den kritischen Blick immer auch nach Westen, wo vor allem in den späten 1960er Jahren die Aktivitäten der neuen Frauenbewegung ins kritische Visier gerieten und als Indiz westlicher Schwäche im Gleichberechtigungsprozess beurteilt wurden.

Hier lassen sich auch ganz aktuelle Bezüge zum Islamischen Staat (IS) ziehen: die Anwerbungsaktionen durch die sozialen Netzwerke, die nicht zuletzt auf weibliche „bedroom radicals" zielen, wie der britische Anwalt Aamer Anwar die jungen Frauen nennt, die in ihren Mädchenzimmern vor dem PC zu Dschihad-Fans werden, geködert mit Fotos einer heilen, sorgenfreien Familienwelt an der Seite junger Helden und liebevoller Väter im Kalifat.[28] Und man entwirft gezielt Kontrastbilder. So wird in einem 40-seitigen Pamphlet, das sich 2015 unter dem Titel „Women of the Islamic State" an die Frauen der *Al-Khanssaa Brigade* richtete, die deutsche „Herdprämie" als Beweis herangezogen, dass die „Befreiung der Frau von ihrer eigentlichen Berufung" ein Irrweg war, und das „Erziehungsgeld" dessen Eingeständnis von westlicher Seite.[29] Nicht nur als global bestens informiert, sondern auch vertraut mit den modernen Medien, zeigt sich der IS-Propagandaapparat auch,

---

[28] Vgl. Annabel Wahba/Jana Simon, Frauen im Dschihad. Und packt die Babyflasche ein, in: Zeit online, 16. 10. 2014, https://www.zeit.de/2014/41/frauen-dschihad-islamischer-staat [21.11.2018].

[29] Vgl. Women of the Islamic State. A manifesto on women by the Al-Khanssaa-Brigade, übersetzt von Quilliam Foundation London, London 2015, S. 19: „The falsity of these ideas [Befreiung der Frau von ihrer eigentlichen Berufung] were made evident by governments giving salaries to those who return to their homes and raise their children, finally openly accepting that they are ‚housewives'."

wenn man die Rolle der Frau „behind the veil" mit dem Filmregisseur hinter den Kulissen vergleicht: Schließlich, so der O-Ton, ist sie „the most important person in a media production".[30]

Das Plädoyer, den geschlechtergeschichtlichen Ansatz immer auch mit dem klassengeschichtlichen zu verknüpfen, gilt im besonderen Maße für die Betrachtung des Bildungsaspekts. Bildung als Aufstiegsversprechen für einen Großteil der Bevölkerung war und ist ein wichtiges Instrument der Zustimmungsbereitschaft in Diktaturen. Mit diktatorischen Gegenprivilegierungsmaßnahmen gerade auch den gesellschaftlichen Gruppen Zugang zur Bildung zu eröffnen, denen sie bislang verschlossen geblieben war, erzeugte Dankbarkeit, Frustrationstoleranz und Konsensbereitschaft – dies wurde nicht zuletzt für die erste DDR-Generation gezeigt.[31] Inwieweit Bildungsoptionen und die damit verbundene soziale Dynamik in den jeweiligen Gesellschaften als Errungenschaft des Regimes erfahren wurde, trug entscheidend zur Systemstabilisierung bei.

Inwieweit schlossen Bildungsversprechungen auch Frauen mit ein? Welche Rolle spielte dabei der virulente Antifeminismus, der sich explizit gegen die Frauenbewegung stellte, welche ja nicht zuletzt Bildung als Kernforderung auf ihre Fahnen geschrieben hatte? Die DDR ist ein Beispiel dafür, dass hier durchaus Klasse und Geschlecht in Konkurrenz zueinander geraten konnten. Mit dem Motto „Brechung des bürgerlichen Bildungsprivilegs" zielte der SED-Staat primär auf die klassenmäßige Veränderung der Studierendenschaft. Der berühmte „Nebenwiderspruch", nach dem das Geschlecht in der Klasse aufgehe, verhinderte vor allem in den ersten zwei Jahrzehnten eine gezielte Frauenförderung durch Bildungspartizipation. Arbeiterinnen für die Wirtschaft zu gewinnen, war wichtiger als Arbeitertöchter an die Universitäten zu bringen.[32] Auch wenn die DDR, was den Anteil der Studierenden im Allgemeinen und der Studentinnen im Besonderen in den 1970er Jahren mit 9 beziehungsweise 27 Prozent überdurchschnitt-

---

[30] Ebenda, S. 22: „It is always preferable for a woman to remain hidden and veiled, to maintain society from behind the veil. This, which is always the most difficult role, is akin to that of a director, the most important person in a media production, who is behind the scenes organising."
[31] Vgl. Dorothee Wierling, Geboren im Jahr Eins. Der Jahrgang 1949 in der DDR: Versuch einer Kollektivbiographie, Berlin 2002.
[32] Vgl. Budde, Frauen der Intelligenz, S. 89–113.

lich hohe Zahlen aufweisen konnte,[33] endete diese Vorreiterposition spätestens dann, wenn es um die Anteile der Professorinnen an den Hochschulen ging. Hier tat sich die DDR mindestens so schwer wie die Bundesrepublik, ihr Gleichberechtigungsversprechen einzuhalten. Vergleicht man diese Entwicklung etwa mit der skizzierten Situation in Spanien seit den 1960er Jahren, wo in einigen Disziplinen Frauen die Universitäten zu erobern begannen, erscheinen DDR-Frauen mit akademischen Ambitionen eher als Stieftöchter der SED-Diktatur.[34]

3. Fazit

Frauen und Männer unterschiedlicher sozialer Positionen im Miteinander und Gegeneinander zu betrachten und zu untersuchen, wie sie in vielfältigen Rollen und unterschiedlichen Räumen in den Diktaturen des 20. und 21. Jahrhunderts agierten, bietet ein weites Feld künftiger Forschungen. Ihre Aktionen darüber hinaus im internationalen Kontext zu sehen, Diktaturen miteinander zu vergleichen, aber auch Diktaturen in ihrem demokratischen Umfeld zu analysieren – der deutsch-deutsche Vergleich nach 1945 ist hier nur einer von vielen möglichen Beobachtungsfeldern – und dabei nach Ähnlichkeiten und Unterschieden zu fragen, bleibt ein Desiderat. Am Beispiel spanischer und lateinamerikanischer Frauenaktivitäten wurde deutlich, wie sehr die Entwicklungen im Kontext und Zusammenspiel globaler gesellschaftlicher Entwicklungen einzuordnen sind. Die modernen Diktaturen agierten, ungeachtet aller Abschottungsversuche, nie als insulare Gebilde, sondern eingebunden in globale Zusammenhänge. Häufig suchten sie selbst Beziehungen, Kontakte und Allianzen zur Selbstbestätigung und Stärkung der eigenen Existenz. Der vorgeschlagene Blick auf Geschlechter-Arrangements in unterschiedlichen Ehevarianten, auf die Rolle der Familie, auf Frauen- und Männerbilder sowie auf Bildungsteilhabe eröffnet ein breites Spektrum möglicher Vergleichs- und Verflechtungsgeschichten, die sowohl Geschlecht als auch Klasse der Akteure ins Visier nehmen. Neue Forschungsoptionen eröffnen darüber hinaus auch Fragen postdiktatorischer Vergangenheitsbewältigung; etwa die Frage nach Ehen, denen nach 1945 und nach 1989 plötzlich die vielfach einigende ideologische Basis fehlte. Der Blick

---

[33] Hartmut Kaelble, Sozialgeschichte Europas. 1945 bis zur Gegenwart, München 2007.
[34] Vgl. Budde, Frauen der Intelligenz.

auf aktuelle Diktaturen wird außerdem stärker auf die mediale Flankierung und Konstruktion sowie die globale Kommunikation der *social media* schauen müssen, auf den Wettbewerb der Weltsysteme im Netz.

Elizabeth Harvey

Kommentar

Gunilla Budde präsentiert anregende und auch provokante Thesen zum Verhältnis von Diktatur und Geschlecht. Sie schärft damit aus einer Geschlechterperspektive den vergleichenden Blick sowohl auf die Versprechen, die Selbstinszenierungen und die Praxis von modernen Diktaturen als auch auf die kollektiven und individuellen Reaktionen darauf. Ich gehe auf eine Reihe ihrer Argumente ein und schlage vor, zusätzliche Akzente zu setzen. Dabei verstehe ich den allgemeinen Begriff *gender* als „normatives symbolisches System von Differenz und Macht",[1] als ein Deutungssystem, das Stärke und Schwäche, Macht und Ohnmacht, Oben und Unten geschlechtlich codiert – was nicht heißt, dass Frauen in Diktaturen keine Macht haben. Mit diesem Begriff von Geschlecht soll, erstens, der Fokus auf „Geschlecht" und nicht auf „Frauen" gerichtet werden, um den Blick auch auf Männerrollen und Männlichkeit zu weiten. Zweitens ermöglicht das Zusammendenken von Geschlecht und Macht eine genderhistorische Analyse von Diktaturen, die den Zwang und die Unterdrückung stärker betont.

Als erstes Thema für einen Vergleich verschiedener Diktaturen formuliert Gunilla Budde die „Geschlechter-Arrangements" am Beispiel von Ehetypen: Ehen als Bollwerk gegen die politischen Anmaßungen des Regimes, Ehen als Partnerschaften von Fanatikern (die „Herrenmenschenpaare" im NS-Regime), außerdem „Parade-Paare" an der Spitze einiger diktatorischer Regime. Ihr erscheint „Geschlechter-Arrangement" als ein Begriff mit mehr Offenheit für das Agieren von Frauen und Männern als der Terminus „Handlungsräume", der sich besonders in der historischen Frauenforschung zum Nationalsozialismus etabliert hat. Mein Vorbehalt wäre, dass „Arrangement" die Selbstbestimmung innerhalb diktatorischer Zusammenhänge und die Offenheit solcher Paarkonstellationen zu stark betont. Wie steht es mit der Machtasymmetrie innerhalb der Ehe als Institution? Was ist mit den Zwängen, denen nichtkonforme heterosexuelle Paare und homosexuelle Menschen ausgesetzt waren? Wenn wir Ehe in der Diktatur als Vergleichsthema untersuchen, wären auch andere Fragen relevant,

---

[1] Jane Caplan, Gender and the Concentration Camps, in: dies./Nikolaus Wachsmann (Hrsg.), Concentration Camps in Nazi Germany. The New Histories, London 2010, S. 82–107, hier S. 84.

etwa ob die jeweilige Diktatur die Macht des Ehemanns im Familien-
und Scheidungsrecht verstärkt oder geschwächt habe. Weiterhin wäre
zu fragen, ob und wie Regime Ehen verhinderten oder zerstörten, zum
Beispiel durch rassistische Eheverbote und/oder Scheidungs-Gebote
oder durch den Druck, in einer akuten Verfolgungssituation den Part-
ner zu verraten oder zu leugnen.

In Bezug auf das potentiell sehr fruchtbare Konzept der „Parade-
Paare" wären auch weitere Fragen denkbar. Was ist die Botschaft,
wenn sich die Spitze eines Regimes als „Paar" statt wie sonst immer
als „großer Mann" präsentiert? Ist das ein Signal, dass Frauen von diesem Regime eine Statuserhöhung erwarten können, oder eher, dass
Frauen nur als dekoratives Beiwerk gewünscht sind, oder sogar, dass
sie besonderen geschlechtsspezifischen Repressionen ausgesetzt werden? Bei der letztgenannten Antwort wäre zum Beispiel an das Paar
Ceaușescu zu denken: Der Aufstieg Elena Ceaușescus in den 1970er
Jahren von der eher unauffälligen Ehefrau zur dezidierten „Genossin"
ihres Mannes mit eigenem Persönlichkeitskult wurde in der rumänischen Bevölkerung mit der verhassten pronatalistischen Geburten-
politik und mit dem drakonischen Abtreibungsverbot in Verbindung
gebracht.[2]

Ein weiteres Thema, das Gunilla Budde für die künftige vergleichende Diktaturforschung vorschlägt, ist die Familie. Dabei erinnert sie uns
an die „klassische" Perspektive, in der die Familie als Hindernis bei
der Machtausweitung des Staates erscheint und Diktaturen die Grenzen zwischen dem öffentlichen und privaten Bereich tendenziell auf-
lösen. Aber Budde deutet auch auf alternative Sichtweisen, in denen
ein gewisses Maß an familiärer Privatheit als Belohnung der Konfor-
mität auch von diktatorischen Regimen versprochen und eingeräumt
wird. Dieser Ansatz scheint sehr plausibel, vor allem in Hinsicht auf
das nationalsozialistische Regime: Das NS-Regime nutzte die ubiqui-
tären Bedürfnisse nach familiärem Glück und privater Sicherheit als
Ressource, um die privilegierten Mitglieder der „Volksgemeinschaft"
zu belohnen oder ihnen zumindest eine glückliche Zukunft zu verhei-

[2] Vgl. Mary Ellen Fischer, Women in Romanian Politics. Elena Ceaușescu, Pro-
natalism and the Promotion of Women, in: Sharon L. Wolchik/Alfred G. Meyer
(Hrsg.), Women, State and Party in Eastern Europe, Chapel Hill (NC) 1985,
S. 121–137; Gail Kligman, The Politics of Duplicity. Controlling Reproduction in
Ceausescu's Romania, Los Angeles (CA) 1998, S. 30, 129–131, 272.

ßen.[3] Das Bild der deutschen Familie als Gegenbild zum bolschewistischen Kollektiv diente außerdem der Abgrenzung vom sowjetischen Feind im Zweiten Weltkrieg.[4]

So sollte die überkommene Vorstellung, Diktaturen seien per se „familienfeindlich", überprüft und differenziert sowie auch auf eigene instrumentelle Funktionen hin überprüft werden, etwa für die Legitimation der CDU-„Familienpolitik" der frühen Bundesrepublik in Abgrenzung zum Nationalsozialismus und zum Kommunismus. Darüber hinaus ist es wichtig, die Familie beziehungsweise die Privatsphäre nicht als *black box* im Visier des Regimes zu betrachten, sondern auch familiäre Binnenstrukturen zu berücksichtigen. Wenn ein diktatorisches Regime den Bereich des Familiären als Privatbereich anerkannte, konnte es den Anschein haben, als ob damit die weibliche Hausarbeit und die häusliche Sphäre aufgewertet werden sollten. Die Kehrseite davon war allerdings die intensivierte Ausnutzung der weiblichen Reproduktionsarbeit, damit Männer sich umso effizienter erholen und auf ihr Wirken in der von der Diktatur gesetzten „öffentlichen" Sphäre konzentrieren konnten. Ähnliche Fragen beziehen sich auch auf die familiäre Rolle von Männern. Wenn ihnen ein „privates Glück" in Form eines Ehe- und Familienlebens versprochen wurde, konnte ihre Rolle als Ehemann und Vater dadurch als besonders wichtig erscheinen – so wurde zum Beispiel den Wehrmachtssoldaten im Zweiten Weltkrieg der Heimaturlaub präsentiert.[5] Aber es ging auch um Instrumentalisierung: Das Familienleben diente zur emotionalen Stabilisierung von Männern, um sie dann immer wieder aus der Familie „herauszuziehen" – so die Argumentation von Paul Ginsborg – und in männerbündische Formationen im Sinne

[3] Vgl. Andreas Wirsching, Privatheit, in: Winfried Nerdinger (Hrsg.), München und der Nationalsozialismus. Katalog des NS-Dokumentationszentrums München, München 2015, S. 443–449; mit dem Thema befassen sich das Projekt „Das Private im Nationalsozialismus" am Institut für Zeitgeschichte München – Berlin und der Sammelband: Elizabeth Harvey/Johannes Hürter/Maiken Umbach/Andreas Wirsching (Hrsg.), Private Life and Privacy in Nazi Germany, Cambridge 2019 (in Vorbereitung).

[4] Vgl. Elizabeth Harvey, Housework, Domestic Privacy and the ‚German Home'. Paradoxes of Private Life during the Second World War, in: Rüdiger Hachtmann/Sven Reichardt (Hrsg.), Detlev Peukert und die NS-Forschung, Göttingen 2015, S. 115–131.

[5] Vgl. dazu Christian Packheiser, „Heimaturlaub". Soldaten zwischen Front, Familie und NS-Regime, Berlin/Boston 2019 (in Vorbereitung).

einer politischen, wirtschaftlichen oder militärischen Mobilisierung einzureihen.[6]

Mit dem Beispiel Pilar Primo de Rivera als Gründerin und Führerin der *Sección Femenina* argumentiert Gunilla Budde, dass die Wohlfahrts- und Erziehungsarbeit, die von bürgerlichen Frauen in Spanien unter Franco geleistet wurde, als eine Art „Politisierung des Haushalts" beziehungsweise des Privaten gesehen werden kann. Dieser Aspekt der Geschlechterpolitik in den faschistischen und rechtsextremen Diktaturen des 20. Jahrhunderts verdient in der Tat nähere Betrachtung. Die öffentliche Wohlfahrtstätigkeit von Frauen im Namen des „Gemeinwohls" diente oft als positive Propaganda für jene Regime, die soziale Ungleichheit zementierten, indem sie die Gewerkschaften zerschlugen und das Lohnniveau drückten. Solche Tätigkeit mobilisierte die unbezahlte Arbeit von bürgerlichen Frauen mit dem Ziel, sonst eher unzugängliche Armenmilieus zu erreichen und eine Form von sozialer Disziplinierung zu schaffen. Wie Paul Corner für das faschistische Italien aufgezeigt hat, halfen die faschistischen Frauenorganisationen auf diesem Weg, die Diktatur zu stabilisieren.[7] Dabei wäre über den Begriff des „Politischen" in Bezug auf diese betont „weibliche" Arbeit nachzudenken. In einem Kontext der betonten Geschlechterdifferenz wurden solche Wohlfahrts- und erzieherischen Tätigkeiten oft als „natürliche" Aufgaben der Frau und damit als nur bedingt politisch präsentiert, etwa als eine Politik „des Herzens".[8] Gerade das vermeintlich „Unpolitische" der weiblichen öffentlichen Tätigkeit im Bereich der Wohltätigkeit konnte eine Kontinuität mit bürgerlichen karitativen Traditionen suggerieren und eine nachträgliche Verharmlosung weiblichen Mitmachens in faschistischen Regimen ermöglichen. Allerdings darf man nicht übersehen, dass faschistische Frauenführerinnen sich sehr wohl als politische Akteurinnen und als „Kameradinnen" faschistischer Männer begriffen. Das betont Gunilla Budde mit Recht in Bezug auf Pilar Primo de Rivera, die sich dem Ziel

---

[6] Paul Ginsborg, Family Politics. Domestic Life, Devastation and Survival 1900–1950, New Haven (CT) 2014, S. 365–368.
[7] Vgl. Paul Corner, Whatever Happened to Dictatorship?, in: Journal of Modern History 74 (2002), S. 325–351.
[8] Elizabeth Harvey, International Networks and Cross-Border Cooperation. National Socialist Women and the Vision of a „New Order" in Europe, in: Politics, Religion, Ideology 13 (2012), S. 141–158.

widmete, den Einfluss der *Falange*-Bewegung im franquistischen Spanien auch in der „postfaschistischen" Zeit nach 1945 hochzuhalten.[9]

Ein weiteres Thema für die vergleichende Analyse von Diktaturen aus der Geschlechterperspektive ist der Antifeminismus. Gunilla Budde schlägt vor – ich denke, in bewusst provokanter Absicht – , dass in staatssozialistischen und faschistischen Diktaturen ein gemeinsamer Antifeminismus ausgemacht werden kann. Das ist in der Tat ein frappierendes Paradox. Mir erscheint es dagegen wichtig, am fundamentalen Unterschied zwischen sozialistischen und faschistischen Geschlechtervisionen festzuhalten. Am Beispiel der Sowjetunion in der Zwischenkriegszeit: So sehr der frühe sexualpolitische Radikalismus der Bolschewiki schon in den 1930er Jahren konservativeren Maßnahmen wich, zum Beispiel in der Einschränkung des Abtreibungsrechts oder in der Re-Kriminalisierung der männlichen Homosexualität,[10] so evident ist doch eine fundamentale Betonung von Frauenrechten und eine Kritik am Patriarchat, die wir im Faschismus nicht finden. Die sowjetische Kampagne gegen die patriarchalische Unterdrückung von Frauen in Zentralasien, etwa gegen die Totalverschleierung von usbekischen Frauen, die 1927 initiiert wurde, erscheint mir als ein charakteristisches Beispiel von sowjetischem Feminismus von oben, der die verschleierten Frauen als „Ersatzproletariat" ansah – wobei die Kampagne misslang und die Verschleierung zum Symbol des Widerstands gegen die Sowjetmacht in Zentralasien wurde.[11]

Angesichts des Aufstiegs von rechtspopulistischen und rechtsextremen Bewegungen in der heutigen Welt sollte man die Macht des Antifeminismus und der Misogynie als Triebkraft von chauvinistisch-nationaler Identitätspolitik und rechtsextremem Hass auf Liberale und Linke nicht herunterspielen. Im Kontext des Diktaturenvergleichs wären jedoch auch andere geschlechtsmarkierte Feindbilder zu betonen, zum Beispiel das Feindbild des unmännlichen oder des homosexuellen Mannes. Die Dämonisierung der „Neuen Frau" beziehungsweise der „donna crisi" durch faschistische Politiker der Zwischenkriegszeit – die „Neue Frau" als Nemesis der Nation und Feind der

---

[9] Zur *Sección Femenina* im franquistischen Spanien nach 1945 vgl. Frauke Kersten, Camaradas en fe y alegria. Die Sección Femenina der Falange (1945–1975), Phil. Diss. Oldenburg 2014.
[10] Vgl. Dan Healey, Homosexual Desire in Revolutionary Russia. The Regulation of Sexual and Gender Dissent, Chicago (IL) 2001, S. 181 ff.
[11] Vgl. Ginsborg, Family Politics, S. 13–15, 62–66.

Geburten, und so weiter – ist bekannt.[12] Daneben ist aber die Angst vor verweichlichter, geschwächter oder verdorbener Männlichkeit ebenfalls ein sehr charakteristisches faschistisches Motiv.[13] So schreibt Hitler in „Mein Kampf" sehr wenig über die „Neue Frau", dafür mehr über die Gefährdung von Männern durch geschlechtskranke Prostituierte und die Notwendigkeit, Jungen durch hartes militärisches Training abzuhärten.[14]

Zum Schluss möchte ich Gunilla Buddes Argumentation unterstützen, dass beim Vergleich der Geschlechterpolitik von Diktaturen besonders auch Elemente von Belohnung und Anreiz zu berücksichtigen sind. Mit der Hoffnung auf soziale Mobilität und erweiterte Chancen lässt sich das Mitmachen von Frauen und Männern teilweise erklären. Aber gleichzeitig würde ich den Blick weiterhin auch darauf richten wollen, in welchem Maße Zwang und Gewalt in Diktaturen eine geschlechterpolitische Dimension hatten und wie Diktaturen auch in dieser Hinsicht zu vergleichen sind.

[12] Zum faschistischen Bild der „donna crisi" vgl. Victoria de Grazia, How Fascism Ruled Women. Italy, 1922–1945, Los Angeles (CA) 1992, S. 212–213.
[13] Anette Dietrich/Ljiljana Heise (Hrsg.), Männlichkeitskonstruktionen im Nationalsozialismus, Frankfurt a. M. 2013; Michael Ebner, The Persecution of Homosexual Men under Fascism, in: Perry Willson (Hrsg.), Gender, Family and Sexuality. The Private Sphere in Italy, 1860–1945, London 2004, S. 139–156.
[14] Hitler, Mein Kampf. Eine kritische Edition, hrsg. von Christian Hartmann u. a., München 2016, Bd. 1, S. 218–219, 657, 667, 671, 729, und Bd. 2, S. 1042, 1045, 1047.

Arnd Bauerkämper

Historische Komparatistik in der Diktaturforschung

Nach dem Ersten Weltkrieg bildeten sich neue diktatorische Systeme heraus, die nicht mehr nur auf die Erhaltung des Status quo zielten, sondern auch eine umfassende gesellschaftliche Erneuerung propagierten und betrieben. Ihr Aufstieg ging mit der Verbreitung eines ethnisch-rassistischen Nationalismus, territorialen Revisionsforderungen, gesellschaftlichen Konflikten und einer akuten Krise des Kapitalismus einher. Die neuen Diktaturen setzten die Erfahrung der Demokratie voraus, die sie nicht mehr zurücknehmen konnten. Sie waren deshalb durch Formen populistischer Mobilisierung und Strategien plebiszitärer Legitimation gekennzeichnet. Nachdem der Aufstieg des Faschismus die Zwischenkriegszeit geprägt hatte, verschärfte der Sieg der Sowjetunion im Zweiten Weltkrieg die Konfrontation zwischen den demokratischen Staaten West- und Mitteleuropas und den kommunistischen Diktaturen, die ab 1947/48 in Osteuropa etabliert wurden. Der Zusammenbruch dieser Regimes zwischen 1989 und 1991 scheint zumindest in Europa die Epoche der Diktaturen beendet zu haben.[1]

Die vergleichende Geschichtsschreibung hat das breite Spektrum unterschiedlicher Herrschaftssysteme im Europa der 1920er und 1930er Jahre vom italienischen Faschismus über die autoritären Diktaturen Marschall Józef Piłsudskis, Francisco Francos und António de Oliveira Salazars bis zum austrofaschistischen Ständestaat, die Türkei unter Kemal Pascha (Atatürk) und dem „Dritten Reich" Adolf Hitlers herausgearbeitet. Darüber hinaus ist komparativ die Durchsetzung kommunistischer Diktaturen in den osteuropäischen Staaten nach dem Zweiten Weltkrieg nachgezeichnet worden. Obwohl die Ziele, Strategien, Mittel und Stadien der kommunistischen Machtdurchsetzung in Osteuropa nach 1945 durchaus ähnlich waren, konnten

---

[1] Überblick in: Detlef Schmiechen-Ackermann, Diktaturen im Vergleich, Darmstadt ³2010, S. 22–87; Steffen Kailitz, Literaturbericht: Der zweite Frühling der Totalitarismusforschung, in: Extremismus und Demokratie 9 (1997), S. 215–232; vgl. auch Ian Kershaw, Höllensturz. Europa 1914 bis 1949, München 2016, S. 14; Arnd Bauerkämper, Der „Große Krieg" als Beginn: das Verhältnis zwischen traditionalen Ordnungskonzepten, Faschismus und Autoritarismus, in: Totalitarismus und Demokratie 12 (2015), S. 73–96.

sie keineswegs einfach nach „sowjetischer Schablone" durchgesetzt werden.[2]

Die vergleichende Diktaturforschung hat sich *erstens* eindeutig auf die Politikgeschichte konzentriert. Demgegenüber sind Hinweise auf die Folgen des umfassenden Herrschaftsanspruches für die einzelnen Menschen oder unterschiedliche soziale Schichten einer Gesellschaft bisher zu wenig beachtet worden. Perspektiven der Historiographie sollen dazu im Folgenden am Beispiel der Utopie des „neuen Menschen" dargelegt werden. *Zweitens* sind Beziehungen und Verflechtungen zwischen Diktaturen desselben Typs unterbelichtet geblieben. Das analytische Potenzial dieser Perspektive der historischen Diktaturforschung soll beispielhaft anhand der faschistischen Regimes in den 1920er und 1930er Jahre gezeigt werden. Darüber hinaus hat die Historiographie *drittens* Überschneidungen und Abgrenzungen zwischen Vertretern unterschiedlicher Varianten von Diktaturen vernachlässigt. Untersuchungen zu diesem Problemfeld eröffnen aber neue Befunde und Einsichten, wie in einem weiteren Abschnitt anhand des wechselvollen Verhältnisses zwischen dem autoritären Militärdiktator Ion Antonescu und der faschistischen „Eisernen Garde" in Rumänien gezeigt wird. Autoritäre Regimes waren in der Zwischenkriegszeit in Verflechtung und Abgrenzung eng auf die Faschisten – vor allem deren Diktaturen – bezogen. Nicht zuletzt muss die beziehungsgeschichtliche Diktaturforschung das Verhältnis zu Demokratien konturieren, wie *viertens* und abschließend argumentiert wird.

Insgesamt ist der Beitrag als Plädoyer für eine mehrfache Perspektivenerweiterung über den Vergleich und eine Diktaturforschung hinaus zu verstehen, die sich eng an spezifischen Typen orientiert hat. Die Überlegungen dazu konzentrieren sich bislang auf faschistische und autoritäre Diktaturen, während kommunistische Regimes lediglich im letzten Abschnitt berührt werden. Ebenso ist die Darstellung auf Europa begrenzt, obgleich Faschismus und Kommunismus globale Bewegungen waren und auch in außereuropäischen Räumen Diktaturen etablierten, die sich aber von den europäischen Regimes unterschieden.[3]

---

[2] Gerhard Besier, Das Europa der Diktaturen. Eine neue Geschichte des 20. Jahrhunderts, München 2006, S. 383.

[3] Vgl. Stein Ugelvik Larsen (Hrsg.), Fascism Outside Europe? The European Impulse against Domestic Conditions in the Diffusion of Global Fascism, New York 2001; Federico Finchelstein, Transatlantic Fascism. Ideology, Violence and the Sacred in Argentina and Italy, 1919–1945, Durham (NC) 2010, besonders S. 15–41, 79–117; Julian Plenefisch, Faschismus in außereuropäischen Gesellschaften.

Zunächst sind aber allgemeine Bemerkungen zur Vergleichs- und Verflechtungsgeschichte unerlässlich.

1. Vergleich, Transfer, Verflechtung: unterschiedliche, aber komplementäre Untersuchungsansätze zur transnationalen Geschichte

Komparative Studien ermöglichen mithilfe kontrollierter Komplexitätsreduktion und begrenzter Dekontextualisierung generelle Aussagen über einzelne Untersuchungsgegenstände hinaus oder die Identifikation spezifischer Merkmale beziehungsweise sogar Singularität. Ihr analytischer Vorteil besteht in ihrer vielfältigen Anwendbarkeit. Ob heuristisch und deskriptiv, analytisch und hermeneutisch, induktiv oder deduktiv, generalisierend oder individualisierend: Dem Spektrum der Ziele und Zwecke komparativer Studien scheinen kaum Grenzen gesetzt. Auch wird eine wissenschaftlich oft gebotene Distanzierung vom Untersuchungsgegenstand befördert. Die gewonnenen Erkenntnisse können so innovative Fragestellungen generieren und weitere vergleichende Studien anregen.[4]

Grundsätzlich gehen komparative Untersuchungen von getrennten Objekten aus, die sich wechselseitig nicht oder kaum beeinflussen. Der historische Vergleich ist letztlich auf klar abgrenzbare Analyseeinheiten angewiesen, damit seine Vorzüge genutzt werden können. Diese Untersuchungsanlage reproduziert jedoch letztlich die unterstellte, aber empirisch nicht haltbare Isolierung und Selbständigkeit der jeweils untersuchten Einheiten. Er vernachlässigt wechselseitige Einflüsse und bedarf deshalb der Ergänzung durch transfer- und verflechtungsgeschichtliche Untersuchungsansätze. Zudem sind trotz des Anspruches, nationalhistorische Perspektiven zu überwinden, letztlich doch vor allem Nationalstaaten miteinander verglichen worden.[5]

Zur Bedeutung globaler Verflechtungen: Das Beispiel Nakana Seigō, in: Zeitschrift für Geschichtswissenschaft 61 (2013), S. 807– 825.
[4] Grundlegend: Hartmut Kaelble, Der historische Vergleich. Eine Einführung zum 19. und 20. Jahrhundert, Frankfurt a. M. 1999; hierzu und zum Folgenden die kompakte Übersicht in: Margrit Pernau, Transnationale Geschichte, Stuttgart 2011, besonders S. 36–84; vgl. auch Hartmut Kaelble, Die interdisziplinären Debatten über Vergleich und Transfer, in: ders./Jürgen Schriewer (Hrsg.), Vergleich und Transfer. Komparatistik in den Sozial-, Geschichts- und Kulturwissenschaften, Frankfurt a. M. 2003, S. 469–493, hier S. 480–485.
[5] Vgl. Heinz-Gerhard Haupt/Jürgen Kocka, Historischer Vergleich: Methoden,

Während komparative Studien im Allgemeinen nur mehrere Vergleichsfälle zur „Analyse und Typisierung der Unterschiede und der Gemeinsamkeiten" gegenüberstellen, versteht man unter „Transfer" vorrangig „die Anverwandlung von Konzepten, Werten, Normen, Einstellungen, Identitäten bei der Wanderung von Personen und Ideen zwischen Kulturen und bei der Begegnung zwischen Kulturen".[6] Über ein Rezeptionsverhältnis hinaus werden dabei vor allem (oft selektive) Übertragungsprozesse behandelt, besonders die daran jeweils beteiligten Vermittler sowie die Voraussetzungen und Folgen der Transfers in den empfangenden Gesellschaften. Allerdings sind die Einflüsse als Folge von Übertragungen im Allgemeinen empirisch nur schwer nachzuweisen. Überdies darf der Erfolg von „Transfers" nicht unreflektiert vorausgesetzt werden.[7]

Nicht zuletzt setzt die Bewertung und Interpretation der Auswirkungen von Transfers jeweils die Kenntnis der Unterschiede zwischen Ausgangs- und Ankunftsgesellschaft und in dieser die Differenz der Verhältnisse vor und nach den Transferprozessen voraus. Dieses Wissen kann nur durch historisch-vergleichende Untersuchungen gewonnen werden. Umgekehrt können Ähnlichkeiten und Unterschiede zwischen Gesellschaften mittelbar oder unmittelbar durch Transfers herbeigeführt worden sein. Eine methodisch reflektierte Verknüpfung der beiden hier skizzierten Untersuchungsansätze eröffnet deshalb für eine transnationale Geschichtsschreibung vielversprechende wissenschaftliche Erkenntnisse. Jedoch bleibt grundsätzlich die Differenz zwischen den Ansätzen zu beachten, die nicht vorschnell vermischt werden sollten.[8]

Insgesamt bedarf die Transferforschung des Vergleichs, zumal die einzelnen und sich teilweise überlagernden Ebenen von Übertragungs-

Aufgaben, Probleme. Eine Einleitung, in: dies. (Hrsg.), Geschichte und Vergleich. Aufsätze und Ergebnisse international vergleichender Geschichtsschreibung, Frankfurt a. M. 1996, S. 9–45; Jürgen Kocka, Historische Komparatistik in Deutschland, in: ebenda, S. 47–60.
[6] Kaelble, Debatten, S. 472.
[7] Vgl. Heinz-Gerhard Haupt/Jürgen Kocka, Comparative History. Methods, Aims, Problems, in: Deborah Cohen/Maura O'Connor (Hrsg.), Comparison and History. Europe in Cross-National Perspective, New York 2004, S. 23–39.
[8] Vgl. Arnd Bauerkämper, Wege zur europäischen Geschichte. Erträge und Perspektiven der vergleichs- und transfergeschichtlichen Forschung, in: Agnes Arndt/Joachim C. Häberlen/Christiane Reinecke (Hrsg.), Vergleichen, verflechten, verwirren? Europäische Geschichtsschreibung zwischen Theorie und Pra-

prozessen – besonders Problemwahrnehmung, Rezeption fremder Lösungsstrategien, Vermittlung, Anverwandlung und Transformation – in der sozialen Praxis selber von (jeweils zeitgenössischen) Vergleichen bestimmt sind. Andererseits ergänzen verflechtungsgeschichtliche Studien vergleichende Untersuchungen, da sie Wechselbeziehungen erfassen und erklären. Es bietet sich damit an, eine Verbindung der vergleichenden Methode mit transfergeschichtlichen Untersuchungsansätzen anzustreben.[9]

2. Das Leitbild des „neuen Menschen" in den Mobilisierungsdiktaturen des 20. Jahrhunderts

Die Vision des „neuen Menschen" blieb im 20. Jahrhundert durchweg unscharf und schillernd. Gerade deshalb war sie vielfach anschluss- und anpassungsfähig, auch in Demokratien.[10] In den modernen Mobilisierungsdiktaturen des 20. Jahrhunderts nahm das Leitbild aber totalitäre Züge an, indem es auf eine weitgehende Steuerung und Konditionierung der Bevölkerung zielte. Die Erneuerungs- und Erziehungskonzepte, die das Leitbild hervorbringen sollten, waren aber ebenso unterschiedlich ausgeprägt wie die daraus resultierenden politischen Eingriffe. Während im nationalsozialistischen Deutschland der völkische Antisemitismus und Rassismus den „nordisch-germanischen" Menschen kultivierten, zielten Propaganda und Politik in der Diktatur Mussolinis deutlicher auf zivilisatorische Überlegenheit, ohne dass rassistische Komponenten fehlten, vor allem im Verhältnis zu den Bewohnern der afrikanischen Kolonien. Damit war die anthropologische Revolution auch im faschistischen Italien ein „permanentes Experiment", mit dem eine „grundlegende und radikale Transformation der Überzeugungen, der Mentalitäten und des Verhaltens der Italiener" erreicht werden sollte. Das Leitbild der „sozia-

---

xis, Göttingen 2011, S. 33–60; Johannes Paulmann, Internationaler Vergleich und interkultureller Transfer. Zwei Forschungsansätze zur europäischen Geschichte des 18. bis 20. Jahrhunderts, in: Historische Zeitschrift 267 (1998), S. 649–685.

[9] Vgl. Jürgen Kocka/Heinz-Gerhard Haupt, Comparison and Beyond. Traditions, Scope and Perspectives of Comparative History, in: dies. (Hrsg.), Comparative and Transnational History. Central European Approaches and New Perspectives, New York 2009, S. 1–30, hier S. 2, 20.

[10] Vgl. Hans-Joachim Hahn, Narrative des Neuen Menschen. Vom Versprechen einer besseren Welt, Berlin 2018.

listischen Persönlichkeit" in den kommunistischen Diktaturen war inhaltlich zwar anders ausgerichtet, da es auf die Formierung von „Kollektiven" auf dem Weg in die kommunistische Gesellschaft zielte. Es sollte aber gleichfalls umfassende Herrschafts-, Steuerungs- und Kontrollansprüche gegenüber den einzelnen Menschen begründen. Herausragend war dabei das Modell des „sowjetischen Menschen".[11]

Über Fallstudien zu den faschistischen und kommunistischen Diktaturen hinaus sind allgemeinere Einsichten und Desiderata der historischen Diktaturforschung über den „neuen Menschen" festzuhalten. *Erstens* hat gerade die Darstellung der unterschiedlichen Politikfelder den spezifischen Stellenwert und die beträchtliche Spannbreite gezeigt, die das Leitbild und die damit verknüpften politischen Maßnahmen aufwiesen. Die Utopie des „neuen Menschen", die – zeitlich und räumlich variierend – unterschiedlich gefasst wurde, begründete in modernen Diktaturen jeweils weitreichende Eingriffe, die sich keineswegs ausschließlich auf das Erziehungswesen bezogen, sondern auch Probleme gesellschaftlichen Zusammenlebens aufgriffen. Die kurz-, mittel- und langfristigen Wirkungen dieser Gestaltungs- und Konstruktionspolitik, die letztlich auf die Konditionierung der Menschen zielte, sind in der Historiographie aber unterbelichtet geblieben.[12]

Zugleich ist *zweitens* in der neueren Geschichtsschreibung deutlich geworden, dass die Erneuerungsvisionen keineswegs ausschließlich auf Repression, Zwang und Indoktrination basierten, sondern auch von der – zum Teil sogar enthusiastischen – Mitwirkung großer Bevölkerungsgruppen getragen wurden. So bildeten die Initiativen und Maßnahmen, die mit dem Ziel der Befreiung aus Unmündigkeit begründet wurden, die Grundlage einer „partizipatorischen Diktatur", in der einzelne Personen in „Massen" und in einer umfassenden sozialen Integration aufgingen. Als politisches Projekt basierte der „neue Mensch" in den Diktaturen des 20. Jahrhunderts auf – von den Macht-

---

[11] Vgl. Emilio Gentile, Der „neue Mensch" des Faschismus. Reflexionen über ein totalitäres Experiment, in: Thomas Schlemmer/Hans Woller (Hrsg.), Der Faschismus in Europa. Wege der Forschung, München 2014, S. 89–106, hier S. 98.
[12] Dazu vergleichend: Arnd Bauerkämper, Der Neue Mensch, in: Docupedia-Zeitgeschichte, http://docupedia.de/zg/Bauerkaemper_neue_mensch_v1_de_2017 [14.12.2018]; ders., Die Utopie des „neuen Menschen" und die Herrschaftspraxis in modernen Diktaturen. Persönlichkeitsformung im NS- und SED-Regime, in: Klaus Geus (Hrsg.), Utopien, Zukunftsvorstellungen, Gedankenexperimente. Literarische Konzepte von einer „anderen" Welt im abendländischen Denken von der Antike bis zur Gegenwart, Frankfurt a. M. 2011, S. 203–227.

habern definierten – Identitätszuschreibungen, welche aber in den Gesellschaften nur zum Teil verwurzelt werden konnten. Das Verhältnis von Partizipation und Repression ist in der künftigen Geschichtsschreibung deshalb schärfer zu konturieren. Dazu sind vergleichende Studien zu unterschiedlichen Diktaturen unabdingbar.[13]

Damit verbunden ist *drittens* festzuhalten, dass sich historische Forschungen zu Utopien nicht auf eine geistesgeschichtliche Rekonstruktion und die Untersuchung programmatischer Stellungnahmen beschränken sollten, sondern vielmehr konkrete politische und gesellschaftliche Handlungspraktiken analysieren müssen. Die Utopie des „neuen Menschen" war ein Angebot der Sinnstiftung, das unterschiedliche Aneignungen zuließ. So konnten vor allem gesellschaftliche Akteure auch in Diktaturen durchaus eigene Ziele verfolgen, die nicht durchweg den Absichten der Machthaber entsprachen. Rituale, die den „neuen Menschen" repräsentierten und propagierten, sind daher auch als „transformative Akte" zu verstehen, die nicht einfach den Status quo abbilden. In der komparativen Diktaturforschung sollten diese Formen der – oft medial vermittelten – Performanz deshalb ernst genommen und einbezogen werden, auch wenn ihre mittel- und langfristigen Wirkungen nicht kausal bestimmt, sondern allenfalls mittels Plausibilitätsannahmen erfasst werden können.[14]

3. Von der Vergleichs- zur Verflechtungsgeschichte: faschistische Diktaturen

Zutiefst beeindruckt von der „Ausstellung zur faschistischen Revolution", reklamierte Benito Mussolini am 28. Oktober 1932 – zehn Jahre nach dem „Marsch auf Rom" – für den italienischen Faschismus die Führungsrolle bei der Durchsetzung einer neuen Zivilisation. Als er die monumentalen Ausstellungsräume im *Palazzo delle Esposizioni* in der Mitte Roms verließ, erklärte der *Duce*: „In zehn Jahren wird Europa faschistisch oder faschisiert sein."[15] 1932 schien die selbstbewusste Prognose

---

[13] Der Begriff „partizipatorische Diktatur" nach: Mary Fulbrook, Ein ganz normales Leben. Alltag und Gesellschaft in der DDR, Darmstadt 2008, S. 309.
[14] Erika Fischer-Lichte, Performance, Inszenierung, Ritual. Zur Klärung kulturwissenschaftlicher Schlüsselbegriffe, in: Jürgen Martschukat/Steffen Patzold (Hrsg.), Geschichtswissenschaft und „performative turn". Ritual, Inszenierung und Performanz vom Mittelalter bis zur Neuzeit, Wien 2003, S. 33–54, hier S. 49.
[15] „In dieci anni l'Europa sarà fascista o fascistizzata", in: Il Popolo d'Italia vom 30. 10. 1932.

Mussolinis keineswegs unrealistisch zu sein. In Deutschland hatte die NSDAP in den Reichstagswahlen vom 31. Juli 1932 beachtliche 37,3 Prozent der Stimmen gewonnen und damit einen politischen Durchbruch erzielt. Schon längst war die faschistische Diktatur für radikal nationalistische und völkische Gruppierungen zu einem Vorbild geworden. Diese Kräfte forderten eine autoritäre Herrschaftsordnung in einem starken Staat, der auch Deutschlands außenpolitische Macht wiederherstellen sollte. Unter den Nationalsozialisten, die 1929 in einer Meinungsumfrage aufgefordert wurden, die bedeutendsten Persönlichkeiten in der Geschichte zu nennen, nahm der *Duce* hinter Bismarck und Hitler den dritten Rang ein.[16]

Umgekehrt hatten die aufsehenerregenden Erfolge der NSDAP in Rom schon 1932 nicht nur Bewunderung, sondern auch Besorgnis erregt. Herausgefordert durch den deutschen Nationalsozialismus, versuchte Mussolini, auch andere faschistische Parteien wie die belgischen Rexisten unter Léon Degrelle und die im Oktober 1932 von Oswald Mosley gegründete *British Union of Fascists* durch großzügige Zuwendungen an sich zu binden. Insgesamt kennzeichnete zunehmend Rivalität das Verhältnis zwischen den italienischen Faschisten und den Nationalsozialisten, die am 30. Januar 1933 die Macht errangen und ihre Diktatur in den folgenden Monaten sehr viel schneller durchsetzen konnten als Mussolini zehn Jahre zuvor.[17]

Die führenden Repräsentanten der faschistischen Diktatur in Italien grenzten sich von 1933 bis Mitte 1935 deshalb scharf vom „Dritten Reich" ab. So propagierten sie die römisch-italienische Kultur (*Romanità*) als Leitbild, das von europäischen Intellektuellen wie Pierre Drieu La Rochelle, Aldous Huxley und Mircea Eliade enthusiastisch aufgegriffen wurde. Auch der Philosoph und Schriftsteller Julius Evola rühmte das kriegerische Vermächtnis des antiken Rom im faschistischen Italien und erhob die „ewigen" spirituellen Werte des römischen Kaiserreiches zu einem Fundament der europäischen Einigung. Damit for-

---

[16] Vgl. Wolfgang Schieder, Das italienische Experiment. Der Faschismus als Vorbild in der Krise der Weimarer Republik, Historische Zeitschrift 262 (1996), S. 73–125, hier S. 84; ders., Mythos Mussolini. Deutsche in Audienz beim Duce, München 2013, S. 66 f. Umfassend: Matthias Damm, Die Rezeption des italienischen Faschismus in der Weimarer Republik, Baden-Baden 2013.

[17] Vgl. Arnd Bauerkämper, Interwar Fascism in Europe and Beyond. Toward a Transnational Radical Right, in: Martin Durham/Margaret Power (Hrsg.), New Perspectives on the Transnational Right, New York 2010, S. 39–66, hier S. 48 f.

derten diese Faschisten aber nicht einfach die Rückkehr in eine glori-
fizierte Vergangenheit, sondern sie propagierten eine Moderne, die mit
dem Ideal der liberalen Demokratie kontrastierte und konkurrierte.[18]

In den frühen 1930er Jahren verfügte Mussolinis faschistisches Regime international noch über eine erhebliche Attraktivität, wie die
Besuche europäischer Faschisten in Rom anlässlich der „Ausstellung
zur faschistischen Revolution" zeigten. Diese Schau, die von 1932 bis
1934 rund 2,8 Millionen Besucher anzog, repräsentierte augenfällig
den transnationalen Überlegenheitsanspruch der italienischen Faschisten. Damit blieben transnationale Ansprüche und Aktivitäten in
Mussolinis Diktatur nicht nur national grundiert, sondern es bildete
sich ein Spannungsverhältnis heraus, das zu untersuchen ist.[19]

Seit Mitte der 1930er Jahre lief das nationalsozialistische Deutschland dem faschistischen Italien aber zunehmend den Rang ab. Diese
Machtverschiebung wirkte sich unmittelbar auf die kleineren faschistischen Bewegungen in Europa aus. Obgleich viele Faschisten in Europa
zunächst Vorbehalte gegen den radikalen Rassismus, den völkischen
Antisemitismus und das Expansionsprogramm der Nationalsozialisten gehegt hatten, war Hitlers „Machtergreifung" von ihnen nahezu
durchweg enthusiastisch begrüßt worden. Nachdem der „Führer"
seine uneingeschränkte Diktatur rasch etabliert hatte, avancierte das
„Dritte Reich" für die Faschisten in Europa vollends zu einem Leucht-
turm.[20]

Jedoch ließ die Rivalität zwischen den beiden faschistischen Vor-
mächten auch hier wiederholt eine politische Kooperation zu. So ging
die Konkurrenz weiterhin mit einem regelmäßigen Austausch mittlerer

[18] Vgl. Arnd Bauerkämper, Der Faschismus in Europa, 1918–1945, Stuttgart 2006,
S. 69. Zu Eliade vgl. Michael Mann, Fascists, Cambridge 2004, S. 278; Konrad
H. Jarausch, Out of Ashes. A New History of Europe in the Twentieth Century,
Princeton 2015, S. 178–180. Zu Drieu La Rochelle und Huxley: Robert Barry Leal,
Drieu la Rochelle and Huxley. Cross Channel Perspectives on Decadence, in:
Journal of European Studies 15 (1985), S. 247–259.
[19] Dazu Überlegungen in: Arnd Bauerkämper, Der europäische Faschismus
in transnationaler Perspektive, in: Zeitschrift für Geschichtswissenschaft 65
(2017), S. 170–184, hier S. 175–177; vgl. auch Marla Stone, Staging Fascism. The
Exhibition of the Fascist Revolution, in: Journal of Contemporary History 28
(1993), 215–243, hier S. 238.
[20] Vgl. Bob Moore, Nazism and German Nationals in the Netherlands, 1933–40,
in: Journal of Contemporary History 22 (1987), S. 45–70; Hans Fredrik Dahl,
Quisling. A study in treachery, Cambridge 1999, S. 116 ff.

und unterer Funktionäre einher.[21] Darüber hinaus vollzogen sich weiterhin grenzüberschreitend Transfers. So ordnete Mussolini 1937 den Neuaufbau ganzer Stadtviertel von Rom nach dem Vorbild von Albert Speers Plänen zu Berlin an.[22]

Das Verhältnis zwischen den beiden Diktaturen muss in einen breiteren Kontext vielfältiger Interaktionen zwischen Faschisten in Europa eingebettet werden, denn die Regimes der italienischen „Schwarzhemden" und der deutschen Nationalsozialisten waren miteinander konkurrierende, aber zugleich aufeinander bezogene politische Magnetfelder. Im transnationalen Beziehungsgeflecht bildeten sich changierende Bezugs- und Interaktionsräume heraus, die ebenso von Übernahmen wie von wechselseitigen Distanzierungen gekennzeichnet waren. Grenzen wurden überschritten, aber auch neu errichtet. Eine Einigung Europas war trotz verschiedener Ansätze unter diesen Bedingungen unmöglich, wie sich im Zweiten Weltkrieg endgültig zeigen sollte.[23]

Insgesamt eröffnet die verstärkte Analyse der grenzüberschreitenden Interaktionsprozesse, Austauschverhältnisse und Kooperationsbeziehungen zwischen Faschisten in Europa eine neue Perspektive der historischen Diktaturforschung. Darüber hinaus bieten beziehungs- und verflechtungsgeschichtliche Untersuchungen, die Abgrenzungsprozesse einbeziehen, eine Sicht auf den Faschismus als Ensemble wechselseitiger Konstitutionsverhältnisse. Für diese Studien in grenzüberschreitender Perspektive können die skizzierten vergleichs- und verflechtungsgeschichtlichen Untersuchungsansätze genutzt werden.

---

[21] Vgl. z. B. die Notizen in Elke Fröhlich (Hrsg.), Die Tagebücher von Joseph Goebbels. Sämtliche Fragmente, Teil I: Aufzeichnungen 1924–1941, Bd. 3: 1.1. 1937–31.12.1939, München 1987, S. 133, 309.

[22] Vgl. dazu im Einzelnen die Beiträge in: Armin Nolzen/Sven Reichardt (Hrsg.), Faschismus in Deutschland und Italien. Studien zu Transfer und Vergleich, Göttingen 2005; Hans Woller, Rom, 28. Oktober 1922. Die faschistische Herausforderung, München 1999, S. 192 f.

[23] Umfassend dazu: Arnd Bauerkämper/Grzegorz Rossolinski-Liebe (Hrsg.), Fascism without Borders. Transnational Connections and Cooperation between Movements and Regimes in Europe from 1918 to 1945, New York 2017; David D. Roberts, Fascist Interactions. Proposals for a New Approach to Fascism and Its Era, 1919–1945, New York 2016, besonders S. 44–58, 125–187; Mark Mazower, Hitler's Empire. Nazi Rule in Occupied Europe, London 2008, S. 553–575.

4. Autoritäre Regimes und ihre Bezüge zu faschistischen Diktaturen

Auch nach dem Aufstieg des italienischen Faschismus und der „Machtergreifung" der Nationalsozialisten in Deutschland behaupteten sich in Europa autoritäre Regimes, so in Spanien und in Rumänien. Hier verfügten faschistische „Führer" nicht über den politischen Raum, den eine umfassende politisch-gesellschaftliche Mobilisierung erforderte. Im Gegensatz zu den faschistischen Diktaturen, welche an die Radikalisierung und die gewalttätigen Auseinandersetzungen der Nachkriegszeit anknüpften, strebten die autoritären Eliten nach dem Ersten Weltkrieg vorrangig an, die jeweiligen Gesellschaften stillzulegen. Im Rahmen einer korporativ-autoritären Ordnung sollten alle sozialen und politischen Gruppen in den „organischen" Nationalstaat integriert werden, der als Leitbild propagiert wurde.[24]

Besonders deutlich obsiegten in den 1930er und frühen 1940er Jahren in Südosteuropa autoritäre Konzepte politisch-gesellschaftlicher Ordnung. So hatte Rumänien zwar im Vertrag von Trianon (4. Juni 1920) weite Gebiete hinzugewonnen, besonders die Bukowina, Bessarabien, das östliche Banat und Siebenbürgen. Im November 1919 war die Regierung aber von den ehemaligen Entente-Mächten gezwungen worden, ihre Truppen aus den besetzten Gebieten Ungarns (darunter Budapest) zurückzuziehen. Zudem mussten starke Minderheiten in den neuen Staat eingegliedert werden, in dem die Rumänen lediglich rund 70 Prozent der Bevölkerung stellten. Während die ethnische Mehrheit in der Staatsverwaltung vorherrschte, dominierten die Minoritäten – vor allem Juden – im Kleinhandel und Gewerbe. Die Gegensätze zwischen den Volksgruppen und sozioökonomische Disparitäten verliehen den radikalen Nationalisten Auftrieb, die nicht nur gegen den Liberalismus, sondern auch gegen Konservatismus und die überkommene Bauerntumsideologie agitierten. In dieser Konstellation bildeten sich Stoßtrupps ehemaliger Soldaten, radikaler Nationalisten und überzeugter Antisozialisten heraus. Aus diesen Gruppen ging die „Legion ‚Erzengel Michael'" hervor, die der junge Rechtsanwalt Corneliu Zelea Codreanu 1927 gründete. Zunächst fungierte der italienische Faschismus als Vorbild, bevor Codreanu ab 1932 zu einem Bewunderer der deutschen Nationalsozialisten wurde. Dabei kultivierte er offen

---

[24] Vgl. Paul H. Lewis, Latin Fascist Elites. The Mussolini, Franco, and Salazar Regimes, London 2002, S. 199 f.

Gewalt, mit der eine „quasireligiöse Neufundierung der gesellschaftlichen Ordnung" erzwungen werden sollte.[25]

Am 9. Dezember 1933 verbot die nationalliberale Regierung unter Ion G. Duca die in „Eiserne Garde" umbenannte „Legion ,Erzengel Michael'", der terroristische Aktivitäten vorgeworfen wurden. Obgleich der Premierminister am 29. Dezember von drei „Legionären" erschossen wurde, konnte Codreanus Organisation 1935 unter einem anderen Namen erneut als politische Partei auftreten. Nach dem Ende der nationalliberalen Regierung 1937 lösten die politische Krise und der schnelle Aufstieg der „Legion ,Erzengel Michael'" schließlich im Februar 1938 einen Staatsstreich aus, den König Carol II. mit Unterstützung der in der „Nationalen Union" zusammengeschlossenen Parteien betrieb. Daraufhin wurden zahlreiche Führer der „Legion" am 16. und 17. April 1938 verhaftet und Codreanu sogar ermordet. Ein Attentat auf den Ministerpräsidenten Armand Călinescu im September 1939 führte darüber hinaus zur Hinrichtung von rund 250 Anhängern des neuen Faschistenführers Horia Sima, der Codreanu nachgefolgt war. Die harte Repressionspolitik drängte die verbliebenen Mitglieder der Legionärsbewegung schließlich in den Untergrund. Erst im Zuge der Annäherung Rumäniens an das nationalsozialistische Deutschland und das faschistische Italien wurde sie im September 1940 in die Regierung des „Nationallegionären Staates" aufgenommen, der auf die Diktatur des Königs Carol II. folgte. Jedoch konnte der neue Machthaber, General Ion Antonescu, Sima schon im Januar 1941 verdrängten, zumal Adolf Hitler dem Kriegsbündnis mit Rumänien Priorität gegenüber der ideologischen Affinität zu den rumänischen Faschisten einräumte. Innerhalb Rumäniens hatte die „Eiserne Garde" ihr Ziel, die traditionalen Institutionen zu unterwandern und die autoritären Strukturen zu durchdringen, nicht erreicht, obgleich die faschistische Organisation

---

[25] Vgl. Armin Heinen, Rituelle Reinigung. Politische, soziale und kulturelle Bedingungsfaktoren faschistischer Gewalt in Rumänien, in: Christof Dipper/Rainer Hudemann/Jens Petersen (Hrsg.), Faschismus und Faschismen im Vergleich. Wolfgang Schieder zum 60. Geburtstag, Köln 1998, S. 263–272, hier S. 271; vgl. auch Radu Ioanid, Romania, in: Richard James B. Bosworth (Hrsg.), The Oxford Handbook of Fascism, New York 2009, S. 398–413, hier S. 401 ff.; Zigu Ornea, The Romanian Extreme Right. The Nineteen Thirties, Boulder (CO) 1999, S. 265–277; Armin Heinen, Die Legion „Erzengel Michael" in Rumänien. Soziale Bewegung und politische Organisation. Ein Beitrag zum Problem des internationalen Faschismus, München 1986, S. 151–256; Robert Gerwarth, Die Besiegten. Das blutige Erbe des Ersten Weltkriegs, München 2017, S. 179 f.

die orthodoxe Religion ebenso aufgenommen hatte wie die Mystifizierung des ländlichen Lebens. Die „Eiserne Garde" konnte ihren auf Wandel zielenden Herrschaftsanspruch nicht durchsetzen. Vielmehr obsiegte in Rumänien die autoritäre Diktatur.[26]

Alles in allem ist im Diktaturenvergleich künftig stärker in Rechnung zu stellen, dass autoritäre Regimes nach dem Ersten Weltkrieg durchaus einflussreiche konkurrierende Ordnungsmodelle bildeten. Ihre Exponenten grenzten sich von der traditionalen Herrschaft – so den Königsdiktaturen auf dem Balkan – ebenso ab wie von den faschistischen Herausforderern, die sie gleichwohl nicht nur beobachteten. Vielmehr versuchten sie, die Faschisten in ihre Regimes einzubinden, um ihren autoritären Diktaturen mit der Mitglieder- und Wählerschaft, die die Faschisten einbrachten, eine plebiszitäre Legitimation zu verleihen. Auch nahmen autoritäre Diktatoren faschistische Ziele und Stilelemente auf. So erhob sich Antonescu zum Conducător („Führer"). Zugleich nutzten Eliten in autoritären Diktaturen traditionale Werte und Normen als Legitimationsressourcen. So nahmen sie für sich die Wiederherstellung von „Ordnung" und „Sicherheit" in Anspruch, um Kontingenz zu beseitigen oder zumindest zu kontrollieren. Admiral Miklós Horthy etwa, der 1920 in Ungarn ein autoritäres Regime etablierte, bezeichnete sich im Rekurs auf die österreichisch-ungarische Doppelmonarchie als „Reichsverweser", also als Platzhalter für einen nach 1918 nie wieder eingesetzten ungarischen König. Er behauptete seine Herrschaft bis 1944, bevor die faschistischen „Pfeilkreuzler" unter Ferenc Szálasi unter der Kuratel der deutschen Besatzungsmacht die Macht übernahmen und ihre Terrorherrschaft errichteten. Gerade mit diesen Prozessen der Amalgamierung und des Übergangs avancierten autoritäre Ordnungskonzepte und Diktaturen in der Zwischenkriegszeit zu einer fundamentalen Herausforderung für Demokratien.[27]

---

[26] Vgl. Constantin Iordachi, Charisma, Politics and Violence. The Legion „Archangel Michael" in Inter-War Romania, Trondheim 2004, S. 117, 129; Radu Ioanid, The Sword of the Archangel. Fascist Ideology in Romania, Boulder (CO) 1990, S. 98–198; Florin Müller, Autoritäre Regime in Rumänien 1938–1944, in: Erwin Oberländer (Hrsg.), Autoritäre Regime in Ostmittel- und Südosteuropa 1919–1944, Paderborn 2001, S. 471–498.

[27] Mark Pittaway, Hungary, in: Bosworth (Hrsg.), Oxford Handbook, S. 380–397; Roberts, Interactions, S. 61–124.

5. Verflechtung und Abwehr als Problem einer Beziehungsgeschichte von Diktaturen und Demokratien

Die Auseinandersetzung zwischen Diktaturen und Demokratien gilt als Signum des „kurzen" 20. Jahrhunderts.[28] Über historisch-vergleichende und beziehungsgeschichtliche Studien zu spezifischen und unterschiedlichen Formen von Diktaturen hinaus muss deshalb jeweils das Verhältnis zu demokratischen Ordnungen einbezogen werden. So war die Kampagne der konservativen Regierung in Großbritannien für körperliche Ertüchtigung von 1937 bis 1939 nicht nur am Vorbild der Agitation für *National Efficiency* um 1900 orientiert, sondern auch an der Politik der Nationalsozialisten. 1938 ließ sich der amerikanische Präsident Franklin D. Roosevelt über den Reicharbeitsdienst (RAD) informieren, um das *Civilian Conservation Corps* (CCC) in den USA zu stärken. Im Gegensatz zum RAD blieb das CCC aber freiwillig. Zudem kam es umgekehrt auch zu Transfers aus den Vereinigten Staaten in das „Dritte Reich", so in den Bereichen der Konsumkultur und der Eugenik. Das „Dritte Reich" war auch eine wichtige Bezugsgröße in der Debatte über einen Arbeitsdienst in Schweden, ohne dass sich direkte Transfers vollzogen. Andererseits brachte die nationalsozialistische „Euthanasie" die schwedischen Regierungen nicht von ihrer Politik der Zwangssterilisation ab, die bis zu den 1970er Jahren fortgesetzt wurde.[29]

Die künftige Diktaturforschung sollte außerdem untersuchen, inwieweit wechselseitige, wenngleich in der Regel asymmetrische Bezugnahmen auch in Abgrenzungsritualen zwischen kommunistischen Regimes und Demokratien integriert waren. Studien zu diesem Problemkomplex müssen über die Politik der Regierungen hinaus die Diskurse und das Handeln breiter Bevölkerungsgruppen rekonstruieren. Dabei ist das gesamte Spektrum wechselseitiger Beziehungen zu untersuchen, von bloßen Wahrnehmungen bis zum Lernen. So kann erschlossen werden, inwieweit Verflechtungen in Abgrenzungen auch

---

[28] Vgl. z.B. Eric Hobsbawm, Das Zeitalter der Extreme. Weltgeschichte des 20. Jahrhunderts, München ²1999.

[29] Vgl. Anna Maria Lemcke, „Proving the superiority of democracy". Die „National Fitness Campaign" der britischen Regierung (1937–1939) im transnationalen Zusammenhang, in: Vierteljahrshefte für Zeitgeschichte 57 (2009), S. 543–570; Kiran Klaus Patel, Der Nationalsozialismus in transnationaler Perspektive, in: Blätter für deutsche und internationale Politik 9 (2004), S. 1122–1134, hier S. 1131 f.; Wolfgang Schivelbusch, Entfernte Verwandtschaft. Faschismus, Nationalsozialismus, New Deal 1933–1939, Frankfurt a. M. 2008, besonders S. 99–128.

das grenzüberschreitende und systemübergreifende Bezugsverhältnis im Kalten Krieg beeinflussten. Dazu können „Amerikanisierung" und „Sowjetisierung" als Wahrnehmungs- und Deutungskategorien genutzt werden.[30] Diese erweiterte Perspektive ist aber noch umfassend zu diskutieren und auch in empirischen Studien konkret zu operationalisieren.

---

[30] Dazu Überlegungen am Beispiel der beiden deutschen Staaten in: Arnd Bauerkämper, Verflechtung in der Abgrenzung. Ein Paradox als Perspektive der historischen DDR-Forschung, in: Ulrich Mählert (Hrsg.), Die DDR als Chance. Neue Perspektiven auf ein altes Thema, Berlin 2016, S. 71–78.

Kiran Klaus Patel

Kommentar

Arnd Bauerkämpers Beitrag bietet einen ebenso kompakten wie anregenden Problemaufriss zu Ergebnissen und Potentialen der historischen Komparatistik im Bereich der zeithistorischen Diktaturforschung. In überzeugender Weise legt er dem Text ein weites Verständnis vergleichenden Vorgehens zu Grunde. Anders als in den 1990er Jahren, als darunter häufig verstanden wurde, „zwei oder mehrere historische Phänomene systematisch nach Ähnlichkeiten und Unterschieden"[1] zu untersuchen, schließt Bauerkämper die Analyse von Transfers und Verflechtungen mit ein. Der Beitrag wendet sich zugleich gegen eine Vermischung dieser Verfahren und Zugriffe. Aufbauend auf konzeptionellen Debatten der späten 1990er und frühen 2000er Jahre setzt Bauerkämper vielmehr auf deren kontrollierte Kombination, wenn er im Vergleich, Transfer und Verflechtung unterschiedliche, aber komplementäre Untersuchungsansätze sieht. Ob man, wie Bauerkämper, den Vergleich als „Methode" verstehen möchte, sei dahingestellt; andere haben mit guten Gründen von einer „Perspektive" oder einem „Verfahren" gesprochen.[2] In der praktisch-empirischen Konsequenz ist dies für den vorliegenden Text jedoch nachrangig und ändert nichts daran, dass Bauerkämper eine solide Zusammenfassung der konzeptionellen Debatte auf aktuellem Stand gibt.

Auf dieser Basis wirbt Bauerkämper für eine mehrfache Perspektivenerweiterung, und auch dieses Programm mit seinen vier Schwerpunkten leuchtet ein. Es wird klar entwickelt und trotz der Kürze des zur Verfügung stehenden Raumes mit guten Beispielen unterfüttert. So hat Bauerkämpers Plädoyer zugunsten einer genaueren Analyse der „Folgen des umfassenden Herrschaftsanspruchs für die einzelnen Menschen" eindeutig Potential, vor allem, wenn man nicht ausschließlich

---

[1] Heinz-Gerhard Haupt/Jürgen Kocka, Historischer Vergleich: Methoden, Aufgaben, Probleme. Eine Einleitung, in: dies. (Hrsg.), Geschichte und Vergleich. Ansätze und Ergebnisse international vergleichender Geschichtsschreibung, Frankfurt a. M. 1996, S. 9–45, hier S. 9. Der Begriff „Ähnlichkeiten" ist jedoch problematisch und sollte durch „Gemeinsamkeiten" ersetzt werden; vgl. die Kritik bei Ludolf Herbst, Komplexität und Chaos. Grundzüge einer Theorie der Geschichte, München 2004, S. 77–99; vgl. außerdem Hartmut Kaelble, Der historische Vergleich. Eine Einführung zum 19. und 20. Jahrhundert, Frankfurt a. M. 1999.

[2] Vgl. Haupt/Kocka, Historischer Vergleich, S. 12.

Kontrolle, Konditionierung, Repression und Terror als Herrschafts-
instrumente von Diktaturen untersucht, sondern mindestens so sehr
die partizipatorischen Dimensionen sowie die Formen aktiver Mitwirkung und Selbstaneignung durch gesellschaftliche Gruppierungen
und Individuen berücksichtigt.[3] Welche Erträge eine komparativ-trans-
fergeschichtliche Weitung dieses Forschungsansatzes zu erbringen
verspricht, wäre allerdings weiter zu erörtern; dazu ist in Bauerkämpers Text recht wenig zu erfahren.

Sehr klar konturiert werden die Erkenntnismöglichkeiten eines
komparativ-transnationalen Zugriffs im zweiten Forschungsfeld, das
Bauerkämper aufmacht. Während er sich im davorliegenden Teil weitgehend auf historiographiegeschichtlicher Ebene bewegt, wählt er hier
einen stärker empirischen Zugriff, um die Verflechtungsgeschichte faschistischer Diktaturen zu diskutieren. Konkret skizziert er am Beispiel
Italiens und Deutschlands Formen des Austauschs und der Kooperation ebenso wie Abgrenzungsprozesse; insgesamt versteht er den
Faschismus als „Ensemble wechselseitiger Konstitutionsverhältnisse". Dieser Ansatz ist anregend, wenn er nicht exklusiv und monokau-
sal auf Interaktionen zwischen Faschisten und Faschismen angewandt
wird. Für Genese und Geschichte des Faschismus spielten auch andere
Faktoren eine wichtige Rolle, etwa der Erste Weltkrieg oder Abgrenzung zu und Interaktion mit der politischen Linken. Insofern gilt es
weiter zu erforschen, wie wichtig transnationaler Austausch und
Verflechtung zwischen Faschisten für das Phänomen Faschismus
waren – und welches Gewicht das Transnationale zu dessen Erklärung
insgesamt hat.

Das dritte Forschungsfeld, das Bauerkämper anführt, widmet sich
den Bezügen zwischen autoritären Regimen und faschistischen Diktaturen, was die grundlegende Frage aufwirft: Wie wollen wir autoritär
und faschistisch genau unterscheiden? In dem kurzen Beitrag kann
Bauerkämper keine umfassenden Definitionen liefern, auch wenn gelegentlich Begriffe wie „moderne Diktatur" (Jürgen Kocka), „moderne
Mobilisierungsdiktatur" und „partizipatorische Diktatur" (Mary Fulbrook) fallen oder von „totalitären Zügen" die Rede ist. Tatsächlich ist

---

[3] Vgl. etwa zu der Debatte für das NS-Regime Martina Steber/Bernhard Gotto
(Hrsg.), Visions of Community in Nazi Germany. Social Engineering and Private
Lives, Oxford 2014; für die DDR z.B. Mary Fulbrook, The People's State. East
German Society from Hitler to Honecker, New Haven (CT) 2005.

der Diktaturforschung in den letzten Jahren die früher gelegentlich fast obsessive Beschäftigung mit Definitionsfragen abhandengekommen. Will man jedoch, wie Bauerkämper, über die Orientierung „an spezifischen Typen" hinausschreiten, stellt sich das alte Definitionsproblem überaus dringend – inklusive der Frage, welchen Stellenwert man Rassismus, Antisemitismus und Gewalt beimisst. Ohne klare Kategorien wird besonders der Vergleich schnell unscharf; die historische Komparatistik ist auf Typologien und eine klare Differenzierung zwischen Ideal- und Realtypen angewiesen.

Diese Bemerkung lässt sich auch auf Bauerkämpers vierten und letzten Punkt zu Verflechtung und Abwehr in der Beziehungsgeschichte von Diktaturen und Demokratien beziehen. Davon abgesehen erscheint mir dieses Feld als besonders ergiebig und aussichtsreich, um über eine simple Geschichte von Systemkonkurrenz oder vom Kampf der Ideologien hinwegzukommen und die vielen Formen wechselseitiger Bezüge, aber auch der Abgrenzungen auf die Tagesordnung zu heben und in ihrem Gewicht zu untersuchen.[4] Was Bauerkämper schwerpunktmäßig für die erste Jahrhunderthälfte ausführt, gilt mindestens so sehr für die Zeitgeschichte seit 1945. Dieser Ansatz vermag es, ein kritischeres und differenzierteres Verständnis nicht nur von Diktaturen, sondern auch von Demokratien zu befördern.

Bauerkämper erhebt nicht den Anspruch, mit den vier von ihm aufgezeigten Fragerichtungen alle nur denkbaren innovativen Perspektiven abzudecken. Deswegen soll seine Agenda abschließend noch etwas weiterentwickelt werden. Denn so anregend die in Bauerkämpers Beitrag thematisierten Forschungsachsen sind, erscheinen mir drei weitere Dimensionen mindestens ebenso wichtig.

Erstens geht es dabei um das Problem der Chronologie in transnationaler Perspektive. Bauerkämpers Ausführungen verbleiben im Wesentlichen im Rahmen der dominanten Phaseneinteilungen der deutschen und europäischen Geschichte und konzentrieren sich auf die erste Hälfte des 20. Jahrhunderts. Trotz kurzer Ausblicke in die Nachkriegszeit hält sich das Ausgeführte an eine klassisch-politikgeschichtliche Periodisierung. Längere Kontinuitäten bleiben dagegen weitgehend außen vor. Gerade wenn man wie Bauerkämper autoritä-

---

[4] Wobei ich offenlegen möchte, dass man mir in dieser Hinsicht leicht Parteilichkeit vorwerfen kann, vgl. den Ansatz in Kiran Klaus Patel, The New Deal. A Global History, Princeton (NJ) 2016.

re Regime einbezieht und nicht nur politische Systeme behandeln möchte, sondern auch die politische und gesellschaftliche Praxis, stellt sich aber die Frage, ob sich die Zeit seit 1918 wirklich so exakt von der Welt des 19. Jahrhunderts abtrennen lässt. Meines Erachtens ist diskussionswürdig, ob die neuen Diktaturen tatsächlich „die Erfahrung der Demokratie" voraussetzten, wie Bauerkämper schreibt, und nicht primär jene der Massenpartizipation. Mir erscheint die im Beitrag vorgenommene Zäsurbildung in Bezug auf den Ersten Weltkrieg für viele Gesellschaften als zu scharf, wenn man etwa an das Erbe des Bonapartismus, die Geschichte von Rassismus und Antisemitismus oder an ein Thema wie den Körperkult denkt: All dies weist ins 19. Jahrhundert und teilweise noch weiter zurück. Die seit Längerem zunehmende Tendenz, jenes 19. Jahrhundert auch oder sogar primär als Zeitalter von Imperien und nicht mehr so sehr über die Geschichte von Nationalstaaten zu verstehen,[5] wirft ebenfalls ganz neue Fragedimensionen für die Diktaturforschung auf, die sich weiterhin zu stark im Korsett einer nationalzentrierten Geschichte bewegt. Auch für die Folgezeit verbleibt der Beitrag im Wesentlichen in chronologischen Komfortzonen. Kontinuitäten über 1945 spielen keine große Rolle. Mehr noch als ein strikt komparativer Zugriff kann eine transnationale Perspektive demgegenüber neue Blickachsen öffnen. Um nur ein Beispiel zu geben, das sich auf Bauerkämpers erstes Themenfeld bezieht: Matteo Albanese und Pablo del Hierro haben jüngst auf die Geschichte spanisch-italienischer (neo-)faschistischer Netzwerke von den 1920er bis zu den 1980er Jahren hingewiesen.[6] Solche und ähnliche Studien haben meines Erachtens für eine Verflechtungsgeschichte des Faschismus ein mindestens so großes Potential wie ein Ansatz, der konventionellen politischen Zäsuren folgt.

Zweitens beschränkt Bauerkämper seine Darstellung auf Europa, obgleich – wie er selbst schreibt – „Faschismus und Kommunismus globale Bewegungen waren und [sich] auch in außereuropäischen Räumen Diktaturen etablierten, die sich aber von den europäischen

[5] Vgl. z.B. Ulrike von Hirschhausen/Jörn Leonhard, Empires und Nationalstaaten im 19. Jahrhundert, Göttingen 2009.

[6] Vgl. Matteo Albanese/Pablo del Hierro, Transnational Fascism in the Twentieth Century. Spain, Italy and the Global Neo-Fascist Network, London 2016; vgl. etwa auch Sven Reichardt, Globalgeschichte des Faschismus. Neue Forschungen und Perspektiven, in: Aus Politik und Zeitgeschichte 67, Nr. 42/43 (2017), S. 10–16.

Regimes unterschieden". Für diese Eingrenzung, die im Text nicht weiter begründet wird, mögen praktische Gründe sprechen. Das enthebt uns aber nicht der Frage, was wir eigentlich mit Europa meinen und, hierfür noch wichtiger, warum wir uns auf diesen Teil der Welt konzentrieren sollten. Gerade aus transfer- und verflechtungshistorischer Perspektive kann eine derartige Vorentscheidung ziemlich limitierend wirken. Um wiederum bei einigen Beispielen aus Bauerkämpers Text zu bleiben: Faschistische Netzwerke waren keineswegs auf Europa beschränkt – wie etwa das oben erwähnte Buch von Albanese und del Hierro zeigt, in dem Lateinamerika eine wichtige Rolle spielt. Auch das bereits erwähnte zunehmende Interesse an den imperialen Ambitionen und Praktiken der Diktaturen des 20. Jahrhunderts fordert eine eurozentrische Sicht grundlegend heraus.[7] Ähnliches gilt, wenn man autoritäre und linke Diktaturen einbezieht. Und auch auf komparativer Ebene erscheint eine Festlegung auf Europa leicht willkürlich. In den 1930er Jahren wurde zum Beispiel auch in Brasilien über den neuen Menschen diskutiert, mit Verflechtungen zu Debatten und Praktiken vor allem auf der iberischen Halbinsel. Auch um kommunistische Herrschaftspraktiken in verschiedenen Weltgegenden zu verstehen, wird uns der Container Europa kaum weiterhelfen. Jenseits von Faschismus und Kommunismus, deren globale Implikationen Bauerkämper konzediert, erscheint eine globale Weitung der Agenda auch für autoritäre Diktaturen durchaus vielversprechend, sei es in komparativer, sei es in transnationaler Perspektive. Interessant erscheinen in diesem Zusammenhang etwa die Diktaturen der iberischen Halbinsel oder in Griechenland, die sich den dominanten Interpretationsmustern – dem Kampf zwischen liberaler Demokratie, Faschismus und Kommunismus für die erste Jahrhunderthälfte, dem Kalten Krieg für die zweite – nicht nur systematisch, sondern teilweise auch chronologisch entziehen. Ob und wann Europa ein sinnvoller Container der komparativen Diktaturforschung ist, und wann es sich lediglich um eine historiographische Konvention oder das Resultat pragmatischer

---

[7] Vgl. etwa Mark Mazower, Hitlers Imperium. Europa unter der Herrschaft des Nationalsozialismus, München 2009; als Beispiel faschistischer Verflechtung in transimperialer Perspektive vgl. Patrick Bernhard, Hitler's Africa in the East. Italian Colonialism as a Model for German Planning in Eastern Europe, in: Journal of Contemporary History 51 (2016), S. 61–90; ferner Sandrine Kott/Kiran Klaus Patel (Hrsg.), Nazism across Borders. The Social Policies of the Third Reich and their Global Appeal, Oxford 2018.

Bequemlichkeit handelt: All dies gälte es weiter zu klären. Und, wichtiger noch: Die Arbeit an Begriffen und Konzepten, auf die oben bereits verwiesen wurde, steht angesichts dessen vor der immensen Herausforderung, den sie bisher prägenden Eurozentrismus zu überwinden. Auf konzeptioneller Ebene dürfte darin die größte Herausforderung für die historische Komparatistik liegen.

Drittens konzentriert sich Bauerkämper auf rechte Diktaturen. Angesichts der notwendigen Kürze seines Texts ist er gezwungen, exemplarisch vorzugehen. Zugleich ist es, auch angesichts seines eigenen Oeuvres mit wichtigen Studien zur Geschichte der DDR, auffallend, wie wenig linke und kommunistische Regime ins Blickfeld rücken. Das spiegelt gewisse historiographische Trends, zumindest in Deutschland, wider, wirft aber auch die Frage auf, ob etwa der unter totalitarismustheoretischer Perspektive eine Zeit lang so wichtige Vergleich zwischen rechten und linken Diktaturen wirklich ad acta gelegt werden kann. Mir geht es nicht um eine Ehrenrettung der Totalitarismustheorie, sondern vielmehr darum, wie sich mit neuen analytischen Instrumenten solche diktaturübergreifenden Zugriffe finden lassen, besonders in transnationaler Perspektive. Das gilt gerade in unserer Zeit, in der populistische und autoritäre Bewegungen vielerorts auf dem Vormarsch sind (von denen keineswegs alle in klassische Rechts-Links-Schemata passen). Auch angesichts der heute häufig gestellten Frage, was unser Zeitalter mit früheren Phasen verbindet, in denen die Demokratie als politisches Ordnungsmodell, institutionell gefestigte Herrschaftsform und gesellschaftliche Praxis massiv unter Druck geriet, drängt sich dieses Problem auf.

Insgesamt zeigt sich so, dass die historische Komparatistik für die Diktaturforschung nicht nur Wichtiges erbracht hat und innovative Perspektiven eröffnet, sondern auch noch vor vielen großen Herausforderungen steht.

Jörg Baberowski

Diktatur und Gewalt

Jeder Rechtsordnung geht ein Kraftakt voraus, der überhaupt erst einen Rahmen schafft, in dem das Recht seine Wirkung entfalten kann. Dieser Kraftakt aber ist nicht an das Recht selbst, sondern an die Tat und die Entscheidung gebunden, hier und jetzt eine Ordnung zu begründen. Denn es gibt kein Recht, das seine Voraussetzungen selbst garantieren könnte. *Auctoritas, non veritas facit legem*: Nicht Wahrheit, sondern Autorität schafft Recht, sagt Hobbes. Mit den Worten von Carl Schmitt: Souverän ist deshalb, wer über den Ausnahmezustand entscheidet![1] Wer den Absolutismus will, bekommt jetzt nur noch die Diktatur, weil es keine Instanz mehr gibt, die nicht auch in Frage gestellt werden könnte. So gesehen ist die Diktatur ein voraussetzungsloser Absolutismus, weil sie sich nicht kraft dessen, was immer schon da ist, legitimiert, sondern durch den Willen und die Begründung derer, die entscheiden, und den vermeintlichen Willen derer, auf den sich die Machthaber berufen.[2]

Carl Schmitt unterscheidet zwischen der kommissarischen und der souveränen Diktatur. Die kommissarische Diktatur ist an den Auftrag jener gebunden, die wiederherstellen wollen, was verloren gegangen ist. Sie vollzieht nur, was ihr aufgetragen wird, stellt also durch Autorität wieder her, wozu das Recht nicht mehr imstande ist. Der Ausnahmefall hat eine enthüllende Bedeutung: Er offenbart die Fragilität aller Ordnungen und die Bedeutung der Entscheidung, die an nichts als den Willen gebunden ist, hier und jetzt Macht durchzusetzen. Was aber geschieht, wenn die Diktatur die alte Ordnung überhaupt beseitigen und durch eine neue ersetzen will? Schmitt spricht von der souveränen Diktatur, die sich auf nichts als den Willen berufen kann, eine Ordnung durch eine andere zu ersetzen.[3] Schmitt behauptet nun, dass die Negation der alten Ordnung keineswegs eine bloße Machtfrage sei.

---

[1] Vgl. Carl Schmitt, Politische Theologie. Vier Kapitel zur Lehre von der Souveränität, Berlin [10]2015 (erste Auflage 1922), S. 13.

[2] Vgl. Ruth Groh, Arbeit an der Heillosigkeit der Welt. Zur politisch-theologischen Mythologie und Anthropologie Carl Schmitts, Frankfurt a. M. 1998, S. 42 f.

[3] Vgl. Carl Schmitt, Die Diktatur. Von den Anfängen des modernen Souveränitätsgedankens bis zum proletarischen Klassenkampf, Berlin [8]2015 (erste Auflage 1921), S. 134.

Zwar stehe die souveräne Diktatur außerhalb der Verfassung, aber zugleich sei sie doch auch eine Gewalt, die eine neue, wahre Verfassung herbeiführen wolle. Und in diesem Sinne sei auch sie an das Recht gebunden.[4] Schmitt versteht die Diktatur nicht als Herrschaftssystem, sondern als Verfahren zur Bewältigung von Krisen, als Ordnungsinstrument im Angesicht des Ausnahmezustandes. Sobald das Entscheidungsmonopol wiederhergestellt ist, hat die Diktatur ihren Zweck erfüllt. Sie schafft sich selbst ab.[5]

Warum aber soll sich die Diktatur, wenn sie souverän bleiben will, eigentlich der Verfassung unterwerfen, die sie begründet? Sie könnte sich doch jederzeit nicht nur von Recht und Tradition, sondern auch vom Volk emanzipieren, auf dessen Auftrag sie sich beruft. Wäre sie nur der Garant des Rechts, müsste sie abtreten, nachdem gesichert ist, was sie erreichen will. Aber was geschieht, wenn sie gar nicht Hüter der Verfassung sein will, sondern Instrument schrankenloser Machtausübung? Dann beruhte ihre Macht überhaupt nicht auf einer Autorität, die freiwillig anerkannt wird, sondern auf Überwältigung, auf der Fähigkeit, Widerstand tagein, tagaus zu brechen. Die souveräne Diktatur wäre um ihrer selbst willen da, sobald sie sich für den eigentlichen Ausdruck des Volkswillens hielte. Und deshalb strebt sie danach, sich zu verewigen.

Sobald die Souveränität in Frage steht, enthüllt sich ihr Kern. Der politische Feind stellt die Mächtigen bloß und zeigt, was der Herrscher kann und wozu er nicht mehr imstande ist. So war es schon im russischen Zarenreich, als Bauernaufstände die Ordnung bedrohten und Terroristen den Herrscher jagten. Die Macht wurde herausgefordert, und sie reagierte auf diese Herausforderung mit Ausnahmegesetzen, dem Einsatz von Geheimpolizisten, Militärgerichten und der Anwendung der Todesstrafe.[6] In ihrer Maßlosigkeit verlor die Regierung den Sinn für die Realität, weil sie jede Verschwörung, die ihr zugetragen

---

[4] Vgl. ebenda, S. 134.
[5] Vgl. ebenda, S. 127 und 133 f.; Norbert Campagna, Carl Schmitt. Eine Einführung, Berlin 2004, S. 33.
[6] Vgl. Donald C. Rawson, The Death Penalty in Late Tsarist Russia. An Investigation of Judicial Procedures, in: Russian History 11 (1984), H. 1, S. 29–52; William C. Fuller, Civil-Military Conflict in Imperial Russia, 1881–1914, Princeton (NJ) 1984; Jonathan Daly, The Watchful State. Security Police and Opposition in Russia, 1906–1917, DeKalb (IL) 2004; ders., Autocracy under Siege. Security Police and Opposition in Russia, 1866–1905, DeKalb (IL) 1998.

wurde, für plausibel halten musste. Auch die Terroristen richteten sich in einer Welt ein, die von Feinden, Abweichlern und Verrätern bewohnt wurde und in der es wenig Raum für Abwägungen gab. Ihnen kam es nur darauf an, die Souveränität des Staates zu erschüttern, und für diesen Zweck war ihnen jedes Mittel recht.[7] Dieser Kampf wurde zum Selbstzweck, der kein anderes Ziel als die Zerstörung mehr verfolgte. So stand es auch um die Bauernaufstände, die das Zarenreich 1905 und 1917 heimsuchten und den Bolschewiki zu Bewusstsein brachten, dass auch ihre Souveränität auf schwachen Füßen stand.

Niemand hat die Funktion der Diktatur besser verstanden als Lenin, als er im Oktober 1917 nach der Macht griff. „Die Diktatur ist eine sich unmittelbar auf Gewalt stützende Macht, die an keine Gesetze gebunden ist", erklärte er. Ihre einzige Legitimation sei der Wille des Proletariats und die Fähigkeit, Entscheidungen nicht nur zu treffen, sondern mit Gewalt auch durchzusetzen.[8] Für Lenin und seine Anhänger, die im Oktober 1917 alles auf eine Karte gesetzt hatten, gab es keinen Zweifel. Ihre Diktatur würde eine neue Ordnung in die Welt setzen oder überhaupt nicht sein. Voraussetzungslos sollte sie sein, nur dem Willen zur Macht folgen. Nicht auf Wiederherstellung kam es Lenin an, sondern auf Überwindung und Überwältigung. Im Angesicht des Krieges und der Anarchie konnten sich die Bolschewiki über Verfassungen, Traditionen und Konventionen bedenkenlos hinwegsetzen. Welche Legitimation hätte es im Ausnahmezustand auch geben können außer dem Willen, vollendete Tatsachen zu schaffen? Durchsetzen konnte sich ohnehin nur noch, wer entschlossen alle Hindernisse wegräumte, die den Weg zur Macht versperrten. *On s'engage, et puis on voit.*

Und dennoch war die Diktatur am Anfang nichts weiter als eine Simulation von Herrschaft. In den ersten Tagen nach dem Oktoberaufstand erwarteten die Revolutionäre, die sich in den Regierungsgebäuden verschanzt hatten, verhaftet oder getötet zu werden. Aber nichts dergleichen geschah. Lenin gewann Zeit, um seine Anhänger um sich zu scharen und sie auf die große Auseinandersetzung mit den Feinden einzuschwören. Er setzte alles auf eine Karte; der Erfolg, so glaubte er, würde ihm am Ende Recht geben. Wer mit dem Rücken zur Wand steht,

---

[7] Vgl. Anna Geifman, Thou Shalt Kill. Revolutionary Terrorism in Russia, 1894–1917, Princeton (NJ) 1993, S. 123–180.

[8] Wladimir I. Lenin, Die proletarische Revolution und der Renegat Kautsky, in: ders., Ausgewählte Werke, Bd. 3, Berlin [8]1970, S. 80 und 83.

hat keine Wahl. Lenin und seine Gefährten mussten gewinnen, wenn sie überleben wollten. Daran zweifelten nicht einmal mehr die Zauderer. Schon bald scharten auch sie sich um ihn, weil sie erkannt hatten, dass in der Konfrontation nur die Entschlossenen siegreich sein würden. Wer seine Gefolgsleute in ein Vabanquespiel verstrickt, sorgt dafür, dass aus Angst vor dem Untergang niemand mehr widerspricht. Der Terror war nicht nur aus der Angst vor dem Verlust der Macht entstanden, sondern auch als Instrument der Gefolgschaftsbindung.[9]

Lenin ließ der Gewalt der Straße freien Lauf. Bewaffnete Marodeure durften wochenlang rauben und plündern, ohne dass irgendjemand sie daran hätte hindern können. Die bolschewistischen Machthaber handelten aus Kalkül und mit kühlem Kopf. Die Flucht nach vorn war der einzige Ausweg aus dem Dilemma, in das Lenin die Bolschewiki gebracht hatte. Lenin und seine Gefolgsleute wussten um die Unsicherheit der Macht, als sie sich im Oktober 1917 der Regierung bemächtigten. Jederzeit und an jedem Ort konnte das Experiment beendet werden. Und so geschah es auch, als die Sozialrevolutionäre im September 1918 Attentate auf den deutschen Botschafter Wilhelm von Mirbach und Lenin selbst verübten. Nun geriet die Gewalt außer Kontrolle. „Die Bolschewiken haben darauf mit der Verhaftung von 10.000 Menschen reagiert", schrieb die Dichterin Sinaida Hippius in ihr Tagebuch.

„Die Verhaftungen wurden wahllos vorgenommen. Beim ersten Mal wurden 512 Personen mit offizieller Ankündigung und einer Namensliste erschossen. Danach noch einmal 500 ohne Bekanntgabe. Sie behaupten gar nicht, Schuldige festzunehmen, sondern sagen ganz offen, dass sie ‚Geiseln' nehmen, diese dann gruppenweise umbringen, um durch die Zahl der Getöteten abschreckend zu wirken."[10]

Solche Gewalt stand nicht im Dienst des Sozialismus, aber sie paralysierte die Gegner der Bolschewiki und gab Lenin jene Zeit, die er brauchte, um seine Macht gegen Widerstand zu sichern.

Die Bolschewiki nutzten die Desorganisation und Kopflosigkeit ihrer politischen Gegner, um klare Verhältnisse zu schaffen. Lenin wusste, dass die skrupellose Exekution von Gewalttaten alle Brücken zerstörte, die ihn und seinesgleichen noch mit der zivilen Gesellschaft verbanden. Der Einsatz von Gewalt kompensierte nicht nur die Macht-

[9] Vgl. Stephen Kotkin, Stalin. Paradoxes of Power 1878–1928, London 2014, S. 232–242.
[10] Sinaida Hippius, Petersburger Tagebücher 1914–1919, Berlin 2014, S. 375 f.

losigkeit der Usurpatoren. Er trennte die politischen Widersacher voneinander, die sich gegen die verschworene Gemeinschaft der Entschlossenen nicht zur Wehr setzen konnten, weil sie uneinig und unorganisiert waren. Nichts stärkt die Kohäsion von Gruppen mehr als gemeinsam begangene Gewalttaten. Man kann die Gruppe nicht mehr ohne Gefahren verlassen, wenn der erste Mord verübt worden ist, und so wird die Gruppe zum Zufluchtsort auch für jene, die nicht gewalttätig sind. Unter solchen Umständen haben autoritäre Führer leichtes Spiel, sich ihre Gefolgschaft zu unterwerfen, weil Abweichung im Angesicht des Krieges, den die Gruppe gegen den Rest der Welt führt, tödliche Folgen haben kann.[11]

Niemand verstand besser als Lenin, dass Macht und Gewalt in einem wechselseitigen Verhältnis stehen. Wer nicht durchsetzen kann, was er sich vorgenommen hat, hat immer noch die Wahl, Gewalt anzuwenden, um jenen Angst zu machen, die er unterwerfen will. Sporadische Macht ist auf Wiederholung angewiesen. Erst wenn sich ins Gedächtnis eingebrannt hat, wozu die Gewalt imstande ist, wird aus sporadischer dauerhafte Macht, die den Tag übersteht.[12] Deshalb greifen Diktaturen, die sich gegen Widerstreben noch durchsetzen müssen, auf Gewalt zurück. Sie schlagen willkürlich zu, töten oder verhaften, wer ihnen scheinbar im Weg steht, und teilen jenen, die noch unentschieden sind, eine Botschaft mit, die sie nicht missverstehen können: Seht her, wohin es führt, wenn ihr nicht gehorcht!

Auf den Volkswillen könnte sich in dieser Situation jeder berufen. Das wissen alle Usurpatoren, die den Zusammenhang von Recht und Tradition unterbrechen, und deshalb haben sie keine andere Wahl, als den Ausnahmezustand, an dem sich ihre Souveränität bewähren kann, selbst ins Werk zu setzen. Sie wissen auch, dass es das Schicksal aller Macht ist, dass sie sich nicht „totalisieren" kann. Nur durch Überwindung von Widerstand kann sie Macht sein. Und so kommt es, dass Diktaturen den Widerspruch selbst produzieren, an dessen Überwindung sich ihre unbeschränkte Souveränität zeigt. Keine Diktatur kommt ohne innere Feinde, ohne Konspirationen und Verschwörungen aus. Ihre eigentliche Daseinsberechtigung ist der Kampf gegen den

---

[11] Vgl. dazu vor allem: Heinrich Popitz, Realitätsverlust in Gruppen, in: ders., Soziale Normen, Frankfurt a. M. 2006, S. 175–186, hier S. 182 f.
[12] Vgl. Heinrich Popitz, Phänomene der Macht, Tübingen ²1992, S. 236–239.

inneren Feind. Denn wenn es keinen Widerspruch mehr gäbe, wozu bräuchte man dann noch Repressionen?[13]

Erst wenn jedermann von selbst verrichtet, was von ihm erwartet wird, wenn die schmerzhaften Folgen des Ungehorsams internalisiert worden sind und Menschen sich freiwillig unterwerfen, verwandelt sich Macht in Herrschaft.[14] „Mit Gewalt verbindet man die Vorstellung von etwas, das nah und gegenwärtig ist", schreibt Elias Canetti.

„Sie ist zwingender und unmittelbarer als die Macht. Man spricht, verstärkend, von physischer Gewalt. Macht auf tieferen und mehr animalischen Stufen ist besser als Gewalt zu bezeichnen. Eine Beute wird mit Gewalt ergriffen und mit Gewalt in den Mund geführt. Wenn die Gewalt sich mehr Zeit läßt, wird sie zur Macht. Aber im aktuellen Augenblick, der dann doch einmal kommt, im Augenblick der Entscheidung und Unwiderruflichkeit, ist sie wieder reine Gewalt."[15]

Die Diktatur kann sich auf die Verinnerlichung der Macht nicht verlassen, wenn sie den Tag überdauern will. Wer den Tod von Tausenden auf dem Gewissen hat, kann nicht wieder abtreten, sobald das Werk vollbracht und eine neue Ordnung hergestellt worden ist. Die souveräne Diktatur wird zur Tyrannei, wenn sie sich von den Aufträgen und den Bindungen löst, die ihrer Existenz einen Grund gegeben haben. Der Diktator weiß nicht, was die Untertanen wirklich denken, weil er nur zu hören und zu sehen bekommt, was ihn zufriedenstellt. „Die Diktaturen sind ja nicht nur gefährlich", schreibt Ernst Jünger:

„Sie sind zugleich gefährdet, da die brutale Kraftentfaltung auch weithin Abneigung erregt. In solcher Lage wird die Bereitschaft winziger Minderheiten bedenklich sein, vor allem, wenn sie eine Taktik entwickelten. Daraus erklärt sich das riesenhafte Wachstum der Polizei. Die Ausweitung der Polizei zu Heeren wird auf den ersten Blick seltsam erscheinen in Reichen, in denen der Beifall so überwältigend geworden ist. Sie muß also ein Zeichen dafür sein, daß die Potenz der Minderheit in gleichem Verhältnis gewachsen ist. Das Mißtrauen wächst mit der Zustimmung. [...] Je näher der Anteil der guten Stimmen den hundert Prozent kommt, desto größer wird die Zahl der Verdächtigen, denn es ist anzunehmen, daß nun die Träger des Widerstandes aus einer statistisch faßbaren Ordnung hinüberwechselten in jene unsichtbare, die wir als den Waldgang ansprechen. Nunmehr muß jeder überwacht werden. Die Ausspähung schiebt ihre Organe in jeden Block, in jedes Wohnhaus vor. Sie sucht selbst in die Familien einzudringen und erreicht ihre letzten Triumphe

---

[13] Vgl. Alexander Etkind, Soviet Subjectivity. Torture for the Sake of Salvation?, in: Kritika 6 (2005), S. 171–186.
[14] Vgl. Heinrich Popitz, Phänomene der Macht, S. 244–260.
[15] Elias Canetti, Masse und Macht, Hamburg 1960, S. 333.

in den Selbstbezichtigungen der großen Schauprozesse: hier sehen wir das Individuum als seinen eigenen Polizisten auftreten und an seiner Vernichtung mitwirken."[16]

Der Terror aber wäre sinnlos, wenn er sich nicht auch gegen Widerstreben durchsetzen müsste. Gäbe es keinen Widerspruch, träfe der Terror nur noch Überzeugte. Selbst im totalen Überwachungsstaat bleiben Räume, die die Diktatur nicht übersehen kann, zu denen sie keinen Zugang hat, weil ihre Polizisten gar nicht wissen können, was die Untertanen wirklich denken. Es gibt Geheimpolizisten nur, weil die Macht weiß, dass sie jederzeit herausgefordert werden könnte. Wäre die Masse atomisiert, bräuchte man sie auch nicht zu überwachen. In allen Herden verbergen sich Wölfe, die noch wissen, was Freiheit sein könnte. „Und diese Wölfe sind nicht nur an sich stark, sondern es ist auch die Gefahr gegeben, daß sie ihre Eigenschaften auf die Masse übertragen, wenn ein böser Morgen dämmert, so daß die Herde zum Rudel wird. Das ist der Albdruck der Machthaber."[17]

Widerstand belebt die Machthaber, er gibt ihnen die Gelegenheit, zuzugreifen und sich ihrer Souveränität zu vergewissern, ganz gleich, ob dieser Widerstand von ihnen selbst inszeniert worden ist oder nicht. Schon in den frühen 1930er Jahren verwandelte sich in der Sowjetunion die souveräne Diktatur in eine Tyrannei, die sich von letzten Begründungen und Rechtfertigungen löste und den „Augenblick der Entscheidung" immer wieder selbst herbeiführte. Es begann mit der Kollektivierung der Landwirtschaft, die keinem anderen Zweck dienen sollte, als die Bauern und ihre Getreideproduktion dem Willen des Zentralstaates zu unterwerfen. Zwei Millionen Bauern würden deportiert, Millionen verhungerten.[18] Stalin nutzte den inneren Krieg, den er über die Sowjetunion gebracht hatte, um die Gefolgschaft auf sich einzuschwören und illoyale Satrapen in den Provinzen zu bestrafen. Im Angesicht des Krieges, den das Regime gegen die Bauern führte, verwandelten sich Kritik und Widerspruch in Verrat, der bestraft werden musste.

---

[16] Ernst Jünger, Der Waldgang, Stuttgart 2014 (erste Auflage 1951), S. 23 f.
[17] Ebenda, S. 24.
[18] Vgl. Lynne Viola, Peasant Rebels under Stalin. Collectivization and the Culture of Peasant Resistance, Oxford 1996.

Der Stalinismus war eine Tyrannei, die sich ihrer Macht nicht sicher war und deshalb auf maßlose Gewalt zurückgriff, um durchzusetzen, was nicht von selbst geschah. Die Ohnmacht des Staates kam aus dem Eingeständnis seiner Repräsentanten, wenig zu wissen und den Statthaltern in den Provinzen nicht trauen zu können. Was in Baku oder Irkutsk geschah, konnte in Moskau weder überwacht noch gesteuert werden. Wenn man schon nichts wusste, konnte man immerhin noch Furcht und Schrecken verbreiten, um an Informationen zu gelangen, die vor der Zentralgewalt im Verborgenen gehalten wurden. Der Diktator selbst befand sich in einem Dilemma, weil ihm Informationen vorenthalten wurden, die er ohne die Hilfe derer, die ihn belogen, aber nicht bekommen konnte. Deshalb emanzipierte er sich von Gefolgsleuten und Informanten, indem er sie gegeneinander ausspielte, ihnen Angst machte und ihren Bewegungsspielraum auf eine Weise einschränkte, dass ihr Handeln nur noch eine Antwort auf den Verdacht des Diktators war. Niemand sprach mehr im Modus der Wahrhaftigkeit. Stalin bekam jetzt nur noch Informationen, nach denen er verlangte, und deshalb konnte er den Versicherungen seiner Gefolgsleute und Untertanen, die er tagein, tagaus zu hören bekam, auch keinen Glauben schenken. Der Korridor, der den Zugang zum Machthaber öffnete, verengte sich, nur noch ausgewählte Personen und Informationen erreichten das Ohr des Diktators, der nur noch erfuhr, was er hören sollte, nicht, was die Schmeichler wirklich dachten. Aus diesem Dilemma gibt es keinen Ausweg.[19] Was kann der Diktator schon tun? Er spielt die Gefolgsleute gegeneinander aus, er macht ihnen Angst, versucht, ihre Zungen zu lockern, um in Erfahrung zu bringen, was er wissen will. Er weiht den einen in ein Geheimnis ein, schließt den anderen davon aus und wartet ab, was geschieht. Die Paranoia ergreift Besitz von seiner Umgebung: Sie vergiftet alle sozialen Beziehungen und macht am Ende auch ihn selbst zum Sklaven des Verdachts. Die souveräne Diktatur verwandelt sich, sobald sie sich von allen rechtlichen Bindungen löst und auf willkürliche Gewalt zurückgreift, in eine Tyrannei.

Historiker, die sich mit dem Phänomen der Macht befassen, wollen wissen, warum Menschen selbst dann freiwillig gehorchen, wenn sie doch eigentlich keine guten Gründe haben, es zu tun. Warum soll man

---

[19] Vgl. Paul Gregory, Terror by Quota. State Security from Lenin to Stalin, New Haven (CT) 2009, S. 219–250; Jörg Baberowski, Verbrannte Erde. Stalins Herrschaft der Gewalt, München ³2012, S. 221–261.

einem Gewaltherrscher folgen, der nichts als Unterdrückung zu bieten hat? Die Antworten, die auf solche Frage gegeben worden sind, waren immer die gleichen: Der Herrscher sei krank oder verrückt geworden, sagen die einen, und die anderen glauben, er sei gewalttätig, weil er eine heilige Mission zu erfüllen habe, an die auch die Untertanen glauben. Wer aber fragt nach der Logik von Machtverhältnissen in Diktaturen?

Auch der Diktator muss einmal schlafen, und er weiß um die Gefahr, von Widersachern oder Konkurrenten umgebracht zu werden. Deshalb weisen alle Machtfragen ins Offene. Man weiß nicht, was die anderen tun werden, weder die Unterworfenen noch die Machthaber wissen, ob sie sich des Gehorsams, den die einen leisten, und des Schutzes, den die anderen bieten, sicher sein können. Machtverhältnisse in demokratischen Gesellschaften sind ausbalanciert und beziehen ihre Stabilität daraus, dass man in einer freien Umgebung erfahren kann, was man wissen muss. Verschwörungstheorien können widerlegt werden. Hier ist es unmöglich, Macht dauerhaft auf sie zu gründen. In Diktaturen aber findet das Verschwörungsdenken keine Herausforderung, an der es sich bewähren müsste. Der Machthaber weiß nicht, was die Untertanen und die Gefolgsleute tun, und die Untertanen wissen nicht, was der Machthaber im Schilde führt. Niemand sagt mehr die Wahrheit, und niemand erwartet, sie zu hören. Die Tyrannei beruht auf der Unsicherheit der Verhältnisse, weil der Machthaber seine Untertanen im Ungewissen darüber lässt, wann die Zeit der Gewalt wiederkehren wird. Von Zeit zu Zeit schlägt er zu, dann schweigen die Waffen wieder, und die Untertanen sind allein mit ihrer Angst. Gewalt ist umso wirkungsvoller, je länger die Pausen sind, die sie sich erlaubt. Und je weniger Widerstand sie erzeugt, desto zuversichtlicher ist der Tyrann, dass niemand ihn herausfordern kann. Man lässt die Gewalt sprechen, gebietet ihr Einhalt und wartet ab, was geschieht. Darauf beruhte die Wirksamkeit der Macht Stalins. Der Tyrann aber geriet in einen Teufelskreis, weil die Ausweitung der Gewalt überhaupt erst jene Unsicherheit erzeugte, die seiner Souveränität den Boden entzog.

Die tyrannische Herrschaft und das Verschwörungsdenken sind eng miteinander verwoben, und ihre Verknüpfung tritt „systemisch" auf. Es geht um den Zusammenhang von Machtbehauptung und der Furcht vor dem Machtverlust, in dem das Verschwörungsdenken seinen Platz findet. Die Herrschaft Stalins erwuchs aus dem Zusammenspiel von Machtanspruch und Verschwörungsdenken; das Gefühl der Schwäche kam aus der historischen Erfahrung, dass Macht bedroht und genommen werden konnte. Die Bolschewiki wussten, was Terroristen, aufständische Bauern und bewaffnete Banden bewirken konnten, sobald sie die Macht tatsächlich herausforderten, und deshalb nahmen sie immer schon vorweg, was hätte geschehen können, indem sie Verschwörungen inszenierten und vermeintliche Verschwörer verhafteten. Der Kampf gegen reale Gegner verwandelte sich in einen Kampf gegen Möglichkeiten. Er produzierte erst die Anlässe, die der Gewaltausübung einen Grund gaben.[20]

Wer die Macht herausfordert, ist in Gefahr, entdeckt, wer sie verteidigt, in Gefahr, gestürzt zu werden. In allen Diktaturen sind beide Seiten darauf bedacht, nichts von ihren Absichten preiszugeben und Wälle zu errichten, hinter denen sie sich verschanzen können. In solchen Umgebungen wächst die Furcht vor Verrat und Verschwörungen, die zur Paranoia wird. Elias Canetti hat von der „Befehlsangst" gesprochen: der Angst des Herrschers vor den Beherrschten. Er muss die Macht teilen, er muss delegieren, aber er kann nicht sicher sein, dass die Untergebenen loyal sind, weil sie nicht sagen, was sie denken, und weil sie vor ihm verbergen, was er nicht wissen soll.[21] Nicht aus sozialen und politischen Umständen bringt sich die Gewalt hervor, sondern aus der Bestimmung des Feindes. Zum Feind aber kann jeder werden, weil jeder ein Feind sein könnte und weil der Tyrann Verschwörungen jederzeit für möglich halten muss. Das feindliche Verhalten wird vorweggenommen und Personen zugeschrieben, die zu Feinden erklärt werden, ganz gleich, ob sie Böses im Schilde führen oder nicht.

Die Bestimmung des Feindes beruht nicht allein auf Einbildung, weil der Machthaber Grund zu der Annahme hat, dass andere ihm nach dem Leben trachten. Er erschafft aus Misstrauen eine Wirklichkeit, die von Feinden bewohnt wird, und so wird er zum Gefangenen all jener Verschwörungen, die er selbst inszeniert. Der Stalinismus als Herrschaftspraxis entstand aus der Furcht vor Palastrevolten und dem Wissen um die Fragilität der Macht. Aber der Terror unterdrückte nicht nur Widerspruch und Widerstand, er öffnete auch einen Gewaltraum, in dem Verschwörungen für plausibel gehalten werden konnten. Die Bolschewiki waren Meister der Improvisation und der Machttechnik, die verstanden hatten, was wenige entschlossene Verschwörer anrich-

---

[20] Vgl. Fabian Thunemann, Verschwörungsdenken und Machtkalkül. Herrschaft in Russland 1866 bis 1953, München 2019, im Druck.
[21] Vgl. Canetti, Masse und Macht, S. 363 f.

ten konnten. Sie rechneten mit der Möglichkeit des Machtverlustes, und weil sie mit der Möglichkeit rechneten, entwarfen sie Verschwörungen, die es nicht gab. In dieser Atmosphäre konnte ein Gewalttäter vom Zuschnitt Stalins überhaupt erst zur Prominenz kommen.

Gewalt erzeugt Furcht. Vor den Verschreckten aber müssen sich auch die Machthaber fürchten, weil sie wissen, was sie ihnen angetan haben. Deshalb wird auch die Furcht zu einer Quelle der Gewalt. Aus diesem todbringenden Kreislauf der Gewalt gab es keinen Ausweg, solange Stalin lebte. Alle Gefolgsleute und Funktionäre mussten, wenn sie überleben wollten, an der Plausibilisierung der Verschwörungen und Feindbilder mitarbeiten und sich auf das Spiel mit dem Tod einlassen. Sie gewöhnten sich daran, dass Menschen getötet wurden, weil Stalin sie für ein Sicherheitsrisiko hielt.[22] Niemand konnte den Stalinschen Orbit verlassen, nicht einmal Stalin selbst. Im März 1953 fiel der Tyrann seinem eigenen Spiel zum Opfer, weil niemand es wagte, seinen Wohnraum zu betreten, in dem er einen Gehirnschlag erlitten hatte. Und so erlag er den Sicherheitsvorkehrungen, die er zu seinem Schutz erschaffen hatte.[23]

Stalins Nachfolger erkannten, dass nur die Vergesellschaftung der Macht sie aus dem Dilemma herausführte. Offenbar musste nur der Diktator sterben, bis der Bann gebrochen werden konnte. Auf Terror, Verschwörungen und eingebildete Feinde konnten die Machthaber verzichten, weil nach dem Ende des Zweiten Weltkrieges die Möglichkeit des Bürgerkrieges unwahrscheinlich geworden war und der kommunistische Staat auf festem Grund stand. Souveränität, die sich auf Tradition und Zustimmung stützen kann, braucht keinen Terror, um sich ihrer selbst zu vergewissern. Das Ende der exzessiven und willkürlichen Vernichtungsgewalt war auch das Ende des Stalinismus.

---

[22] Feliks Čuev, Sto sorok besed s Molotovym, Moskau 1991, S. 393.
[23] Vgl. Nikita Sergeevič Chrusščev, Chruschtschow erinnert sich, Reinbek 1971, S. 321–325; Joshua Rubenstein, The Last Days of Stalin, New Haven (CT) 2016, S. 1–34 und 96–145.

Jürgen Zarusky
Kommentar

Gewaltausübung ist kein Monopol von Diktaturen. Das Kernelement jedes modernen Staates ist das Gewaltmonopol. „Alle Staatsgewalt geht vom Volke aus. Sie wird vom Volke in Wahlen und Abstimmungen und durch besondere Organe der Gesetzgebung, der vollziehenden Gewalt und der Rechtsprechung ausgeübt", lautet beispielsweise Artikel 20,2 des Grundgesetzes der Bundesrepublik Deutschland. Die ausdrückliche Nennung der vollziehenden Gewalt, zu der Polizei, Bundesgrenzschutz und Bundeswehr zählen, macht klar, dass der Begriff „Staatsgewalt" nicht nur die Ausübung von Herrschaft im Allgemeinen, sondern auch ganz konkreter physischer Gewalt bedeuten kann. Der Unterschied zur Diktatur besteht in der demokratischen Verfassung, die die Ausübung der Staatsgewalt an die Legitimation durch Wahlen bindet und sie durch die Grundrechtsverpflichtung, die Gewaltenteilung und das Rechtsstaatsprinzip einschränkt. Im Allgemeinen wird Gewaltausübung in Demokratien nur als *ultima ratio* betrachtet.

Fragen politischer Gewalt sind also in hohem Maße Verfassungsfragen. Dass Jörg Baberowski sich auf Gedanken eines Staatsrechtlers stützt, erscheint daher naheliegend. Er bezieht sich auf Carl Schmitts erstmals 1921 erschienenes Werk „Die Diktatur. Von den Anfängen des modernen Souveränitätsgedankens bis zum proletarischen Klassenkampf" und greift im ersten Schritt seiner Argumentation die darin entwickelte Unterscheidung von kommissarischer und souveräner Diktatur auf. Erstere ist als die Verwaltung des Ausnahmezustands mit dem Ziel der Wiederherstellung der ursprünglichen verfassungsmäßigen Verhältnisse zu verstehen. Schmitt hatte beim Begriff der kommissarischen Diktatur nicht nur das in seinem Buch intensiv behandelte römische Staatsrecht, sondern auch die politische Praxis seiner Zeit vor Augen, nicht zuletzt die in den ersten Jahren der Weimarer Republik häufige Anwendung des Artikels 48 der Weimarer Verfassung.[1] Die zweite Auflage seines Diktaturbuches erweiterte Schmitt folgerichtig um die Ausarbeitung eines 1924 gehaltenen Vortrags zu diesem Problem mit

---

[1] Vgl. dazu mit Verweis auf zahlreiche Beispiele Thomas Raithel/Irene Strenge, Die Reichstagsbrandverordnung. Grundlegung der Diktatur mit den Instrumenten des Weimarer Ausnahmezustands, in: Vierteljahrshefte für Zeitgeschichte 48 (2000), S. 414–460, hier S. 423–425.

dem Titel „Die Diktatur des Reichspräsidenten nach Artikel 48 der Weimarer Verfassung". Darin wird insbesondere das rechtsstaatliche Grenzen überschreitende Diktaturpotenzial dieser Bestimmung ausgelotet.[2]

Der kommissarischen Diktatur stellt Schmitt die souveräne gegenüber, die sich nicht auf eine vorhandene, wiederherzustellende Verfassung bezieht, sondern eine andere zu etablieren versucht, die für die „wahre" gehalten wird.[3] „Warum aber soll sich die Diktatur, wenn sie souverän bleiben will, eigentlich der Verfassung unterwerfen, die sie begründet?", fragt Baberowski und gibt die Antwort: „Die souveräne Diktatur wäre um ihrer selbst willen da, sobald sie sich für den eigentlichen Ausdruck des Volkswillens hielte." Er illustriert das mit einem Zitat Lenins aus dessen Polemik gegen den sozialdemokratischen Theoretiker und Bolschewismuskritiker Karl Kautsky: „Die Diktatur ist eine sich unmittelbar auf Gewalt stützende Macht, die an keine Gesetze gebunden ist."[4] Von hier aus zieht Baberowski eine Linie zu einer Diktatur, die sich selbst genügt und „nur dem Willen zur Macht folgt". Deren Vollendung im Gebiet des russischen Reiches sieht er im Stalinismus, den er als eine blinde Tyrannei beschreibt: Der Druck des Terrors habe das Aussprechen der Wahrheit unmöglich gemacht, damit aber auch die Diktatur im Ungewissen darüber gelassen, was im Lande vor sich ging. Das wiederum habe, angetrieben von Verdachtskonstruktionen und Verschwörungstheorien, einen präventiven Terror mit zahlreichen Opfern nach sich gezogen. „Der Kampf gegen reale Gegner verwandelte sich in einen Kampf gegen Möglichkeiten", bringt Baberowski das prägnant auf den Punkt.

Sein Modell hat als Beschreibung eines negativen Rückkopplungseffekts eine gewissermaßen kybernetische Plausibilität. Es ist ein Gegenbild zu dem totalitarismustheoretischen Ansatz von Friedrich und Brzezinski, in welchem dem Terror als Herrschaftsinstrument zentrale

---

[2] Vgl. Carl Schmitt, Die Diktatur. Von den Anfängen des modernen Souveränitätsgedankens bis zum proletarischen Klassenkampf, Berlin ³1964 (erste Auflage 1921), S. VI und S. 213–259. Der im Titel angesprochene „proletarische Klassenkampf" wird allerdings nur auf einer halben Seite gestreift; vgl. ebenda S. 204 f.

[3] Vgl. ebenda, S. 137.

[4] Vladimir I. Lenin, Die proletarische Revolution und der Renegat Kautsky, in: Lenin, Werke, Band 28, Berlin 1959 (erste Ausgabe 1918), S. 225–337, hier S. 234. Zum historischen Zusammenhang der Polemik vgl. Jürgen Zarusky, Die deutschen Sozialdemokraten und das sowjetische Modell. Ideologische Auseinandersetzung und außenpolitische Konzeptionen 1917–1933, München 1992, S. 50–57.

Bedeutung zugeschrieben, jedoch unterstellt wird, dass dadurch eine umfassende Kontrolle erreicht wurde.[5] Für Baberowski ist indes gerade ein Kontrolldefizit die treibende Kraft und zugleich das Resultat der Terrorherrschaft. Die blinde Herrschaft ist damit gewissermaßen zu blindwütiger Gewaltausübung verurteilt. Insbesondere der Große Terror von 1937/38 trug über weite Strecken solche Züge, aber zugleich legte die Diktatur Stalins auch hier letztlich eine beachtliche Selbststeuerungsfähigkeit an den Tag und beendete den im Juli 1937 begonnenen Verfolgungstaumel im November 1938 mit einem relativ scharfen Schnitt.[6] Das Bild der blinden Diktatur liefert keine hinreichende Erklärung für diese außerordentliche Explosion der Gewalt und ihren Anfangs- und Endpunkt.

Für die Entstehung von Hitlers Diktatur sind der Souveränitätsbegriff Schmitts und seine terminologische Unterscheidung der kommissarischen und der souveränen Diktatur allerdings durchaus von analytischem Wert. Das hat bereits Ernst Fraenkel erkannt, der schon im sogenannten „Urdoppelstaat" von 1938 – mit explizitem Hinweis auf Schmitt und dessen Handreichungen zur Ausnutzung des Notverordnungsartikels 48 – feststellte:

„In der missbräuchlichen Anwendung der Notverordnung vom 28. 2. 1933 ist der Staatsstreich der Nationalsozialisten zu erblicken; mit Hilfe dieses Staatsstreichs verwandelten die Nationalsozialisten die kommissarische in eine souveräne Diktatur."[7]

---

[5] Vgl. Carl Joachim Friedrich/Zbigniew Brzezinski, Die allgemeinen Merkmale der totalitären Diktatur, in: Eckard Jesse (Hrsg.), Totalitarismus im 20. Jahrhundert. Eine Bilanz der internationalen Forschung, Bonn 1996 (zuerst engl. 1956), S. 225–236; vgl. dazu Julia Schulze Wessel, Totale Herrschaft und Totalitarismus. Hannah Arendt und Carl Joachim Friedrich, in: Frank Schale/Ellen Thümmler (Hrsg.), Den totalitären Staat denken, Baden-Baden 2015, S. 51–73, besonders S. 63.

[6] Vgl. Jürgen Zarusky, Einleitung zu den Dokumenten „Beschluß des Politbüros des CK der VKP(b) über die Einstellung der Verfahren vor Trojkas, Militärtribunalen und dem Militärkollegium des Obersten Gerichtshofes der UdSSR, 15. November 1938", und „Beschluss des Rates der Volkskommissare der UdSSR und des CK der VKP(b) ‚Über Verhaftungen, staatsanwaltschaftliche Aufsicht und Untersuchungsführung', 17. November 1938", in: 100(0) Schlüsseldokumente zur sowjetischen und russischen Geschichte, http://www.1000dokumente.de/index.html?c=dokument_ru&dokument=0010_trj&object=context&st=&l=de [14.12.2018].

[7] Ernst Fraenkel, Der Urdoppelstaat, in: ders., Gesammelte Schriften, Band 2: Nationalsozialismus und Widerstand, hrsg. von Alexander von Brünneck, Baden-

Es ging also um einen Übergangsprozess, bei dem Wert auf den Schein kontinuierlicher Legitimität gelegt wurde. Das Bild des einmaligen Kraftaktes zur Schaffung einer neuen Rechtsordnung, das Baberowski eingangs evoziert, trifft auf diese Entwicklung indes nicht zu – anders als auf Russland, wo infolge der Oktoberrevolution der alte Staat tatsächlich völlig zerstört wurde, soweit er nicht schon zuvor zusammengebrochen war. Das NS-Regime hingegen knüpfte trotz aller Gewaltentfaltung, die schon mit der Machtergreifungsperiode einsetzte, in hohem Maße an die überkommene Rechtsordnung an. Deren Aushöhlung und Unterminierung, die den von Fraenkel analysierten Doppelstaat hervorbrachte, ist charakteristisch für den NS-Staat.

Carl Schmitt war in diesem Prozess kein analysierender Beobachter, sondern ein aktiver Unterstützer der Diktatur, die er nun durchaus nicht nur als Übergang, sondern als dauerhaftes Herrschaftssystem verstand, für das er die Formel vom „deutschen Rechtsstaat Adolf Hitlers"[8] fand. Schmitt tat sich hier bekanntlich durch den Versuch der nachträglichen Legitimierung der „Röhm-Putsch"-Morde von 1934 hervor („Der Führer schützt das Recht"), dann durch die zynische Verherrlichung der Nürnberger Gesetze als „Verfassung der Freiheit" 1935 und den von ihm geleiteten antisemitischen Kongress „Das Judentum in der Rechtswissenschaft" im folgenden Jahr. Sein angestrebter Aufstieg zum Kronjuristen Hitlers wurde kurz darauf von der SS-Propaganda unterbunden, ohne dass das gravierendere Folgen für ihn gehabt hätte. Nach der Befreiung vom Nationalsozialismus verlor er seine universitäre Position, zog sich in seine Geburtsstadt Plettenberg zurück

Baden 1999 (1938), S. 267–473, hier S. 274 f. Die entsprechende Formulierung in der deutschen Ausgabe des zunächst 1941 auf Englisch erschienenen „Doppelstaats" von 1974 lautet: „Als die Nationalsozialisten mit allen Machtbefugnissen des zivilen Ausnahmezustandes ausgestattet waren, verfügten sie über die Mittel, um die verfassungsmäßige vorübergehende Diktatur (zwecks Wiederherstellung der öffentlichen Ordnung) in die verfassungswidrige dauernde Diktatur (zwecks Errichtung des nationalsozialistischen Staates mit unbegrenzten Hoheitsbefugnissen) umzuwandeln. Diese ihnen von Hindenburg und seiner Clique gebotene Gelegenheit haben sie sich nicht entgehen lassen. Vielmehr verwandelten sie die kommissarische in eine souveräne Diktatur.", in: ebenda, S. 33–266, hier S. 56.

[8] Carl Schmitt, Der Rechtsstaat, in: Hans Frank (Hrsg.), Nationalsozialistisches Handbuch für Recht und Gesetzgebung, München 1935, S. 3–10; Wiederabdruck in: ders., Staat, Großraum, Nomos. Arbeiten aus den Jahren 1916–1969, hrsg. von Günter Maschke, Berlin 1995, S. 108–120, hier S. 117.

und stilisierte sich als verkanntes und verfolgtes Genie.[9] Etwas Nennenswertes zur untergegangenen NS-Diktatur hatte er nicht zu sagen, zu den nationalsozialistischen Massenverbrechen schon gar nicht.

Für das politische Denken Schmitts ist die Doppelkategorie von Freund und Feind konstitutiv, die er in betont antiliberaler Wendung in der Schrift „Der Begriff des Politischen" als dessen Wesensgrund darstellte, der nicht von anderen, etwa moralischen, ökonomischen, philosophischen Prinzipien abzuleiten sei.[10] Der Feind sei „eben der Andere, der Fremde, und es genügt zu seinem Wesen, daß er in einem besonders intensiven Sinne existenziell etwas Anderes und Fremdes ist".[11] Freund, Feind, Leben, Tod – das sind die Faktoren von Schmitts Politikbegriff, eine Formel, die scheinbar völlig frei von den Schlacken philosophischer oder ideologischer Letztbegründungen ist und die Perspektive einer quasi aseptischen Arithmetik der Macht eröffnet, in der nur die Entscheidung zählt.[12] Ernst Fraenkel hat das folgendermaßen auf den Punkt gebracht:

„Die Schmitt'sche Politiklehre ist die Verabsolutierung der politischen Vorstellung des Bundes, der Gefolgschaft des charismatischen Führers, der ohne rational gesetztes Ziel unter Bruch der überkommenen Werte auszieht, die Macht zu gewinnen, der die Macht um der Macht willen anstrebt und diesem Kampf um die Macht Eigenwert beimisst."[13]

Baberowski folgt diesem gedanklichen Muster, wenn er über Lenins Verständnis der Diktatur schreibt: „Voraussetzungslos sollte sie sein, nur dem Willen zur Macht folgen." Spätestens in den frühen 1930er Jahren sei dieses Ziel erreicht worden und die souveräne Diktatur habe sich in eine Tyrannei verwandelt, „die sich von letzten Begründungen und Rechtfertigungen löste und den ‚Augenblick der Entscheidung' immer wieder selbst herbeiführte".

---

[9] Die maßgebliche Biografie Schmitts stammt von Reinhard Mehring, Carl Schmitt. Aufstieg und Fall. Eine Biographie, München 2009.
[10] Vgl. Carl Schmitt, Der Begriff des Politischen, München 1932, S. 14–16.
[11] Ebenda, S. 14.
[12] Die jüngere Forschung hat allerdings gezeigt, dass Schmitts Anti-Universalismus hochideologisch und die Grundlage seiner antisemitischen Haltung ist; vgl. Stephen Holmes, Die Anatomie des Antiliberalismus, Hamburg 1995, S. 96–102; Raphael Gross, Carl Schmitt und die Juden. Eine deutsche Rechtslehre, Frankfurt a. M. 2000; David Egner, Zur Stellung des Antisemitismus im Denken Carl Schmitts, in: Vierteljahrshefte für Zeitgeschichte 61 (2013), S. 345–361.
[13] Fraenkel, Urdoppelstaat, S. 465.

Waren Lenin und Stalin also „Dezisionisten" Schmittscher Prägung? Von marxistischen Kritikern wie Karl Kautsky, die darauf beharrten, dass im agrarisch geprägten Russland die Voraussetzungen für eine sozialistische Revolution nicht gegeben seien, wurden Lenin und die Bolschewiki des Voluntarismus bezichtigt. Aber das ist nicht dasselbe wie Dezisionismus, denn es geht dabei um die Frage der angemessenen Bedingungen für die Verwirklichung des sozialistischen Ziels, nicht um eine von jeglichen inhaltlichen Voraussetzungen entkernte Machtausübung. Lenins „Anti-Kautsky" erhob den Anspruch der wahren Interpretation des Marxismus. Dieser ist der gemeinsame Referenzrahmen beider Kontrahenten, in den Lenin auch explizit seine Diktaturdefinition stellt. Zweifellos war er in der Entfesselung und im Schüren von Gewalt gegen alle seine politischen Gegner hemmungs- und skrupellos. Aber verstanden werden kann diese Gewalt nur im Kontext der ideologisch begründeten Zwecke, denen sie dienen sollte. Seine politische Vision, die er mit großer taktischer Elastizität verfolgte, ohne von seinen Grundsätzen abzuweichen, war sowohl das politische Bindeglied zwischen ihm und seinen Anhängern als auch die Quelle der Feindbilddefinition. Lenin war ein Gläubiger, ein Prophet einer politischen Religion, der von seiner Mission völlig durchdrungen war und sich als Vollstrecker der historischen Gesetze sah, die seinem Marxismusverständnis entsprachen. Seine Polemik gegen Kautsky ist geradezu ein Musterbeispiel für die totalitären Denk- und Handlungsmuster, wie Hannah Arendt sie analysiert hat:

„Nun ist zwar totalitäre Herrschaft ‚gesetzlos', insofern sie prinzipiell alles positiv gesetzte Recht verletzt [...]; aber sie ist keineswegs willkürlich. An die Stelle des positiv gesetzten Rechts tritt nicht der allmächtig willkürliche Wille des Machthabers, sondern das ‚Gesetz der Geschichte' oder das ‚Recht der Natur'."[14]

Die Verachtung totalitärer Gewalthaber für positives Recht, so Arendt, gehe mit einer „unmenschliche[n] Gesetzestreue" einher, „für welche Menschen nur das Material sind, an dem die übermenschlichen Gesetze von Natur und Geschichte vollzogen und das heißt hier im furchtbarsten Sinne des Wortes exekutiert werden".[15]

---

[14] Hannah Arendt, Elemente und Ursprünge totaler Herrschaft. Antisemitismus, Imperialismus, Totalitarismus. München ⁸2001 (erste deutsche Auflage 1955), S.947.
[15] Ebenda, S.948.

Auch wenn Stalins Terror von 1937/38 in vieler Hinsicht absurd erscheinen mag und in der Forschung keine Einigkeit über seine Motive besteht (während die Abläufe inzwischen gut bekannt sind), entsprach die ebenfalls mit massiver Gewalt einhergehende Zwangs-kollektivierung der Landwirtschaft dem bolschewistischen Programm, dessen Umsetzung mit der Neuen Ökonomischen Politik von 1921 nur aufgeschoben, nicht aber aufgehoben wurde. Und die Feind- und Schreckbilder, die den Großen Terror antrieben, stammten aus dem traumatischen Erfahrungsschatz des Bürgerkriegs: Aufstände, Verrat, Mordanschläge auf politische Führungspersonen, ausländische Inter-vention – alles mit dem Ziel der Wiederherstellung der alten Klassen-gesellschaft.

Noch deutlicher ist die Bedeutung der politischen Weltsicht für die Diktatur und ihre Gewaltentfaltung bei Adolf Hitler, der seine in den Grundlinien schon in „Mein Kampf" dargelegte, antisemitisch grun-dierte „Lebensraumpolitik" sehr konsequent verfolgte. Seine aggressive und extrem riskante Kriegspolitik lässt sich mit dem Argument des Eigenschutzes nicht erklären. Baberowskis Modell ist also nicht auf die NS-Diktatur übertragbar.

Aber auch als Erklärung für den „Stalinismus als Herrschaftspra-xis" sind „Furcht vor Palastrevolten" und das „Wissen um die Fragilität der Macht" unzureichend, obwohl diese Faktoren zweifelsohne eine Rolle spielten. Stalin und Hitler hatten gemeinsam, dass sie am Beginn ihrer politischen Laufbahn aus einer Position relativer Machtlosigkeit große Risiken eingingen und im Gefängnis landeten. Der Antrieb ihres aufrührerischen Agierens war ihre jeweilige politische Überzeugung, und dies galt später auch für ihre Herrschaftspraxis. Weder die Sta-linismus- noch die NS-Forschung hat bisher einen Punkt oder eine Phase benannt, an denen die Diktatoren ihre Grundüberzeugungen aufgegeben hätten. Die Eliminierung des Faktors „Ideologie" aus der Analyse der von Diktaturen ausgeübten Gewalt mittels der Adaption und Anwendung scheinbar abstrakter Schmittscher Kategorien ver-liert daher Entscheidendes aus dem Blick.

Außerdem waren der Nationalsozialismus und der Stalinismus kei-ne Ein-Mann-Unternehmen. Die extreme *Top-down*-Perspektive, die Baberowski entwickelt, lässt die großen, loyalitätsgebundenen Parti-zipationspotenziale, denen zahlreiche Untersuchungen der jüngeren Zeit gewidmet sind, weitgehend außer Acht. Bekenntnisrituale, Feste, künstlerische Produktion, Sport, ein verzweigtes Netz von Organisationen, aber eben auch Diskriminierungs-, Verfolgungs- und Gewaltkampagnen luden zum Mitmachen ein. Dies und die Inszenierungen nicht nur der charismatischen Führerfiguren, sondern auch der kampf- und opferbereiten Massen, die stalinistische wie faschistische Regime zur Perfektion getrieben haben, hatten, wie aus einer großen Fülle von Zeugnissen bekannt ist, ein gewaltiges Inklusions- und Identifikationspotential. Auch dem ist mit Carl Schmitt analytisch nicht beizukommen.

Abkürzungen

BGL	Betriebsgewerkschaftsleitungen
CCC	Civilian Conservation Corps
CDU	Christlich Demokratische Union Deutschlands
DAF	Deutsche Arbeitsfront
DDR	Deutsche Demokratische Republik
FDGB	Freier Deutscher Gewerkschaftsbund
Gestapo	Geheime Staatspolizei
IfZ	Institut für Zeitgeschichte
IS	Islamischer Staat
KdF	Kraft durch Freude
NS	Nationalsozialismus, nationalsozialistisch
NSDAP	Nationalsozialistische Deutsche Arbeiterpartei
OUN	Organisation Ukrainischer Nationalisten
RAD	Reichsarbeitsdienst
SA	Sturmabteilung
SBZ	Sowjetische Besatzungszone
SED	Sozialistische Einheitspartei Deutschlands
SS	Schutzstaffel
UdSSR	Union der Sozialistischen Sowjetrepubliken
USA	United States of America
ZK	Zentralkomitee

Autorinnen und Autoren

Dr. Jörg Baberowski, Professor für die Geschichte Osteuropas an der Humboldt-Universität zu Berlin.

Dr. Frank Bajohr, Wissenschaftlicher Leiter des Zentrums für Holocaust-Studien am Institut für Zeitgeschichte München und apl. Professor für Neuere und Neueste Geschichte und Zeitgeschichte an der Ludwig-Maximilians-Universität München.

Dr. Arnd Bauerkämper, Professor für die Geschichte des 19. und 20. Jahrhunderts an der Freien Universität Berlin.

Dr. Gunilla Budde, Professorin für Deutsche und Europäische Geschichte des 19. und 20. Jahrhunderts an der Carl von Ossietzky Universität Oldenburg.

Dr. Mary Fulbrook, FBA, Professorin für Deutsche Geschichte am University College London (UCL).

Dr. Neil Gregor, Professor für moderne Europäische Geschichte an der Universität Southampton.

Dr. Rüdiger Hachtmann, Senior Fellow am Zentrum für Zeithistorische Forschung Potsdam und apl. Professor für Neuere Geschichte an der Technischen Universität Berlin.

Dr. Elizabeth Harvey, Professorin für Geschichte an der Universität Nottingham.

Dr. Dierk Hoffmann, Wissenschaftlicher Mitarbeiter am Institut für Zeitgeschichte München – Berlin und apl. Professor für Neuere Geschichte an der Universität Potsdam.

Dr. Johannes Hürter, Leiter der Forschungsabteilung München des Instituts für Zeitgeschichte München – Berlin und apl. Professor für Neueste Geschichte an der Johannes Gutenberg-Universität Mainz.

Dr. Alexander Nützenadel, Professor für Sozial-und Wirtschaftsgeschichte an der Humboldt-Universität zu Berlin.

Dr. Kiran Klaus Patel, Professor für Europäische und Globale Geschichte an der Universität Maastricht.

Dr. Albrecht Ritschl, Professor für Wirtschaftsgeschichte an der London School of Economics.

Dr. Malte Rolf, Professor für Geschichte Europas der Neuzeit mit Schwerpunkt Osteuropa an der Carl von Ossietzky Universität Oldenburg.